STORYTELING
CATIVANDO COM A NARRATIVA

*Técnicas para criar conexões
com pessoas e empresas*

STORYTELLING: CATIVANDO COM A NARRATIVA
TÉCNICAS PARA CRIAR CONEXÃO COM PESSOAS E EMPRESAS
© Almedina, 2023
Autor: José Antônio Ramalho

Diretor da Almedina Brasil: Rodrigo Mentz
Editor: Marco Pace
Assistentes Editoriais: Larissa Nogueira e Rafael Fulanetti
Estagiária de Produção: Laura Roberti

Revisão: Sol Coelho e Gabriel Branco
Diagramação e design de capa: Rodrigo Pereira de Barros
ISBN: 9786587019574
Fevereiro, 2023

Dados Internacionais de Catalogação na Publicação (CIP)
(Câmara Brasileira do Livro, SP, Brasil)

Ramalho, José Antonio
Storytelling: cativando com a narrativa : técnicaspara criar conexão com pessoas e empresas / José Antonio Ramalho. -- São Paulo : Actual, 2023.

ISBN 978-65-87019-57-4

1. Arte de contar histórias 2. Arte narrativa - Técnica 3. Comunicação 4. Comunicação nos negócios 5. Contadores de histórias I. Título.

22-138293   CDD-302.2

Índices para catálogo sistemático:
1. Comunicação social 302.2
Inajara Pires de Souza - Bibliotecária - CRB PR-001652/O

Este livro segue as regras do novo Acordo Ortográfico da Língua Portuguesa (1990).

Todos os direitos reservados. Nenhuma parte deste livro, protegido por copyright, pode ser reproduzida, armazenada ou transmitida de alguma forma ou por algum meio, seja eletrônico ou mecânico, inclusive fotocópia, gravação ou qualquer sistema de armazenagem de informações, sem a permissão expressa e por escrito da editora.

GRUPOALMEDINA

Editora Almedina Brasil
Rua José Maria Lisboa, 860, Conj.131 e 132, Jardim Paulista | 01423-001 São Paulo | Brasil
www.almedina.com.br

JOSÉ ANTÔNIO RAMALHO

STORYTELING
CATIVANDO COM A NARRATIVA

Técnicas para criar conexões
com pessoas e empresas

SUMÁRIO

CAPÍTULO 01: INTRODUÇÃO 12
O Urso do Céu 13
O poder da narrativa 15
Qual é o objetivo desse livro? 16
Para quem esse livro se destina? 17
Como atingiremos esse objetivo? 17
O que você precisa para ler esse livro? 19
Compromisso 19

CAPÍTULO 02: EVOLUÇÃO DO STORYTELLING 20
A tradição oral 21
Desenhos 21
Linguagem pictográfica 21
Palavras escritas 22
Evolução do alfabeto 22
Novas mídias 23
Uma breve linha do tempo da evolução do *storytelling* 23
Proposição de atividade prioritária 30
Reflexões 31

CAPÍTULO 03: A EVOLUÇÃO DO HERÓI 32
Mas o que é um herói? 33
O herói primordial 34
Os cavaleiros românticos – Séculos X a XIII 35
Heróis da Era das Descobertas – Séculos XIV e XV 35
Heróis pitorescos 35
Herói cidadão 36
A vida cotidiana cinematográfica 37
O herói e o gênero 38
Heróis instantâneos e heróis destilados pelo tempo 38
Proposição de atividade prioritária 40
A minha história 40

CAPÍTULO 04: A JORNADA DO HERÓI DE JOSEPH CAMPBEL 42
Histórias: tão diferentes e tão parecidas 43
A jornada do herói de Joseph Campbell 43
Ato 1 – A partida 45
Ato 2 – Iniciação 46
Ato 3 – O Retorno 48
A jornada do herói de Vogler 49
Arquétipos 52
Os arquétipos de personagensda jornada do herói 53
Testando a jornada do herói 56
Proposição de atividade prioritária 57
Testando os arquétipos 59
Proposição de atividade prioritária 63

CAPÍTULO 05: A EPOPEIA DE GILGAMESH E A JORNADA DO HERÓI 64
Gilgamesh 66
Interpretação 1 69
1 • Chamado à aventura 69
2 • Recusa ao Chamado 69
3 • Encontro com o mentor 69
4 • Cruzando o limiar 69
5 • Estrada de desafios 69
6 • A barriga da baleia 70
7 • O encontro com a Deusa 70
8 • O clímax 70
9 • O elixir 71
11 • Mestre dos dois mundos 71
Atividade recomendada 71

CAPÍTULO 06: MORFOLOGIA DO CONTO MARAVILHOSO 72
Funções 73
Personagens 76
Proposição de atividade prioritária 78
Atividade opcional 78
O passáro de fogo 79
Proposição de atividade prioritária 2 85

CAPÍTULO 07: ARCOS NARRATIVOS 88
Arco narrativo 90
O arco da história 91
Arco do personagem 92
A pirâmide de Freytag 93
A estrutura de três atos em Star Wars – Uma Nova Esperança 99
A estrutura de três atos em Harry Potter e a Pedra filosofal 102
Finalizando 103
Proposição de atividade prioritária 103

CAPÍTULO 08: O ARCO DO PERSONAGEM 104
O arco do personagem e o arco da história 106
Como se desenvolve o arco do personagem ao longo dos três atos 107
Como uma mudança transformacional ocorre? 111
Elementos do arco do personagem 111
O arco de Bilbo Bolseiro do livro O Hobbit 113
Fazendo um checklist da sua história 114
Considerações finais 116
Proposição de atividade prioritária 116

CAPÍTULO 09: STORYTELLING E ESCRITA 118
A diferença entre escrever e contar uma história 119
Os dois tipos de storyteller 120
Qual a diferença entre ler e contar uma história? 122
A maior contadora de histórias 123
As mil e uma noites 123
Considerações finais 125

CAPÍTULO 10: EXPLORANDO OS CINCO SENTIDOS 126
O paladar 130
Tato 133
Olfato 135
Proposição de atividade prioritária: 137
Audição 138
Proposição de atividade prioritária 141
Visão 142
Finalizando 145
Proposição de atividade prioritária 146

CAPÍTULO 11: DESCREVENDO PERSONAGENS 148
Qualidades negativas 150
Qualidades positivas 151
Falhas 153
A falha e o medo 156
A história de Boba Fett 156
Proposição de atividade 158
Caráter 158
Temperamento 160
Finalizando 162
Proposição de atividade prioritária 163

CAPÍTULO 12: DESCREVENDO CENÁRIOS 164
Descrevendo um local 165
O quanto descrever um cenário? 165
Sinais de que um cenário ou locação deve ser mais ou menos detalhado 168
Deslocamentos 168
Adjetivos para descrever um local 169
Descrevendo uma cena na prática 170
Proposição de atividade prioritária 171

CAPÍTULO 13: STORYTELLING VISUAL 174
Narrativa visual 175
A importância do *storytelling* visual 176
As etapas da criação narrativa visual 178
Proposição de atividade prioritária 179
Cena 2 de Nova York 180
Cena 3 de Chicago 184
Cena 4 — Final 187
Ampliando sua experiência 187

CAPÍTULO 14: NARRATIVA AUDIOVISUAL 188
Gramática 189
Como vemos o mundo 190
Elementos da gramática visual 190
Tipos de plano 192
Ângulos da câmera 194
Movimento da câmera 196
Proposição de atividade 198
Proposição de atividade prioritária 198
Finalizando 199

CAPÍTULO 15: STORYTELLING FOTOGRÁFICO 200
Os tipos de narrativas fotográficas 202
Histórias abertas ou fechadas 203
A dinâmica da leitura de uma foto 204
O conhecimento comum e a interpretação da fotografia 206
Significado simbólico: uma maçã não é só uma maçã 207
O tom de uma foto 208
Ação e consequência 210
A mesma imagem e mensagens diferentes 211
Introduzindo emoções e sentimentos 211
Criando movimento 213
Criando um ensaio temático 215
Proposição de atividade 224
Um ensaio para contar uma história 224
Criando composições fotográficas 227
Desaparecendo 228
Usando bancos de imagens 230
Conselhos para se lembrar ao planejar uma narrativa fotográfica 231
Proposição de atividade prioritária 232
Considerações finais 235

CAPÍTULO 16: STORYTELLING COM VÍDEO 236
A jornada da criação de um vídeo 238
Uma máscara para o passado 242
Imagens de cobertura (B-roll) 247
Comentários sobre a produção do vídeo 248
Ajustes on-demand 248
Proposição de atividade prioritária 249
Considerações finais 249

CAPÍTULO 17: STORYTELLING COM CELULAR 250
Uma maravilha, mas não faz milagre 252
A banda de um só homem 253
Expectativas de quem assiste 254
5 pontos-chave para um bom vídeo com o celular 254
Prática é fundamental 255
Controles manuais 255
Anatomia de um vídeo 258
Uma filmagem e diversos destinos 262
Áudio 263
Captando diálogos 263
Grave o som ambiente 264
Efeitos sonoros 265
Trilha sonora 265
Considerações finais 265

CAPÍTULO 18: STORYTELLING NAS MÍDIAS SOCIAIS 266
Formas de assistir um vídeo 268
Videos nativos e não nativos 269
A guerra pela atenção 269
Os três segundos mágicos 270
Exemplos de vídeos nas redes 272
Dicas para criar textos e legendas 273
Definindo o tom da sua narrativa 274
Emoção 274
Estética narrativa 274
Tipos de narrativas em vídeo para redes sociais 275
O tom da narrativa 276
Considerações finais 277

CAPÍTULO 19: STORYTELLING NO INSTAGRAM: CARROSSEL 278
Características de um carrossel 280
Aplicações de carrossel 281
Formato de imagens e vídeos do carrossel 282
Dicas para criar um carrossel de sucesso 283
Criação de um kit temático 283
Carrossel numerado 284
Criando um carrossel na prática 285
Criando um vídeo para a primeira imagem do carrossel 290
Utilizando aplicativos e gabaritos 290
Proposição de atividade prioritária 291

CAPÍTULO 20: UM DIA NA VIDA 292
Uma história dos anos 1960 (uma timeline) 294
A Day In The Life 296
A história contada a partir das experiências pessoais 297
A vida em um dia — 2010 297
Proposição de atividade prioritária 299
Finalizando 299

CAPÍTULO 21: UM DIA NA MINHA VIDA 300
Vídeos de referência sobre Um Dia Na Minha Vida 301
Agora é a sua vez: como é o seu dia? 302
Conselhos antes de iniciar esse projeto 305
Editando seu filme 307
O banho 308
Ajuda sempre ajuda 309
Um mini tutorial sobre o Splice 309
Recortando partes de um clipe 311
Exportando o vídeo 312
Agora é com você 313
Finalizando 313

CAPÍTULO 22: STORYTELLING CORPORATIVO 314
Criando apresentações cativantes 315
Qual é a sua audiência? 315
Qual será o ambiente da apresentação? 316
Apresentação ao vivo 316
Os inimigos de uma apresentação corporativa 317
Ações para diminuir os pontos negativos 318
O *storytelling* da apresentação 320
Identifique a mensagem principal para criar o show da abertura 321
Dicas de apresentação 323
Considerações finais 325
Proposta de atividade 325

CAPÍTULO 23: ENTREVISTAS PESSOAIS E PROFISSIONAIS 326
Então, fale-me sobre você 327
Você causa uma boa impressão? 328
Entendendo o que a audiência (o entrevistador) quer 328
Seja você mesmo, mas seja o seu melhor eu 329
Quais são suas fraquezas? 331
Técnicas de *storytelling* 331
Proposição de atividade prioritária 334
Considerações finais 334
Atividade prioritária 334

CAPÍTULO 24: EXEMPLOS DE STORYTELLING 336
Gucci – Epilogue Collection 337
O segredo da Senhora Muir 338
Os judeus do Líbano 339
The Good Italian 340
Depeche Mode Spirits in the Forest 342
Considerações finais 343

CAPÍTULO 25: APÊNDICE A 344
Prática: 345
Sinopse escrita por mim depois que assisti ao filme 348
Respostas para as perguntas do capítulo 348
Qual o arco dos personagens Vagabundo, Mulher e o Garoto? 348
Quem é o protagonista e o antagonista? 349
Conflito 349

REFERÊNCIAS 350
Filmes 351
Livros 351
Youtube 352
Sites 352

Escola de Atenas – Rafael Sanzio (1511)
–Wikimedia Commons

A obra que abre este capítulo, Escola de Atenas, de Raphaello (Rafael Sanzio), pintada entre 1509 e 1511, reúne imagens de cerca de sessenta pessoas e alguns dos maiores pensadores da antiguidade como Platão, Aristóteles, Sócrates, Epicuro, Pitágoras, Heráclito, Diógenes, Euclides e Ptolomeu estão representados na pintura.

Embora tenham vivido em épocas diferentes a pintura os coloca no mesmo espaço e tempo como se estivessem dialogando, contando histórias e trocando ideias e visões sobre a vida e filosofia.

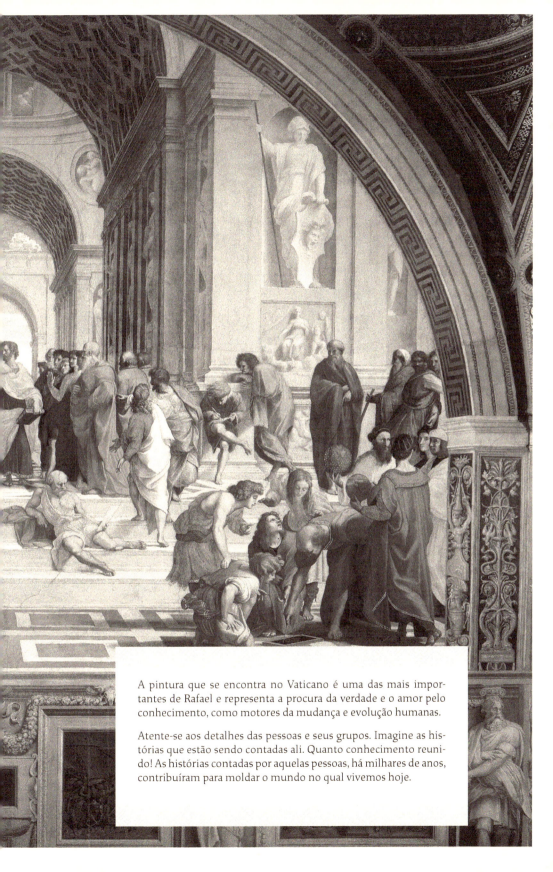

A pintura que se encontra no Vaticano é uma das mais importantes de Rafael e representa a procura da verdade e o amor pelo conhecimento, como motores da mudança e evolução humanas.

Atente-se aos detalhes das pessoas e seus grupos. Imagine as histórias que estão sendo contadas ali. Quanto conhecimento reunido! As histórias contadas por aquelas pessoas, há milhares de anos, contribuíram para moldar o mundo no qual vivemos hoje.

CAPÍTULO 01
INTRODUÇÃO

Contar histórias talvez seja a atividade mais praticada pela humanidade. Contamos histórias todos os dias e todas as horas. Além de contadores de histórias somos ainda mais ávidos consumidores delas. Sempre estamos buscando histórias, reais ou ficcionais, para satisfazer nossa curiosidade. Sim, a curiosidade é uma das forças mais poderosas da humanidade e devido a ela saímos de uma caverna e chegamos à lua.

É a curiosidade que move as pessoas a questionarem o que não entendem e tentar buscar respostas para essas perguntas, tanto no âmbito pessoal como profissional.

Nossas respostas, quando conseguimos obtê-las, quase sempre são baseadas no conhecimento que temos naquele momento ou depois de pesquisar e explorar sobre o assunto.

Nos primórdios da humanidade, quando não se conseguia achar uma resposta para satisfazer uma curiosidade sobre um evento da natureza, por exemplo, era comum inventar uma história, independentemente de ela ser real ou não, pois não ter resposta é algo que sempre nos incomodou. Quer ver um exemplo?

O URSO DO CÉU

Uma noite, em um passado distante, um camponês olhava para as estrelas e viu que algumas delas pareciam formar o desenho de um urso. O desenho não era perfeito, mas ele conseguia completá-lo com um pouco de imaginação. De volta à sua vila, começou a mostrar o urso das estrelas para todos e em pouco tempo todos ficaram sabendo daquela figura no céu da aldeia.

Certa noite, uma das crianças da vila perguntou à sua mãe como o urso foi parar lá no alto do céu. A mãe, sem saber a resposta, desconversou e depois perguntou ao marido, que também não sabia e que perguntou ao amigo, que também não sabia. Quanto mais a pergunta viajava, mais a resposta se repetia, até que um dia perguntaram para um caçador que passava pela aldeia. Ele disse que responderia, mas só contaria à noite e com todos reunidos no centro do vilarejo.

O caçador, depois de terminar seu jantar foi até a multidão, que imediatamente ficou em silêncio. Então, apontando para o urso nas estrelas, disse:

"Essa história que vou contar ouvi do meu avô quando ainda eu era criança. Ele por sua vez, ouviu de seu avô que também escutou a história do seu avô que repetiu também a mesma história, que já vinha sendo contada há muitas gerações em nossa família.

Pois bem, nas altas montanhas ao leste do mar, onde crescem os frondosos e gigantes cedros, havia um urso negro de tamanho descomunal. Ele vivia no interior mais escuro da floresta e seus pelos se fundiam com a escuridão, tornando-o quase invisível para quem lá se atrevesse a lá ir. De tempos em tempos, quando não encontrava cervos para se alimentar, o urso saía da floresta e matava alguma ovelha que pertencia a alguém da nossa comunidade.

Cansados de perder seus rebanhos, a vila chamou três caçadores que foram atrás do urso para matá-lo. Na primeira tentativa atiraram três flechas que erraram o urso e deram oportunidade para que ele saltasse para uma montanha mais alta. Três meses se passaram até que os caçadores encontrassem o urso em uma floresta com suas árvores carregadas de folhas verdes e espessas, mas que não escondiam o urso que partiu em fuga. Atiraram suas flechas e uma delas acertou o urso e o fez sangrar pela floresta. Seu sangue tingiu as folhas das árvores e elas se tornaram vermelhas e depois laranjas, para em seguida caírem das árvores. Nesse momento, o Urso usou suas forças, deu um salto para o céu e se transformou nas sete estrelas que vemos hoje. Para lembrar sua ida para o céu, todos os anos após o verão, as árvores perdem as folhas que transformam o chão da floresta em um tapete vermelho e laranja."

Com essas palavras, o caçador, ao redor da fogueira no centro da aldeia, apontou para a constelação de Ursa maior e todos olharam para o céu para contemplar a imagem do urso.

Quando baixaram seus olhares, o caçador tinha desaparecido. Era Orion, a constelação do Caçador, que se transformara em um homem para contar a história e voltara aos céus. Mas essa é outra história...

Talvez hoje, se uma criança olhar para o céu e perguntar como aquele urso foi parar lá, seus pais irão fazer uma pesquisa pelo celular e responder algo como:

"Essas estrelas fazem parte de uma constelação chamada Ursa Maior que faz parte da Via Láctea formada há 13 bilhões de anos."

Eu sinceramente, se fosse essa criança, gostaria de ouvir a primeira história. Ela me motivaria a buscar outras constelações e descobrir a sua história.

CAPÍTULO 1 - INTRODUÇÃO

Sidney Hall – Library of Congress

O PODER DA NARRATIVA

Nós crescemos ouvindo histórias. Em nossa infância elas foram tão fundamentais como o sono e, pensando um pouco, muitas elas foram contadas para dormirmos.

Grandfather – Pixabay

Em algum momento começamos a acumular histórias, aquelas que ouvimos e o mais importante é que passaremos a criar uma história própria baseada em nosso dia a dia. Essa história será compartilhada em algum momento com outras pessoas que poderão ser do seu núcleo familiar, como filhos e netos, ou então em um ambiente externo onde a sua história irá impactar a vida de outras pessoas.

Fonte: Foto de Ana Shvets - Pexels

Você não tem ideia de como uma simples frase sua pode mudar a vida de uma pessoa, para o bem ou para o mal.

Você passou pela infância, adolescência e entrou no mundo adulto. Pode ter estudado, se formado em alguma profissão, se tornado um especialista e em algum momento ministrará uma palestra usando seu conhecimento técnico e suas experiências pessoais combinados para entreter, ensinar, motivar ou vender uma ideia para aquela audiência.

Não importa em que ponto de sua jornada você esteja, saber transmitir uma ideia, um conceito ou qualquer informação de forma adequada fará toda a diferença para alcançar um objetivo que depende do seu poder para convencer alguém sobre o que você está falando, ou simplesmente obter um sorriso de quem te escutou.

A forma adequada a qual nos referimos depende do objetivo que você quer alcançar. Para tal você terá de engajar sua audiência e mantê-la curiosa sobre o que você está falando ao longo de sua narrativa. Falhe nisso e você estará fadado ao fracasso.

Pode parecer simples, mas não é.

Uma das formas de atingir esse objetivo é a utilização da técnica de *storytelling*, que consiste em transmitir um conteúdo através de um enredo bem elaborado e de uma narrativa envolvente usando em conjunto palavras e recursos audiovisuais apropriados. Se a tradução direta de *storytelling* é contar histórias, o que pode nos remeter inicialmente à contação de histórias infantis, a verdade é que essa técnica pode ser usada com muito sucesso nos mais diversos ambientes da sua vida, inclusive nos profissionais.

QUAL É O OBJETIVO DESSE LIVRO?

Trazer até você conhecimento para poder desenvolver seu poder de narrativa utilizando técnicas e métodos eficientes desenvolvidos a milhares de anos pela humanidade e incentivá-lo a iniciar algumas práticas diárias que, ao longo de algum tempo, transformarão suas habilidades de transmitir conteúdo de forma mais eficiente para a sua audiência.

CAPÍTULO 1 - INTRODUÇÃO

O livro tem a intenção de **introduzir** conceitos e práticas que envolvem diferentes áreas de conhecimento humano. Cada capítulo do livro apresenta um tema que por si só deve ser objeto de um livro inteiro, e de fato você encontrará muitos livros que se aprofundam nesses temas. Portanto tome esse livro como um início para a incrível jornada do *storytelling*.

PARA QUEM ESSE LIVRO SE DESTINA?

Para profissionais de qualquer área que precisam comunicar suas ideias de forma convincente à sua audiência. Para aqueles que desejam criar de forma envolvente histórias, contos e obras ficcionais. Para quem deseja descrever de forma cativante histórias sobre fatos reais. Para quem deseja expandir seus conhecimentos sobre o incrível universo do relacionamento humano através das histórias, onde somos coadjuvantes em algumas e protagonistas em outras.

COMO ATINGIREMOS ESSE OBJETIVO?

Primeiramente iremos fazer uma viagem pela história da narrativa, entender seus princípios e como ela evoluiu durante o amadurecimento da humanidade.

Por mais técnica que seja sua área de atuação, entender como funciona a mente humana e sua necessidade de ouvir os fatos de uma forma que seja fácil e envolvente é essencial.

Conheceremos três técnicas de narração de história comprovadamente eficientes para que você possa elaborar suas narrativas futuras com mais confiança.

PRÁTICA:

Para ser um bom contador e criador de histórias você precisa ouvir muitas histórias, ler muitos livros, assistir muitos filmes e escrever muito, mas muito mesmo. Você será incentivado a executar diversas tarefas práticas durante os capítulos, pois acredito que a prática é a melhor forma de assimilar os conhecimentos. Não, esse não é um livro teórico. Se você se comprometer aqui e agora a seguir as atividades propostas por mim, pode ter certeza de que terminará a leitura com uma visão diferente de como se relacionar com o mundo ao seu redor. No final do livro você encontrará uma lista de livros e filmes em que me baseei para criar exemplos e atividades ao longo dos capítulos assim como outras sugestões de leitura.

1 Um caderno de anotações em papel ou digital é essencial para você acompanhar esse livro. Nele você executará diversas atividades e fará um registro de muitos fatos que nós utilizaremos em momentos oportunos do livro, ou seja, o seu caderno de anotações é a extensão desse livro e sem ele apropriadamente preenchido com as atividades, seu aprendizado ficará aquém do ideal e isso nem eu nem você queremos, certo?

2 Você pode usar o seu celular para manter suas anotações ou até mesmo seu computador. O importante é manter um registro do que for solicitado ao longo dos capítulos.

Temos que começar uma atividade com a convicção de que vamos fazer o melhor e esse livro só funcionará bem se houver uma parceria entre nós.

A escrita é a base da criação de histórias. Se o seu objetivo é criar um podcast, filme de ficção, vídeo para o seu canal do YouTube, uma apresentação de powerpoint, um workshop ou relatório para sua empresa, você terá que escrever antes de executar a sua tarefa.

Esse livro não será um guia de redação, mas gastarei algum tempo apresentando diversas técnicas que tornarão suas palavras muito mais sedutoras e saborosas aos olhos e ouvidos de quem as recebe.

Muito bem, depois de fortalecermos nosso poder descritivo através das palavras e que será usado em qualquer área do conhecimento, vamos navegar pelos diferentes mares do *storytelling*. Uma mesma história tem que ser contada explorando todas as ferramentas que cada meio oferece.

Dedicaremos capítulos ao *storytelling* audiovisual onde você conhecerá os elementos essenciais que devem ser usados na linguagem visual, usando imagens e fotografias para contar uma história. Em seguida veremos como criar histórias através de vídeos.

Nesse ponto onde já teremos o embasamento necessário, vamos criar projetos reais usando esses conhecimentos e encontraremos um capítulo inteiramente dedicado ao *storytelling* usando o celular como ferramenta para todos os processos criativos e de produção de uma história.

Vamos abordar na sequência o *storytelling* e as mídias sociais para que você possa fazer o melhor uso do que aprendeu até aqui no seu dia a dia pessoal ou profissional nessas mídias.

Em seguida partiremos para o *storytelling* dentro das empresas e como você poderá usar a técnica para criar apresentações que se tornarãoam inesquecíveis e muito mais impactantes.

Veremos também como usar o *storytelling* para te ajudar a conquistar uma nova posição profissional e, ao final, como se vender melhor para o mundo.

A primeira metade do livro focará nos aspectos teóricos (mas com bastante prática) e criativos do *storytelling* para que você possa, na segunda prática, desenvolver e contar histórias usando os recursos tecnológicos que temos a nossa disposição.

O QUE VOCÊ PRECISA PARA LER ESSE LIVRO?

Determinação em mudar a forma como você escreve a sua própria história. **Comprometimento** para realizar as atividades propostas que têm como finalidade expandir seu poder de narrativa e visão do mundo que o cerca. **Um bloco ou caderno de anotações** que será usado intensamente. **Disposição** de nunca deixar um porquê sem resposta.

Se você aceitar essas provocações, a leitura desse livro será transformadora e para mostrar o seu comprometimento com você mesmo peço que complete o parágrafo a seguir com o seu nome.

COMPROMISSO

Eu, _____ , me comprometo com a proposta desse livro e me empenharei para desenvolver as atividades propostas ciente de que elas são essenciais para obter o máximo de aprendizado.

Te aguardo nas próximas páginas.

O Autor

Jose.antonio@ramalho.com.br | IG: @joeramalho

www.ramalho.com.br

CAPÍTULO 02
EVOLUÇÃO DO STORYTELLING

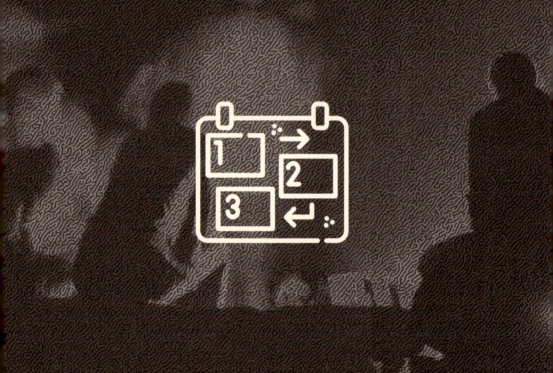

CAPÍTULO 2 - EVOLUÇÃO DO STORYTELING

O *storytelling* evoluiu ao longo da história influenciado pelo avanço das habilidades humanas e pelo surgimento de novas técnicas, tecnologias e meios físicos de armazenamento das histórias. A geografia também influenciou a velocidade com a qual o *storytelling* evoluiu em função de recursos e culturas regionais.

A TRADIÇÃO ORAL

A transmissão oral de histórias remonta a diferentes épocas da pré-história dependendo da sua área geográfica. Usando a narrativa verbal pura e, posteriormente, músicas ou poemas sempre recitados de cor, as histórias eram passadas de geração a geração.

A Odisseia e a Ilíada de Homero foram criadas em torno de 1200 a.C., mas seus registros sob a forma de texto apareceram apenas quinhentos anos depois, em torno de 700 a.C. A Epopeia de Gilgamesh ocorreu por volta de 2700 a.C. e foi transmitida verbalmente até ser registrada em tábuas de argila pelos sumérios por volta de 2000 a.C.

DESENHOS

Entre 40 e 30 mil anos, pinturas em paredes de cavernas surgiram como uma evolução e suporte para a narrativa oral. Elas permitiam que novas gerações soubessem de um fato mesmo sem a presença física de um narrador.

LINGUAGEM PICTOGRÁFICA

Entre 5 e 4 mil anos atrás, os desenhos evoluíram para uma linguagem pictográfica baseada em símbolos que, dispostos em conjunto, transmitiam não uma imagem, mas uma mensagem. Esse formato, conhecido como linguagem hieroglífica, foi um dos primeiros sistemas de linguagens escritas.

PALAVRAS ESCRITAS

Evidências de sistemas de escrita são encontrados desde 9 mil anos atrás. Apenas cerca de 4 mil anos atrás os alfabetos foram estabelecidos da forma como os conhecemos. Transcritas para diferentes meios, como tábuas de argila, pedras ou algum tipo de papel, eles evoluíram de combinação de desenhos para palavras propriamente ditas. A maioria dos alfabetos atuais deriva do alfabeto fenício.

EVOLUÇÃO DO ALFABETO

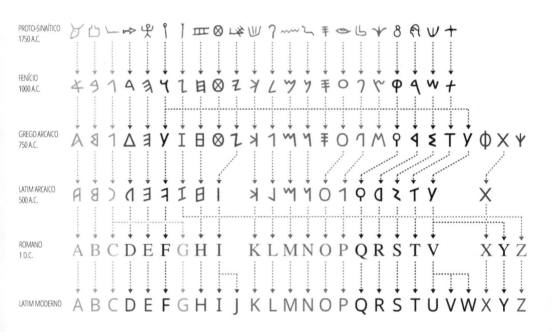

Fonte: Matt Baker - Usefulcharts.com

Embora a escrita tenha facilitado a propagação das histórias, separando a presença física do emissor da do receptor, o acesso aos textos era privilégio de poucos devido ao alto custo de produção. Isso mudou com a invenção da prensa de Gutenberg no século XV, que iniciou um processo de distribuição e propagação em uma velocidade e alcance global.

NOVAS MÍDIAS

Por cerca de quatrocentos anos, até o surgimento da revolução industrial no século XIX, as formas de transmissão de histórias continuaram iguais. Mas em apenas 150 anos o mundo passaria por uma mudança nunca vista antes. A eletricidade permitiu o desenvolvimento de novos meios de comunicação que quebravam a barreira física da narrativa, permitindo que ela chegasse aos quatro cantos do planeta de maneira instantânea. Telefone, rádio, televisão e internet ampliaram as possibilidades das narrativas a novos patamares que ainda estão sendo entendidos por nós. Vejamos agora uma cronologia dessa evolução.

UMA BREVE LINHA DO TEMPO DA EVOLUÇÃO DO STORYTELLING

PRÉ-HISTÓRIA

As origens do *storytelling* remontam aos tempos pré-históricos onde as histórias eram passadas às novas gerações em reuniões ao redor de uma fogueira e posteriormente através de pinturas em paredes.

SUMÉRIOS

A criação de um sistema de escrita cuneiforme, baseado em símbolos gravados em tábuas e cilindros de argila marcou o uso da escrita e a produção da primeira história registrada pelo homem, o Épico de Gilgamesh.

ANTIGO EGITO

O *storytelling* era usado para comunicação, entretenimento e para fins religiosos. Com o uso da escrita baseada em hieróglifos, o registro e a propagação das histórias se tornaram muito mais amplos.

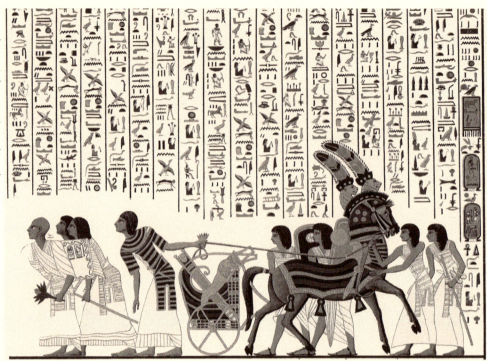

GRÉCIA ANTIGA

Através de poemas os gregos contavam as histórias de seus heróis e as origens da humanidade. Homero, autor da Odisseia e da Ilíada, é considerado o pai da literatura ocidental.

Mosaico de Ulisses amarrado ao mastro de um navio para resistir às canções das sirenes, de Dougga, expostas no Museu Bardo (Tunisia)

CHINA/JAPÃO

Na Ásia, uma técnica chamada teatro de sombras se tornou muito popular usando bonecos de papel cuja silhueta era iluminada e projetada em uma superfície onde. Junto com alguém narrando, uma história era contada.

foto: dreamerice - vecteezy

IDADE MÉDIA

Os trovadores eram artistas itinerantes que entretinham população e as cortes com histórias contadas e acompanhadas de música.

Parodia del Trobatore de Grossi

GUTEMBERG E A PRENSA

Embora as histórias tivessem sido registradas em diversos meios físicos como papiros e pergaminhos, seu alto custo limitava o seu acesso apenas aos mais abastados ou religiosos. Em 1456 é publicado o primeiro livro no formato que conhecemos hoje, a Bíblia. Em 1609 apareceram os primeiros jornais diários impressos tipograficamente. A invenção da prensa permitiu a produção mais barata de livros e o registro de histórias que passavam a atingir um número muito maior de receptores.

Fonte: Prensa de Papel – Museu Gutenberg

O RÁDIO

No século XIX a revolução industrial teve um impacto enorme no *storytelling* A invenção do rádio permitiu que as histórias superassem os limites geográficos e pudessem atingir outros continentes e milhões de ouvintes. Dessa forma, a narrativa oral atingiu sua plenitude de alcance. As pessoas não precisavam sair de suas casas para ouvir histórias. O fenômeno das radionovelas levava milhares de família a se reunir ao redor do rádio para escutar seus galãs e mocinhas em suas histórias românticas ao longo de inúmeros episódios.

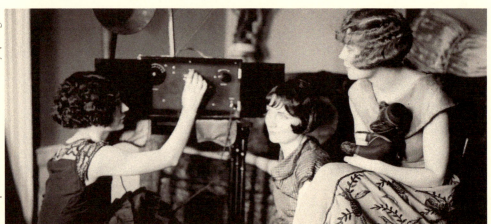

Fonte: foto de Bain News Service - Library of Congress

CINEMA

Nascido em 1895 através dos irmãos Lumière, revolucionou a forma de se contar histórias acrescentando a dinâmica do movimento das imagens e adaptações do texto original para o novo formato. Com a adição do som aos filmes a partir de 1927 uma nova camada de envolvimento com a história foi adicionada. Se o filme conta a história, o som e a música trazem a emoção. O que seria do filme Tubarão sem a trilha sonora que indicava a aproximação do esqualo ou o crescente grau de suspense da trilha de Psicose de Alfred Hitchcock?

v1, 1895　　　　　v2, March 1896　　　　v3, August 1896

Comparação de três versões, filmadas por Louis Lumière, respectivamente, em março de 1895, março de 1896 e agosto de 1896. - Manuel Schmalstieg

TELEVISÃO

A segunda metade do século XX viu o crescimento da TV, trazendo o consumo de histórias audiovisuais para dentro de nossas casas, ampliando as possibilidades de segmentação de histórias através dos seriados e novelas que permitiam contar uma história em episódios semanais ou diários por semanas, meses, anos e décadas. Como curiosidade, a novela inglesa *Coronation Street* foi ao ar em dezembro de 1960 e está em produção até os dias da escrita desse livro, 2022 completando 62 anos.

Nas séries televisivas, *Law and Order – SVU* foi ao ar em 1999 e em 2022 completou 23 anos ininterruptos.

INTERNET

Com a chegada da internet, o mundo do *storytelling* foi colocado de cabeça para baixo, pois ampliou de forma infinita a quantidade de criadores de histórias usando texto, voz, música, filmes e qualquer combinação entre eles. Conteúdos globais e disponíveis instantaneamente.

Histórias em tempo real ou produzidas tradicionalmente, gratuitas ou pagas: a internet mudou para sempre a forma de se contar e consumir histórias.

Tudo ocorrendo em diversos dispositivos e tendo o celular como a principal ferramenta de criação e consumo de histórias.

Fonte: Foto de Fancycrave1 - Pixabay

TRANSMÍDIA STORYTELLING

A diversidade de dispositivos e formatos de consumo de história abriu as portas para a criação de histórias que podem utilizar as características específicas de cada reprodutor e ampliar a experiência do receptor como a inclusão de realidade aumentada em um celular ou informações adicionais disponíveis em diferentes meios de reprodução, como um console de jogos.

A transmídia permite que um consumidor entre em um universo usando diferentes portas. Alguém pode ler um livro, ou assistir um filme, jogar um jogo, comprar um boneco de ação ou um brinquedo para depois continuar a adentrar em outras camadas ou níveis diferentes da história principal ou ir diretamente para uma sub-história.

Tomando o universo de Star Wars como exemplo é possível que alguém entre em contato com Star Wars em 2022 através da série O Livro de Bobba Fett, que relata as aventuras do personagem e que era um coadjuvante menor da primeira trilogia, e depois assista toda a saga da família Skywalker nos filmes clássicos da franquia.

Enfim, *storytelling* sempre será uma técnica da narrativa cativante não importando onde ela será contada.

Foto de Fancycrave1 - Pixabay

PROPOSIÇÃO DE ATIVIDADE PRIORITÁRIA

É importante você acompanhar um pouco da evolução recente dessa transformação. Para tal vamos experimentar as muitas sensações que diferentes épocas nos traziam como expectadores. Todos os vídeos mencionados você encontrará na internet.

 Assista ao primeiro filme de ação feito em 1903, **The Great Train Robbery** (12min)

https://youtu.be/In3mRDXouqk

 Assista ao filme de ficção **Da Terra à Lua**, de Julio Verne de 1902 (13 min). Procure assistir uma versão que não tenha legendas adicionadas posteriormente ao filme para ter uma experiência mais real, usando apenas o visual.

https://youtu.be/BNLZntSdyKE

 Experimente o poder da narrativa oral escutando algum episódio de uma antiga radionovela. Busque **A vidente e o Vigarista**, de 1980, e certamente encontrará os episódios disponibilizados pela EBC. O link mostrado a seguir é para facilitar sua busca, mas pode ele poderá mudar ou ser excluído eventualmente.

https://radios.ebc.com.br/vidente-e-o-vigarista/2022/02/vidente-e-o-vigarista-10-episodio

REFLEXÕES

Enquanto nos primeiros filmes mudos você via exatamente o que acontecia, sua imaginação tinha que ajudar nas hipotéticas falas ou sentimentos aos quais os personagens estavam envolvidos. Como eram sem som, muitos cinemas possuíam orquestras ao vivo para adicionarem uma trilha sonora e aumentar a experiência do filme.

Já na radionovela, em um audiolivro ou em um podcast, você ouve uma descrição de cada personagem ou do ambiente na qual a cena transcorre de forma detalhada e envolvente, mas precisa usar sua imaginação para criar a imagem fotográfica daquela descrição e com isso ver a cena se formando em sua mente.

Reflita sobre a evolução do visual de um filme de ficção cientifica comparando A Viagem à Lua com os filmes atuais.

No próximo capítulo vamos conversar sobre a evolução do personagem do herói das histórias ao longo do tempo.

CAPÍTULO 03
A EVOLUÇÃO DO HERÓI

CAPÍTULO 3 - A EVOLUÇÃO DO HERÓI

Quase todas as histórias que conhecemos através de filmes e livros giram em torno de um personagem principal e que é o herói da fábula, conto, filme ou saga. É por ele que torcemos e nos aliamos em sua jornada para superar os desafios que se antepõe a ele.

MAS O QUE É UM HERÓI?

Vejamos algumas definições encontradas na internet:

1. Indivíduo que se destaca por um ato de extraordinária coragem, altruísmo, valentia, força de caráter ou outra qualidade considerada notável.

2. Aquele que é admirado por qualquer motivo, constituindo o centro das atenções.

3. No cinema e literatura, é o protagonista da história.

4. Na mitologia, é uma personagem nascida de um ser divino e outro mortal.

Buzz Aldrin na lua – crédito Nasa

Ao longo do tempo, os heróis se ajustaram ao contexto histórico, geográfico e social de sua época. Dos primeiros heróis mitológicos existentes, quase sempre fruto da imaginação humana para explicar atos da natureza, aos heróis fantasiosos, mas baseados em fatos puramente humanos sem a presença mágica ou divina, temos um longo desenvolvimento de personagens e situação.

Os gregos contextualizavam o herói em um patamar entre a humanidade e divindade. Quase sempre o herói era um semideus, com um pai ou mãe humanos e a outra parte vinda de um Deus ou Deusa. À medida que o conhecimento humano se desenvolvia nas diversas áreas das ciências, explicações para atos da natureza e, consequentemente, explicações mitológicas perdiam sua validade como verdadeiras e migravam para o lado da ficção.

Isso não eliminou a função do herói nas gerações seguintes, mas humanizou sua figura, incluindo também as fraquezas que fazem parte de todos sem tirar sua principal função, que é a superação diante dos desafios e em última instância, a vitória do bem sobre o mal.

Os heróis podem ser locais ou universais. Nos contos de fadas, a abrangência da aventura é regionalizada. Normalmente ficam dentro de um reino ou uma floresta, por exemplo. Os heróis tribais exaltam fatos e atos associados a um grupo ou região. Já os heróis universais trazem uma mensagem ou valores que são facilmente entendidos pelo mundo todo.

O HERÓI PRIMORDIAL

Os heróis primordiais são aqueles associados às mitologias. A maioria deles tem alguma relação com algum deus, que pode ser um dos seus pais ou marido/esposa.

Ulisses e as Sirenas
por John William Waterhouse - National Gallery of Victoria

Quase sempre privilegiados de alguma forma em seu mundo, suas aventuras são distantes da realidade cotidiana. Quase sempre suas aventuras contam com elementos mágicos ou ajuda divina (Gilgamesh, Aquiles, Hércules e Teseu).

OS CAVALEIROS ROMÂNTICOS – SÉCULOS X A XIII

Associados ao mundo medieval, são privilegiados socialmente. Eles fazem suas próprias escolhas e possuem altos padrões morais. Embora presentes em fábulas como as do Rei Arthur e seus cavaleiros, eram também de carne e osso (El Cid, Saladino).

foto: Berendey_Ivanov/Andrey_Kobysnyn (Pexels)

HERÓIS DA ERA DAS DESCOBERTAS – SÉCULOS XIV E XV

Os heróis dessa época eram acima de tudo empreendedores em busca de fortuna.

Criavam uma empreitada, conseguiam patrocínios estatais e partiam rumo ao mundo desconhecido. A moral não era mandatória, e corsários e piratas se encaixavam no perfil como Cook e Magalhães. Francis Drake foi o mais famoso corsário a serviço da coroa britânica. Esses heróis, em sua maioria, eram de classes abastadas ou da realeza.

Marcus Gheeraerts, Sir Francis Drake Buckland Abbey, Devon

HERÓIS PITORESCOS

A partir do século XVI surgiram os heróis pitorescos. Pitoresco é um adjetivo relacionado à arte e designa as qualidades plásticas e visuais de personagens curiosos ou bizarros. Ficcionais ou baseados em pessoas reais, eram personagens que surgiam do proletariado e buscavam algum tipo de justiça social, mas nem sempre. Alguns eram qua-

se criminosos ou totalmente, mas com alguma característica cativante, como Robin Hood, Zorro ou o pirata Jack Sparrow. Por exemplo, Johnston McCulley, autor de Zorro, encontrou a inspiração para o personagem em Joaquim Murrietta (1829-1953), um mexicano que veio para a California durante a corrida do ouro. Depois de ter sua mulher estuprada e morta, ele tomou a justiça nas próprias mãos vingando sua morte e tornando-se um bandido justiceiro.

Poster de lançamento no cinemado filme de 1940 "The Mark of Zorro".
Copyright by Twentieth Century–Fox Film Corp. MCMXL" - Scan via Heritage Auctions.

HERÓI CIDADÃO

Cada vez mais longe da ficção, pessoas comuns são nomeadas como heróis ou heroínas por atos de bravura ou ao grande risco que se expõem para ajudar outras pessoas.

Por exemplo, pessoas comuns que eram colocadas à prova durante um evento onde eram forçadas a sobreviver ou salvar outras pessoas. Robinson Crusoé ou o moderno Tom Hanks em Castway (O Náufrago) que precisaram sobreviver em uma ilha após um naufrágio. Os Sobreviventes dos Andes que, depois da queda de seu avião na Cordilheira, foram postos à prova e tiveram seus valores questionados para sobreviver depois de recorrerem ao canibalismo. Esse conceito é cada vez mais cotidiano e um exemplo atual são os profissionais da Saúde que enfrentaram o desconhecido Covid-19 para salvar milhões de pessoas, colocando suas próprias vidas em risco. O herói cidadão não escolhe ser herói, ele é quase sempre forçado a sê-lo.

A VIDA COTIDIANA CINEMATOGRÁFICA

Nós não voamos, não temos superpoderes tampouco armas extraordinárias, mas usamos nossas habilidades, capacidades e aprendizado para vencer as dificuldades diárias.

Cada um de nós tem sonhos, quer ter sucesso, encontrar o amor, ser famoso e realizar muitos desejos. O cotidiano se transforma em uma aventura na qual o tempo dirá se fomos heróis, vilões ou fracassados. Cada dia é um filme em que somos os personagens da história. À medida que o conhecimento humano foi se ampliando, os heróis foram se distanciando do mundo mágico e fantasioso e se aproximando da realidade humana.

Roman Odintsov - Pexels

Cada vez mais o título de herói passou a ser atribuído a pessoas que foram pioneiras em alguma área do conhecimento ou que superaram limitações físicas e científicas de suas épocas. Os astronautas dos programas espaciais norte-americanos são exemplos de heróis que arriscaram suas vidas atrás do objetivo de explorar o espaço e chegar até a lua. O processo todo do projeto Apollo foi um pouco mais difícil do que aquele narrado no livro e no filme de Júlio Verne, não é mesmo?

A ficção moderna resgata o mundo fantástico para podermos, por alguns momentos, sairmos da dura realidade e viver momentos únicos desprendidos das leis da física e das regras sociais e morais que nos são impostas. É uma válvula de escape da nossa, quase sempre, dura realidade.

O HERÓI E O GÊNERO

Hércules Obtendo o Cinturão de Hipólita - Nicolaes Knüpfer - Hermitage Museum

Assim como o perfil do herói foi mudando ao longo do tempo, temos que notar que os heróis primordiais eram em sua maioria homens, brancos, fortes e com facilidades sobre os que os rodeavam. Por mais de 3 mil anos esse perfil regeu as histórias ficcionais e romances.

Aos poucos, heroínas foram surgindo ao longo da história, mas quase sempre tendo que se masculinizar na aparência ou atitudes.

Hipólita, a rainha das Amazonas gregas, que se mutilavam tirando um seio para poder atirar melhor com o arco, é um dos mais remotos exemplos. A rainha da Síria, Zenobia, que lutou contra o império romano, Joana D'arc em sua armadura lutando contra os ingleses, Nakano Takeko, uma mulher samurai que lutou contra o exército Imperial japonês na década de 1860 são exemplos reais dessas valorosas mulheres que assumiram funções tipicamente masculinas à sua época.

No cinema, a atriz Sigourney Weaver em Alien ou a personagem Sara Connor em Terminator são alguns exemplos dessa personificação masculina. É claro que existem histórias onde o lado feminino não precisou ser sufocado pela heroína.

Foto de uma atriz ou geisha posando como Nakano Takeko, a famosa guerreira samurai (Onna-musha) do domínio Aizu.

Doroty no Mágico de Oz, Moana no filme da Disney e ainda Erin Brockovich, a personagem interpretada pela atriz Julia Roberts, são alguns exemplos que me lembro.

HERÓIS INSTANTÂNEOS E HERÓIS DESTILADOS PELO TEMPO

Muitas pessoas comuns acabaram ascendendo ao panteão dos heróis pelas gerações seguintes à da sua existência. Assim, Marco Polo, que viveu no século XIII, ou mais recentemente Ernest Shackleton através de suas narrativas acabaram ganhando a admiração das pessoas e, pela dificuldade de suas jornadas, são reconhecidos como verdadeiros heróis.

CAPÍTULO 3 - A EVOLUÇÃO DO HERÓI

Pessoalmente acho que a jornada de provas ao qual Ernest Schackleton foi submetido para salvar a tripulação do seu navio, que foi esmagado pelo gelo na Antártida, o levou a executar tarefas que poucos humanos conseguiriam. Recomendo muito a leitura de sua jornada.

Muitas vezes uma pessoa comum é levada à fama instantânea por algum fato pontual e essa fama lhe garante o adjetivo de ídolo que pode migrar ou conferir adicionalmente o adjetivo de herói — afinal de contas, ídolos e heróis podem ser a mesma pessoa, mas não necessariamente.

Navegando 800km nas águas geladas e inóspitas nesse pequeno barco, schackleton conseguiu atingir as ilhas georgia do sul e retornar meses depois com ajuda para salvar todos os tripulantes que ficaram isolados na antártica. Foto publicada no livro de Ernest Shackleton, South - Londres, 1919

As redes sociais são exemplos claros de catapultas para o estado de herói de pessoas que passam longe de qualquer comparação com os atributos universais.

Um caso de um suposto adultério filmado por uma câmera de segurança em Planaltina, próximo ao Distrito Federal, onde uma mulher fez sexo com um morador de rua dentro do seu carro e foi surpreendida pelo marido que agrediu o sem-teto, ganhou repercussão nacional.

"Após o vídeo ser publicado, as imagens viralizaram nas redes sociais. O impacto foi tanto que o *personal* traído chegou a conceder uma entrevista para o jornalista Leo Dias. *Personal trainer* se pronuncia após entrevistas do morador de rua de Planaltina: 'Palavras desrespeitosas e ofensivas'.

No diálogo, o homem afirmou que a mulher sofre de surtos psicóticos e estava sob tratamento médico, devido a isso, o ato não teria sido consensual. Além disso, vários memes circularam na internet. Alguns deles destacam que o mendigo seria um "herói que não usa capa".[1]

---

[1] Trecho reproduzido de UOL Notícias. Disponível em: https://interior.ne10.uol.com.br/noticias/2022/03/14960826-video-homem-flagra-esposa-transado-com-morador-de-rua-e-o-agride.html

Em pouco tempo o Instagram do sem-teto atingiu 440 mil seguidores, com comentários que o qualificavam como uma lenda e herói. Essa é uma realidade em que temos que considerar no desenvolvimento temporal do perfil do herói, onde valores morais e sociais afastam-se de forma assustadora dos padrões históricos.

PROPOSIÇÃO DE ATIVIDADE PRIORITÁRIA

Agora que vimos um retrospecto da evolução do perfil do herói ao longo do tempo gostaria que você refletisse e anotasse em seu caderno de anotações:

1 Qual o primeiro herói ou heroína do qual se lembra na sua infância (até os dez anos)?

2 Por que foi o seu personagem preferido?

3 Você se vestia ou agia como o herói? Usava fantasia ou suas armas?

4 E vilão? Qual o que você mais detestava ou temia?

5 Qual foi o seu maior ídolo ou herói na juventude (até os dezoito anos)

6 Por que foi seu preferido?

7 Em sua fase adulta mencione dois outros personagens ficcionais ou reais e suas justificativas.

A MINHA HISTÓRIA

Minha infância foi na década de 1960, repleta de seriados com heróis. Era muito difícil escolher um, mas sem dúvida o seriado clássico do Batman, de 1966, ficaria em primeiro lugar. O Batman era incrível, pois tinha o cinto de utilidades onde ele sempre encontrava algum acessório para superar as dificuldades. O batmóvel era sensacional. Tenho uma miniatura dele até hoje em minha estante.

Minha tia ficava maluca quando eu e meu primo transformávamos os aventais de cozinha em capas e, como Batman e Robin, aprontávamos. Um dia ela nos pegou tentando escalar a parede do sobrado onde morávamos para simular uma cena recorrente dos episódios em que a dupla dinâmica escalava os prédios de Gotham City. Eu amarrei uma corda no pé da cama do quarto e joguei pela janela. Ela nos pegou no início da brincadeira. Muito frustrante para mim e meu primo, mas talvez eu não estivesse aqui se continuasse a subida...

CAPÍTULO 3 - A EVOLUÇÃO DO HERÓI

Meu vilão favorito, no sentido negativo era disparado o Dr. Smith da série Perdidos no Espaço. Ele era simplesmente desprezível. Era falso, mentiroso, covarde, egoísta e não media esforços para se dar bem às custas dos outros.

Na juventude, a competição entre os heróis era difícil, mas acho que a escolha vai para o McGiver pela sua genialidade em conseguir transformar objetos ordinários em instru-

O ator convidado Dick Clark, Burt Ward e Adam West na série "Batman" dos anos 60. crédito: warner bros. home entertainment

mentos para solucionar dificuldades e com isso se salvar ou salvar outras pessoas. O meu vilão favorito eterno surgiu no final da minha juventude e continua até hoje: ninguém menos do que **Darth Vader**. Quer mais?

Na minha vida adulta tenho duas pessoas especiais:

Ernest Shackleton, que transformou um fracasso em uma inigualável história de superação ao salvar toda sua tripulação depois de ter seu navio esmagado pelo gelo na sua expedição ao polo sul. Recomendo, para conhecer essa fenomenal história de superação, a leitura do livro Endurance (Nova edição): A Lendária Expedição de Shackleton à Antártida (ISBN-13: 978-8535933864).

Michael Palin, ator e apresentador britânico que ficou conhecido por sua participação no Grupo de comédia Monty Python e em diversas séries de viagem ao redor do mundo que me incentivaram a fazer viagens semelhantes.

Algumas dessas viagens relatei em livro como o De Polo a Polo onde saí da linha do Equador, desci até a Antártica e subi pela África e Europa até o círculo Ártico. Foi o primeiro livro ilustrado totalmente com fotos feitas no celular (ISBN-13: 978-8562626708).

A outra jornada foi inspirada no livro de Julio Verne, cuja rota fictícia original Michael Palin perseguiu. Eu optei por iniciar e terminar a viagem em Londres como no livro de Verne, mas partindo na direção oposta. Você pode acompanhar essa aventura no Livro A volta ao mundo em 80 dias (ISBN-13: 978-8575552643).

Bem, agora é a sua vez de anotar os seus heróis e vilões.

CAPÍTULO 04

A JORNADA DO HERÓI DE JOSEPH CAMPBEL

HISTÓRIAS: TÃO DIFERENTES E TÃO PARECIDAS

Você já reparou que muitas histórias, filmes e livros possuem um padrão similar? Sempre existe um protagonista que depois de ser desafiado ou receber uma missão, hesita e parte para uma aventura, faz amigos, encontra obstáculos, depara-se com um alguém do mal com quem tem que lutar ou disputar algo e depois retorna para casa ou chega ao seu destino com alguma recompensa material ou mudança pessoal?

Em algumas histórias ou filmes você consegue até adivinhar o que vai acontecer nas cenas seguintes, pois tem uma sensação de que já viu algo parecido. Muito bem, você não é o único. A maioria das histórias ficcionais criadas segue uma estrutura básica, não importando se é uma comédia, drama, aventura ou outro gênero.

Mariá Pop - Pexels

Joseph Campbel, um professor e pesquisador norte-americano, e Vladimir Propp, um acadêmico russo, sintetizaram, cada um, uma estrutura de padrões e arquétipos de personagens comuns após analisarem centenas de histórias e contos. Vamos conhecer o trabalho dos dois.

A JORNADA DO HERÓI DE JOSEPH CAMPBELL

Após uma extensa pesquisa analisando as histórias mitológicas de diversas civilizações, Joseph Campbell encontrou padrões de comportamento presentes na maioria delas e publicou o livro O Herói de Mil Faces em 1949.

> A função primária da mitologia e ritos é a de fornecer símbolos que levam a humanidade a avançar. Uma jornada começa com uma separação da zona de conforto e uma imersão na nossa psique onde residem nossos maiores medos e desafios. Precisamos nos libertar dos demônios infantis e penetrar no reino do conhecimento e aprendizado (Joseph Campbell).

- 43 -

Sendo assim, herói é a pessoa que conseguiu vencer suas limitações pessoais e locais.

Ainda segundo Campbell podemos sintetizar:

> Um Herói vindo do mundo cotidiano se aventura numa região de prodígios sobrenaturais. Ali encontra fabulosas forças e obtém uma vitória decisiva. O Herói retorna de sua misteriosa aventura com o poder de trazer benefícios aos seus semelhantes.

Essa é a essência da Jornada do Herói, uma espécie de espinha dorsal encontrada na maioria das histórias criadas pela mente humana.

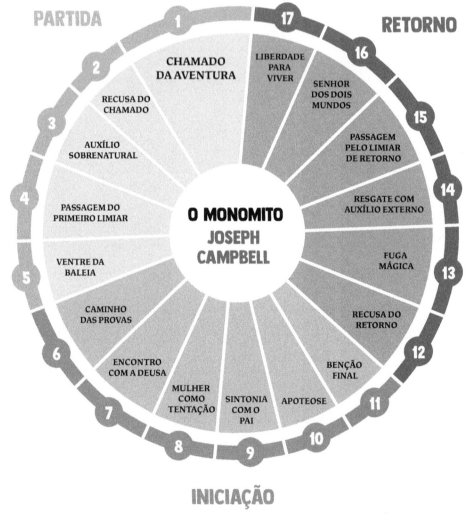

Fonte: O heroi de mil faces, Josph Campbel.

Através do que chamou de monomito, Campbell identificou três partes ou atos nas histórias:

1 **A Partida.**

2 **A Iniciação.**

3 **O Retorno.**

Nesses atos, ciclos repetitivos ocorrem ao longo da história e são vividos pelo herói ou personagem central, levando-o do seu mundo comum a um mundo desconhecido ou mágico onde enfrentará desafios e perigos em sua busca para alcançar um objetivo e retornar ao seu mundo com alguma mudança interior ou com um prêmio. A história é dividida em dezessete etapas que fazem parte dos três atos. A partida , (etapas 1 a 5), Iniciação (a partir da etapa 6) e o Retorno (a partir da etapa 12)

ATO 1 - A PARTIDA

O personagem vivendo sua vida cotidiana é colocado a par de um desafio que o obrigará a sair de sua zona de conforto e enfrentar um mundo desconhecido.

1 · CHAMADO À AVENTURA

O herói ou personagem principal está em seu mundo cotidiano vivendo sua vida normalmente, mas com uma sensação de desconforto, tédio ou frustração por não ter feito algo que gostaria, mas acima de tudo está conformado com aquela vida. Aí ocorre um chamado ou o despertar de um desejo muito forte para que ele tome alguma ação que vai tirá-lo do seu mundo normal. O chamado pode ser qualquer fato que quebre a sequência de seu dia a dia e o obrigue a tomar uma atitude. Pode ser um simples convite para participar de um evento, uma catástrofe causada pela natureza ou uma ameaça de alguém.

2 · RECUSA DO CHAMADO

O personagem analisa o chamado e julga que não tem capacidade para realizar o que é pedido, ou que a tarefa é muito perigosa, ou simplesmente está conformado com o que tem e não quer fazer nenhum movimento para mudar. Não valem a pena os riscos que terá de correr! Depois da recusa inicial, o personagem muda de ideia devido a uma reavaliação do assunto ou por um fato, normalmente trágico, que o impele a aceitar o chamado.

3 · AJUDA SOBRENATURAL

O personagem analisa o chamado e julga que não tem capacidade para realizar o que é pedido, ou que a tarefa é muito perigosa, ou simplesmente está conformado com o que tem e não quer fazer nenhum movimento para mudar. Não valem a pena os riscos que terá de correr! Depois da recusa inicial, o personagem muda de ideia devido a uma reavaliação do assunto ou por um fato, normalmente trágico, que o impele a aceitar o chamado.

4 · CRUZANDO O LIMIAR

Cruzar o limiar marca um ponto de não retorno ao mundo cotidiano. É um movimento que indica um compromisso com a jornada e pode ser representado por uma partida física do mundo cotidiano para outro local, terras longínquas ou um rito de passagem.

Na história é a passagem para o mundo desconhecido ou mágico onde as regras são diferentes e muitos perigos e desafios aparecerão. Muitas vezes os limiares podem ser protegidos por um guardião ou uma dificuldade que precisa ser superada para que entre no mundo desconhecido.

5 · A BARRIGA DA BALEIA

Simboliza a morte e/ou separação do mundo cotidiano. É uma referência ao personagem bíblico Jonas, que é engolido por uma baleia. É uma zona de perigo na qual o herói tem que superar e que o afastará mais ainda do seu mundo cotidiano. A partir de agora é seguir em frente sem olhar para trás.

ATO 2 – INICIAÇÃO

Nesse ato o herói se desenvolve adquirindo habilidades e enfrentando desafios que ameaçam sua existência e se colocam como obstáculo para atingir seu objetivo.

6 · A ESTRADA DE DESAFIOS

O herói tem que percorrer uma estrada (interna ou real) cheia de desafios e dificuldades que podem ser cada vez mais desafiadoras. Ao mesmo tempo em que desafiam o personagem, as dificuldades superadas lhe dão confiança e capacidade para continuar a jornada. Podem existir perdas

CAPÍTULO 4 - A JORNADA DO HERÓI DE JOSEPH CAMPBELL

pessoais ao longo do caminho, mas o herói segue seu objetivo. Essa etapa é o fio de condução da história, onde a maior parte do enredo acontece. Ela o levará até o seu maior desafio. Assim como na vida real, pode ter altos e baixos.

7 · ENCONTRO COM A DEUSA

Analisando histórias das mitologias antigas, uma das características encontradas por Campbel sempre foi a presença de uma Deusa, uma figura feminina com alguma ligação com o herói. Ela representa a esperança, a beleza, e funciona como uma projeção do sucesso que o herói poderá conseguir. Nas histórias modernas essa figura pode ser uma mulher comum que traz apoio e confiança ao personagem. A mitologia grega é repleta dessas uniões entre um herói e uma Deusa protetora.

8 · A TENTAÇÃO FEMININA

É algum desafio sob a forma de sedução para tirar o herói de sua jornada. Em histórias com o personagem central masculino é comum uma mulher tentar tirar o herói de seu caminho usando as artes da sedução. Contudo a tentação pode ser pelo poder, prazer, sexo e em formas diversas, como a sereia ou a serpente, mas pode ser também por bens materiais, como um tesouro. Essa etapa tem como objetivo central testar a integridade e o comprometimento do personagem com seus objetivos.

9 · RECONCILIAÇÃO COM O PAI

É o principal momento da história onde o herói luta contra seu maior desafio. A figura do pai funciona como o destruidor dos objetivos do filho e uma vitória confirma que o herói atingiu um novo nível. Pode também o herói receber as bênçãos do pai depois de uma vida conflituosa. A figura do pai pode ser algo simbólico como um ideal que rege a vida do herói, ou uma pessoa com muito poder, até mesmo um Deus. Resumindo: o pai representa o poder, que se for tomado pelo herói, o coloca em um nível superior.

10 · APOTEOSE

Nesse momento, a vida se apresenta ao herói como ela é. Ele já não tem mais o que provar. O herói transcendeu o ciclo de vida e morte. É uma transição onde o herói renasce metaforicamente como uma nova pessoa. Ele está pronto para seu desafio final.

11 · A SUPREMA BENÇÃO – THE ULTIMATE BOOM

O herói recebe sua recompensa. Após superar todos os desafios o objetivo de sua jornada é atingido. É o ponto máximo da história onde tudo que fez até aquele momento tem sua recompensa. Normalmente é cena da batalha final ou o momento mais tenso onde o herói pode viver ou morrer.

ATO 3 – O RETORNO

O herói inicia sua volta para o mundo cotidiano se questionando sobre o retorno e enfrentando obstáculos que podem ainda impedir sua volta.

12 · RECUSA PARA VOLTAR

Em muitas histórias o herói não volta, e nem tem que voltar para casa. Em outras, a volta é necessária para o desfecho da história. Nesse caso, o herói não quer voltar para seu cotidiano, pois está em um local mais significativo, é mais respeitado ou se encontra em uma situação melhor do que o seu mundo cotidiano.

13 · O VOO MÁGICO

É o caminho de volta onde ainda ocorrem perigos que ainda podem impedir a volta do herói. O personagem volta o mais rápido possível para casa com medo de perder o tesouro ou objeto que conseguiu conquistar. Nessa etapa pode ocorrer uma perseguição final ou um último ataque do seu inimigo. Essa fase é usada para manter a audiência altamente envolvida com a história e torcendo pelo sucesso do herói.

14 · O RESGATE DE FORA

É um momento de muito suspense onde o herói é resgatado no último instante por alguém que pode tê-lo abandonado no passado ou por alguém desconhecido, mostrando que o herói também falha e quase sempre não consegue seus objetivos sem algum tipo de ajuda.

15 · CRUZANDO O LIMIAR

É o desafio final de voltar ao seu mundo cotidiano. Ao cruzar o limiar, o herói estará a salvo, mas também sabe que não terá mais desafios aos quais se acostumou. Pode ainda haver algum perigo final.

16 · MESTRE DOS DOIS MUNDOS

Agora ele sabe como usar o conhecimento adquirido em sua jornada de forma sábia. Pode ir e vir entre o mundo cotidiano e o mundo exterior/mágico sem nenhum desafio. O herói superou seus desafios externos e internos, sendo uma nova pessoa que poderá usar sua sabedoria para viver melhor sua vida.

17 · LIBERDADE PARA VIVER

O personagem vive plenamente sua vida sem a cobrança do passado ou curiosidade sobre o futuro. Pode agora decidir onde e como viver. Em alguns casos volta completamente para o mundo cotidiano e em outros decide voltar ao mundo exterior ou ainda partir para novas jornadas com a consciência de que está apto a enfrentar os novos desafios.

Essas etapas sintetizam os padrões encontrados por Campbel, mas temos que lembrar que nem todos os mitos contêm todas elas. Alguns mitos podem focar em apenas algumas e a ordem em que ocorrem pode variar. Por exemplo, o mentor pode aparecer quando o herói já se encontra no mundo desconhecido.

Como esses padrões foram identificados em histórias com milhares de anos, é natural que novas histórias possam conter novas situações não levantadas por Campbel ou terem deixado de lado alguns desses padrões.

Essas etapas de Campbel partem e terminam no mesmo local, completando um ciclo na forma de um círculo onde as etapas se desenvolvem no sentido anti-horário.

A essa altura, você já associou essas etapas com diversas histórias que leu e filmes que viu, não? Eu acredito que sim. Mas não vou entrar com exemplos nesse momento. Ao invés disso, vamos abordar outra estrutura de histórias desenvolvida a partir dessa que acabamos de conhecer.

A JORNADA DO HERÓI DE VOGLER

Christopher Vogler, um roteirista em Hollywood, fez na década de 1980 uma atualização e simplificação das dezessete etapas criadas por Campbel, reduzindo-as para doze.

Na verdade, ele cria duas etapas: O Mundo Cotidiano, que antecede ao Chamado à Aventura (etapa 1 de Campbell), e o Encontro com o Mentor, uma subdivisão da etapa 3 de Campbel, Ajuda Sobrenatural. Por outro lado, elimina algumas etapas que já não se encaixam nas histórias modernas como o Encontro com a Deusa e A tentação Feminina e simplifica outras no segundo e terceiro atos. Vogler também deixa mais claro quais são os principais arquétipos que se envolvem com o do herói e que veremos mais adiante, após listar as doze etapas da jornada.

1 · O MUNDO COTIDIANO

Descreve o dia a dia do personagem, que normalmente este entediado, conformado ou sonhando com outra vida. Existe uma inquietude com relação à sua situação atual.

2 · CHAMADO À AVENTURA

É o fato ou o incidente incitante que motiva o personagem a deixar o seu cotidiano e buscar algo novo ou conseguir algo que exige sua ação. Pode ser um fator motivante negativo ou positivo.

3 · A RECUSA AO CHAMADO

Após uma primeira análise, o personagem declina do chamado. Ele não se acha capaz, ou acredita que é muito perigoso ou trabalhoso e que pode perder mais do que ganhar se o aceitar.

4 · ENCONTRO COM O MENTOR

Um mentor ou pessoa mais experiente motiva o personagem a encarar a jornada. Embora muitas vezes associado a um sábio e pessoa mais experiente, o mentor pode aparecer na forma de um amigo ou de um ídolo. Esse mentor pode dar ao herói objetos que o ajudarão em sua jornada.

5 · TRAVESSIA DO LIMIAR

É o primeiro passo para sair do mundo cotidiano e, literalmente, pegar a estrada rumo ao mundo especial.

6 · TESTES E DESAFIOS

O personagem é desafiado física e mentalmente, tem seus valores questionados, encontra vários inimigos e dificuldades. São desafios desmotivadores onde o herói descobre forças e qualidades adormecidas. O Inimigo pode ser um oponente, um vilão ou uma luta interior contra seus medos e limites.

7 · APROXIMAÇÃO DA CAVERNA OCULTA

Depois de superar diversas provações o herói se aproxima do momento em que encontrará seu maior desafio. Ele tem que ter claramente o seu objetivo e lidar com guardiões e outros testes onde usa o que aprendeu até aquele momento.

8 · PROVAÇÃO

É o ponto culminante da história, o momento em que o herói pode perder tudo, sofrer sua maior humilhação. Terá que superar traumas e enfrentar a morte ou uma enorme perda.

9 · A RECOMPENSA

É o momento do reconhecimento do herói através de um prêmio material ou imaterial. É o momento que assume a mudança que teve ao longo da história.

10 · O CAMINHO DE VOLTA

O personagem se questiona sobre voltar ao mundo cotidiano, pois sabe que nada será como antes. É nessa etapa que acontece um último desafio que pode impedir a sua volta seja através de uma batalha contra inimigos ou uma decisão interna.

11 · RESSURREIÇÃO

É o momento em que todos os aprendizados são colocados à prova e uma grande decisão é tomada. O herói é purificado em sua essência.

12 · RETORNO COM O ELIXIR

Quando o personagem chega ao seu mundo cotidiano ele traz um elixir. Isso pode ser algo físico, que pode ajudar a todos ao seu redor, ou algo interior que mudou durante a jornada e o torna uma pessoa diferente daquela que partiu.

Como se pode ver em uma comparação entre as duas estruturas, pouco muda de fato, entre elas e veremos exemplos disso mais adiante.

ARQUÉTIPOS

Na jornada do herói são identificados diversos arquétipos de personagens que se repetem ao longo da maioria das narrativas antigas ou modernas. Mas o que são arquétipos?

De origem grega, o termo significa modelo primitivo. Arche é ponta ou princípio e Tipos é impressão ou marca.

Um arquétipo é um modelo ou protótipo no qual alguma coisa é baseada. São padrões de símbolos, personagens ou relações que são constantes ao longo do tempo e presentes nas culturas em nível pessoal e coletivo. Um arquétipo é a somatória das memórias e experiências de nossos antepassados que vivem em nosso inconsciente coletivo e das nossas próprias experiências pessoais.

Dessa forma associamos comportamentos, pessoas, objetos, fenômenos da natureza e símbolos diversos a algum significado. Em outras palavras podemos dizer que arquétipos são respostas automáticas quando pensamos em alguma coisa.

Por exemplo, as cores estão associadas a sensações. O branco está associado à luz, pureza, inocência, bondade. A cor preta está associada às trevas, escuridão, morte, perda, mistério ou o mal. A noiva se casa de branco e em um velório todos usam roupas pretas.

The miser in hell. Mezzotint after D. Teniers the younger Credito Wellcome Collection

CAPÍTULO 4 - A JORNADA DO HERÓI DE JOSEPH CAMPBELL

Cenas com anjos acontecem em ambientes iluminados, claros e com muita sensação de leveza. Já cenas de um lugar maligno acontecem em uma caverna, masmorra ou outro cenário escuro e que transmite tristeza e medo.

As estações do ano são associadas a diferentes símbolos ou situações. A primavera é o renascimento, o verão é a vida, o outono é o começo do fim e o inverno é associado à morte.

Animais são associados a diferentes sensações. Um cachorro desperta a sensação ou o sentimento de lealdade e ternura, uma pomba branca é associada com a paz enquanto uma serpente nos traz o sentimento da maldade, corrupção ou sensualidade maligna.

Um jardim frondoso e verdejante com riachos de águas límpidas está associado com a vida e a beleza, enquanto um deserto está associado com o vazio e a falta ou ameaça de vida.

O nascer do sol é associado à vida, criação, iluminação enquanto o pôr do sol, à morte, à escuridão.

OS ARQUÉTIPOS DE PERSONAGENS DA JORNADA DO HERÓI

Esse conceito foi sintetizado por Karl Jung, que resumiu doze padrões ou arquétipos que, segundo ele, estão no inconsciente coletivo da humanidade e, portanto, percebidos por todos de maneira semelhante. Uma pessoa ou personagem tem um arquétipo dominante, mas pode manifestar diversos em sua personalidade que afloram em função da situação que se vive em um determinado momento. Para você ter uma visão mais profunda sobre os arquétipos, sugiro uma leitura e pesquisa sobre os arquétipos de Karl Jung.

Embora existam em número superior, os arquétipos de personagem mais comumente encontrados na jornada do herói são oito.

1 · O HERÓI

É o protagonista, aquele personagem que é desafiado e tem que partir em busca do objetivo que lhe é dado. Durante sua jornada enfrentará perigos mortais, terá seus valores questionados e aprenderá novas habilidades e conhecimentos para conseguir finalizar sua jornada. A maior característica de um herói não é sua força, mas o autossacrifício em função de um bem maior.

2 · O MENSAGEIRO/ ARAUTO (HERALD)

O mensageiro pode ser uma pessoa ou outro ser, um objeto ou uma situação que invoca o herói para a aventura ou que traz notícias que mudam o curso da história. Ele pode aparecer diversas vezes na história e através de personagens diferentes.

3 · O MENTOR

É um guia, um sábio, uma força superior ou uma pessoa com conhecimentos que irá ajudar o personagem em sua jornada. Ele oferece conselhos, objetos e ferramentas que podem facilitar a vida do herói em seu caminho. É o maior motivador do herói e muitas vezes funciona como a consciência do personagem.

4 · GUARDIÃO DO LIMIAR

O mensageiro pode ser uma pessoa ou outro ser, um objeto ou uma situação que invoca o herói para a aventura ou que traz notícias que mudam o curso da história. Ele pode aparecer diversas vezes na história e através de personagens diferentes.

CAPÍTULO 4 - A JORNADA DO HERÓI DE JOSEPH CAMPBELL

5 · O ALIADO

É o amigo que acompanha e dá força ao herói. Ele acredita e inspira confiança nos momentos mais difíceis. Pode ser alguém conhecido ou que o personagem encontra ao longo do caminho.

6 · O CAMALEÃO (SHAPESHIFTER)

Pode ser um amigo que o herói não confia ou um inimigo no qual confia. Durante a história, tem interesses próprios e pode mudar o seu comportamento. Ele espalha dúvida, cria suspense. É quase sempre uma incógnita. Não é necessariamente um oponente, mas pode ser mais alguém que nem sempre ajuda. Seu conselho tem que ser analisado com cuidado pelo herói. Ele pode ir e vir durante a jornada e sua ajuda pode ser fundamental para o sucesso ou fracasso da jornada.

7 · O PALHAÇO (TRICKSTER)

Normalmente um personagem engraçado que sintetiza o caos na história, quase sempre gerando algum desconforto para o herói. Tentando sempre ajudar e muitas vezes atrapalhando.

8 · SOMBRA

É a força de oposição ao herói. Em outras palavras, o vilão, o mal. Um retrato negativo do herói. Na maioria das vezes é um oponente físico ou força que se opõe ao personagem, mas pode ser o seu lado interior mais negativo que tenta minar suas realizações.

TESTANDO A JORNADA DO HERÓI

Será que essa estrutura realmente funciona? Será que uma história escrita há 4 mil anos e uma história escrita em nossos dias têm essa estrutura em comum? Será que um personagem da mitologia suméria tem uma jornada parecida com a de um herói de uma história de ficção do futuro ou até mesmo dos dias atuais?

Muitas perguntas, não? Nada mais justo do que respondê-las agora.

Inicialmente vamos tomar duas histórias que se transformaram em filmes de enorme sucesso. Um se passando no presente, Harry Potter e a Pedra Filosofal, e outro em uma galáxia distante muito tempo atrás, Star Wars Episódio IV – Uma nova esperança.

Luke Skywalker e Harry Potter têm muito mais em comum do que você pode imaginar.

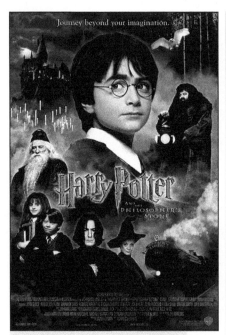

Harry Potter e a Pedra Filosofal (2001)
Direção: Chris Columbus

Star Wars (1977) Direção: George Lucas

CAPÍTULO 4 - A JORNADA DO HERÓI DE JOSEPH CAMPBELL

PROPOSIÇÃO DE ATIVIDADE PRIORITÁRIA

Em 2022 os filmes de Star Wars estavam no Canal Disney+ e os de Harry Potter na HBO. Assista a esses filmes antes de prosseguir.

Em alguns parágrafos vamos resumir a história dos dois personagens usando o enredo do primeiro filme de cada série. Para tal, vamos escrever um resumo da história dos dois filmes usando o gabarito mostrado a seguir.

Nele completaremos os brancos para formar uma história conhecida.

Primeiro pense no personagem Luke Skywalker de Star Wars e preencha todas as lacunas com os fatos daquela história. Depois faça a mesma coisa usando o personagem de Harry Potter

Se você não se lembrar de detalhes desses filmes, consulte as tabelas após o gabarito.

---

1 LUKE SKYWALKER

É um órfão que vive com os tios em (local).

Ele é resgatado (do lugar ou das pessoas)

por (alguém)

que é um (papel/profissão)

e revela que o pai dele foi o melhor (profissão)

1 HARRY POTTER

É um órfão que vive com os tios em (local).

Ele é resgatado (do lugar ou das pessoas)

por (alguém)

que é um (papel/profissão)

e revela que o pai dele foi o melhor (profissão)

---

2 LUKE SKYWALKER

Antes de partir para (local)

ele é levado até (local)

para conseguir objetos e ajuda.

2 HARRY POTTER

Antes de partir para (local)

ele é levado até (local)

para conseguir objetos e ajuda.

STORYTELING: CATIVANDO COM A NARRATIVA

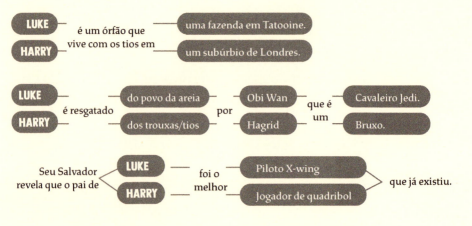

- 58 -

CAPÍTULO 4 - A JORNADA DO HERÓI DE JOSEPH CAMPBELL

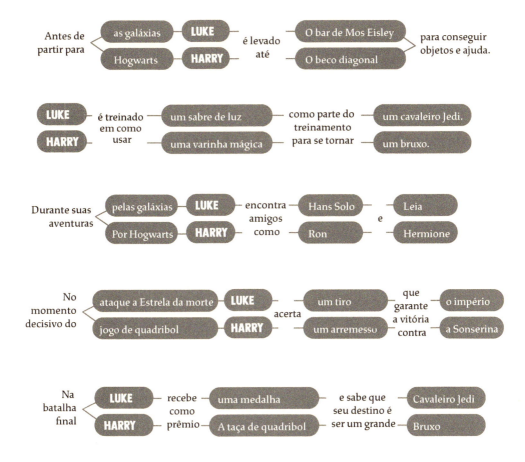

Impressionante a semelhança da estrutura das duas histórias, não é? George Lucas, criador de Star Wars era um grande fã de Campbel e seguiu à risca a estrutura da Jornada do Herói na criação dos episódios. Quanto à autora de Harry Potter, não sabemos se ela usou a estrutura conscientemente, mas o resultado não deixa dúvida sobre o encaixe da história do bruxo à Jornada do Herói.

TESTANDO OS ARQUÉTIPOS

E quanto aos arquétipos de personagem? Será que encontramos todos eles nessas histórias? Lembre-se de que um personagem pode assumir diferentes arquétipos ao longo da história.

FILME	Star Wars	Harry Potter	
HERÓI	Luke Skywalker	Harry Potter	
MENTOR	Obi Wan	Dumbledore	
ARAUTO	R2-D2	Coruja, Hagrid	
SOMBRA	Darth Vader	Voldemort	
ALIADO	Leia, Hans Solo, Chewbacca	Ron, Hermione	
GUARDIÃO	Storm troopers	Quirrell	
CAMALEÃO	Hans Solo	Snape	
PALHAÇO	C3-PO, R2-D2	Ron	

Agora que identificamos os arquétipos e temos a sensação de que as duas histórias possuem a mesma estrutura, vamos buscar associar as etapas da jornada do herói com as passagens de cada filme. Na próxima tabela usamos o formato atualizado de Vogler para essa tarefa. Lembre-se também de que a ordem das etapas pode sofrer alterações em função do enredo de cada história e que um personagem pode assumir diferentes arquétipos.

	DESCRIÇÃO	STAR WARS	HARRY POTTER	
1	O MUNDO COMUM	Luke vive e trabalha na fazenda dos tios no planeta Tatooine.	Harry vive com os tios no mundo cotidiano ou mundo dos trouxas.	
2	CHAMADO À AVENTURA	Luke recebe um pedido de ajuda para Obi Wan através de uma mensagem da princesa Leia.	Recebe uma ou milhares de cartas da escola de bruxos Hogwarts para estudar lá.	
3	RECUSA DO CHAMADO	Luke recusa, pois tem sua vida comprometida com os tios	Harry acha que não é um bruxo e recusa o convite.	

CAPÍTULO 4 - A JORNADA DO HERÓI DE JOSEPH CAMPBELL

4	ENCONTRO COM O MENTOR	Obi Wan conta sobre o passado de Luke.	Hagrid convence Harry sendo o seu primeiro mentor.	_____ _____ _____
5	TRAVESSIA DO LIMIAR	A família de Luke é assassinada e ele resolve partir com Obi Wan	Harry entra no mundo mágico através do beco diagonal.	_____ _____ _____
6	ESTRADA DE DESAFIO ALIADOS E INIMIGOS	Ele vai até Mos Eisley onde é salvo de uma ameça por Obi Wan e encontra Hans Solo e Chewbacca	Encontra os amigos Rony e Hermione, passa por competições e encontra opositores como Draco Malfoy. Descobre a pedra filosofal e Voldemort	_____ _____ _____ _____
7	APROXIMAÇÃO DA CAVERNA	Durante a viagem, Luke é treinado por Kenobi, recebe seu sabre e vê que não há mais volta.	Os três amigos passam por Fofo no proibido terceiro andar e pelo jogo de xadrez antes de chegar à pedra filosofal.	_____ _____ _____ _____
8	PROVAÇÃO	Ao chegarem ao destino, Alderan não existe mais e são capturados pela Estrela da Morte. Quase são mortos no triturador de lixo, mas escapam, com a ajuda do sacrifício de Obi Wan.	Harry encontra Quirrell e Voldemort e os derrota.	_____ _____ _____ _____ _____ _____ _____
9	RECOMPENSA	Os planos da Estrela da Morte são desvendados e um ponto fraco é encontrado, para que possa ser destruída.	Harry encontra a pedra filosofa	_____ _____ _____ _____

10	CAMINHO DE VOLTA	O retorno de Luke exige que ele participe com os rebeldes do ataque à Estrela da Morte e estão com os minutos contados para serem destruídos por ela.	Harry se recupera dos ferimentos e se prepara para voltar ao mundo cotidiano.	_____ _____ _____ _____ _____
11	RESSURREIÇÃO	Nos momentos cruciais onde tudo estava perdido, Luke aceita a força e consegue destruir a estrela da morte com seus instintos e não com computadores.	Harry é reconhecido e ganha a competição das casas.	_____ _____ _____ _____ _____
12	RETORNO COM O ELIXIR	Luke retorna com a descoberta de que é um Jedi e sua vida será outra a partir de agora.	Harry retorna ao mundo dos trouxas mais forte e sábio sabendo que não pertence mais lá e aguardar pelo novo ano.	_____ _____ _____

A estrutura da jornada do herói é real e funciona muito bem na estruturação de histórias ficcionais, mas não faz milagres e nem salva uma história ruim.

Durante a criação de uma história, seu uso não é obrigatório tampouco precisa ser usada integralmente, mas é certo que ela contém elementos que são muito funcionais no desenvolvimento de uma narrativa ficcional.

PROPOSIÇÃO DE ATIVIDADE PRIORITÁRIA

1 Assista aos filmes O Hobbit (a trilogia), ou leia o livro O Hobbit, que é a história completa dos três filmes. Se ainda não os viu, assista-os em algum canal de streaming ou os reveja para refrescar sua memória. Busque anotar em seu bloco de notas as passagens que você identificar com as etapas da jornada do herói. (em 2022 os filmes estavam disponíveis na HBO e Amazon prime).

2 Transcreva as passagens para a terceira coluna da tabela de Star Wars x Harry Potter aqui do capítulo ou anote em seu caderno.

3 Faça o mesmo anotando os arquétipos de personagem e depois transcreva-os para a terceira linha da tabela de arquétipos.

O processo de anotar em seu bloco de papel ou digital é fundamental para o funcionamento do livro. As transcrições são rituais que reforçam o que aprendemos e tem grande poder na retenção de nossas memórias.

Usaremos essas anotações em algum momento mais adiante.

CAPÍTULO 05
A EPOPEIA DE GILGAMESH E A JORNADA DO HERÓI

CAPÍTULO 5 - A EPOPEIA DE GILGAMESH E A JORNADA DO HERÓI

Você pode ainda pensar. Os dois filmes, Star Wars e Harry Potter, foram feitos após as publicações de Campbel e Vogler. Então é natural que tenham-nas usado como estrutura. Agora, o que aconteceria se a testássemos contra a história escrita mais antiga do mundo?

A Epopeia de Gilgamesh é a história escrita mais antiga da humanidade e que continua a ser lida e atualizada ao longo dos últimos 4 mil anos. A história não foi descoberta de uma vez. São conhecidas atualmente onze tábuas de argila descobertas em diferentes épocas e locais da mesopotâmia que contam passagens da aventura da vida do rei Gilgamesh.

Inicialmente foi considerado que eram histórias distintas de Gilgamesh, mas à medida que novas tábuas ou fragmentos iam sendo encontrados, foi criado um consenso de que, se adequadamente arranjadas, elas faziam parte de uma história maior.

Gilgamesh in Babylon - Wikimedia Commons

A versão mais antiga e reconhecida remonta aos séculos XIX e XVII a.C. Todavia é ainda uma história que talvez ainda não conheçamos todos os detalhes. Em 2014 foi encontrado um fragmento onde novos detalhes da floresta de cedro foram trazidos ao conhecimento, enriquecendo ainda mais o texto original.

Lado reverso do tablet V recém-descoberto do épico de Gilgamesh. ele remonta ao antigo período babilônico, 2003-1595 a.c. e atualmente está alojado no museu Sulaymaniyah, no Iraque. Narra como Gilgamesh e Enkidu entraram na floresta de cedros e como lidaram com Humbaba.

A diferença entre um épico e um mito é que os épicos têm como finalidade celebrar os feitos de um ícone cultural enquanto os mitos tentam explicar uma razão por que as coisas são do jeito que são.

Usamos como fonte principal de referência para essa análise a versão em português, "a Epopeia de Gilgamesh" baseada na versão em inglês "The Epic of Gilgamesh" de N.K. Sanders.

Recomendo a leitura dessa história que se encontra na internet antes da continuação da leitura desse capítulo. Contudo, faço um pequeno resumo da história para poder fazer sua associação com a jornada do herói.

GILGAMESH

Gilgamesh nasceu 2/3 Deus e 1/3 humano. É o homem mais forte e poderoso que reina sobre a cidade de Uruk depois de ter visitado todo o mundo conhecido e construído enormes muralhas ao redor da cidade. Ele extremamente inteligente e belo fisicamente, mas como governante era um tirano opressor que não tinha nenhum respeito pelas pessoas.

CAPÍTULO 5 - A EPOPEIA DE GILGAMESH E A JORNADA DO HERÓI

O povo de Uruk suplica aos Deuses para punir o Tirano. Eles mandam Enkidu, que tem aspecto humano, mas hábitos de bestas selvagens e habita a floresta próxima da cidade. Ele nunca teve convivência com humanos, porém, depois de ser seduzido por Shamhat, uma sacerdotisa de Uruk, recebe características humanas e é levado para lá. Sabendo da existência do poderoso rei, ao chegar na cidade desafia Gilgamesh. Eles lutam por sete dias e ao final, por muito pouco, Gilgamesh vence a luta.

Gilgamesh reconhece o valor do oponente e eles se tornam amigos — mais do que isso, irmãos. Enkidu funciona como um conselheiro e ajuda Gilgamesh a se tornar mais humano com seu povo.

Juntos, partem para derrotar o gigante Humbaba que habita a floresta dos Cedros, uma tarefa quase impossível. A dupla consegue a vitória, mas despertam a ira de alguns deuses inconformados com a morte do gigante.

Ishtar, uma deusa, tenta seduzir Gilgamesh, mas esse a recusa e desperta sua ira, que envia o Touro dos Céus para destruir sua cidade. Enkidu mata o touro e salva o reino.

Enkidu morre através de uma punição divina por matar o gigante Humbaba e o Touro dos Céus. Gilgamesh entra em um profundo luto, questionando a sua mortalidade e, inconformado com isso, parte em uma jornada de desafios para tentar obter a imortalidade. É essa busca que acaba transformando o tirano em uma pessoa diferente e melhor ao final de sua história.

Gilgamesh segurando um leão (museu do Louvre).

Maria Pop - Pexels

Gilgamesh e Enkidu matando Humbaba na floresta de cedros (Vorderasiatisches museum, Berlim).

Ele precisa encontrar Utnapistim, o único humano que ganhou a imortalidade. Ele viaja dias e dias debaixo de montanhas, enfrente o povo escorpião até chegar ao Jardim dos Deuses onde encontra Siduri, uma sacerdotisa que tenta convencê-lo da sua imortalidade, mas diante da sua recusa, indica o caminho que deve tomar.

Ele tem que atravessar o mar dos mortos com a ajuda do barqueiro Urshanabi. Gilgamesh encontra Utnapistim, que compartilha com ele a história de como sobreviveu ao grande dilúvio, muito parecida com a história de Noé, e por isso recebeu a imortalidade.

Contudo diz que para Gilgamesh que a única possibilidade é fazer um teste e ficar sete noites e dias sem dormir, ao qual Gilgamesh falha. Aconselhado a voltar, Utnapistim ainda avisa que uma última possibilidade é colher uma flor que fica no fundo do mar e que se comida dá a juventude.

CAPÍTULO 5 - A EPOPEIA DE GILGAMESH E A JORNADA DO HERÓI

Gilgamesh consegue a planta, mas esta é roubada por uma serpente enquanto ele dorme. Desanimado, volta a Uruk, mas quando lá chega, decide mudar sua postura e ser uma pessoa melhor até o fim dos seus dias e se tornar imortal de outra forma, escrevendo suas aventuras em uma pedra de lápis lazúli para que as futuras gerações não o esquecessem e assim continuasse vivo na memória da humanidade.

O épico de Gilgamesh contém a essência da jornada do herói, não todas as etapas, e podemos ter visões divergentes quanto a associação de passagens da história com diferentes etapas da jornada do herói. Para uma correta interpretação das etapas, recomendamos a leitura prévia do épico de Gilgamesh.

INTERPRETAÇÃO 1

Aqui são associadas às etapas da jornada do herói seguindo a cronologia dos fatos da aventura de Gilgamesh, porém podemos criar outras associações.

1 · CHAMADO À AVENTURA

Gilgamesh é desafiado a entrar na floresta de cedros e matar Humbaba, o monstro guardião.

2 · RECUSA AO CHAMADO

Enkidu, tendo vivido na floresta, conhece Humbaba e não acredita que irão vencer. Ele tenta mudar a decisão de Gilgamesh, mas este o convence a seguir.

3 · ENCONTRO COM O MENTOR

Ambos vão até Ninsun, a mãe de Gilgamesh, para pedir sua benção e recebem um amuleto da sorte.

5 · ESTRADA DE DESAFIOS

Já na floresta, Gilgamesh fica extremamente assustado e receoso, repensando sua decisão de lutar contra o monstro, mas desta vez é Enkidu que o encoraja.

4 · CRUZANDO O LIMIAR

Enkidu e Gilgamesh entram na floresta através de um grande portal.

- 69 -

6 · A BARRIGA DA BALEIA

Enkidu é morto pela Deusa Ishtar como punição a Gilgamesh ter matado o Touro dos Céus que ela havia enviado para destruir Uruk depois Gilgamesh se recusou a casar com ela.

Gilgamesh se questiona sobre sua mortalidade e decide encontrar uma solução para ser imortal. Ele parte para um novo ciclo da jornada do herói.

Ele parte em busca de Utnapistim, o único mortal que recebeu a vida eterna dos deuses.

No caminho luta contra leões, matando-os e usando suas peles como vestimenta. Ele atravessa a montanha Mashu, mas antes encontra dois monstros escorpiões que são os guardiões da entrada e implora pela sua ajuda, obtendo a permissão de passar.

Viaja por dias na completa escuridão dos túneis da montanha até que encontra um jardim iluminado.

7· O ENCONTRO COM A DEUSA

Nesse jardim ele se encontra com uma Deusa, Siduri, que é a deusa do vinho e que tenta mantê-lo no jardim (a mulher como tentação). Ele recusa a oferta e continua. Enfrenta um grande desafio que é atravessar o mar dos mortos para chegar à ilha onde vive Utnashipim. Ele tem que construir um barco para o barqueiro Urshanabi o levar pelo mar.

8· O CLÍMAX

Finalmente encontra Utnapistim perguntando sobre como obteve sua vida eterna. Este conta sua história, uma história muito parecida com a do dilúvio bíblico, onde ele constrói uma arca para salvar os humanos e animais de um castigo dos Deuses, e que por ter conseguido recebeu a vida eterna. Contudo, diz a Gilgamesh que sua busca será em vão, mas se passar em um teste, que consiste em ficar sete dias sem dormir, talvez consiga seu intento.

Gilgamesh falha em seu teste para obter a vida eterna e começa seu retorno ao seu mundo. Antes, porém, descobre com Utnapistim onde encontrar a planta mágica no fundo do mar que restaura a juventude. Mostrando sinais de sua mudança interior, decide obtê-la e compartilhá-la com os anciões de Uruk.

9 · O ELIXIR

Gilgamesh consegue a planta que lhe dá a juventude, mas esta é roubada por uma serpente que a come e rejuvenesce, deixando Gilgamesh desiludido.

10 · O RETORNO

Junto com o barqueiro, ele retorna para Uruk.

11· MESTRE DOS DOIS MUNDOS

Gilgamesh retorna ao seu reino sem obter a vida eterna, mas consciente de que precisa ser uma pessoa justa e sábia para ser reconhecido e lembrado pela eternidade. Ele escreve suas aventuras em tábuas de lápis lazúli e acaba, indiretamente, alcançando a eternidade, pois ainda está vivo nas memórias das pessoas 4 mil anos após sua morte física.

Particularmente considero que o chamado à aventura é o momento em que Gilgamesh decide buscar ser imortal depois da morte de Enkidu. Tudo que acontece antes na história se ambienta em seu mundo cotidiano, mesmo tendo alguns desafios e aventuras perigosas.

ATIVIDADE RECOMENDADA

Leia a Epopeia de Gilgamesh e crie sua própria associação usando a estrutura de Campbel ou Vogler.

Agora que conhecemos a estrutura da Jornada do herói e pudemos, na prática testar sua funcionalidade, vamos conhecer outra estrutura que pode nos ser muito útil da elaboração do *Storytelling*.

CAPÍTULO 06
MORFOLOGIA DO CONTO MARAVILHOSO

CAPÍTULO 6 - MORFOLOGIA DO CONTO MARAVILHOSO

"Morfologia é o estudo da forma, aparência, configuração ou estrutura de algo vivo ou inanimado."

Antes de Joseph Campbell, o russo Vladimir Propp publicou em 1928 um livro em que, após analisar cem contos folclóricos russos, identificou padrões de situações e arquétipos de personagens que combinados permitem a criação de contos com elementos que são de entendimento comum e atemporais. Os padrões ou funções identificados por Propp são tão funcionais como os de Campbell.

Da mesma maneira que na jornada do herói, nem todas histórias possuem as dezessete etapas, nem todos os contos possuem todas as funções, mas podemos facilmente identificar boa parte delas na maioria das histórias ficcionais

FUNÇÕES

Vladmir Propp identificou 31 estruturas ou funções dentro de uma história. Para cada uma delas atribuiu um código ou símbolo com o intuito de facilitar sua classificação.

α β γ δ ξ ζ η θ A B C ↑ D E F G H I J K ↓ Pr Rs O L M N Q Ex T U W

Os contos começam pela exposição de uma situação inicial, representada pela função α, e assim por diante. Nesse sentido, as 31 funções são:

α **Situação Inicial** – O personagem está em seu mundo cotidiano levando sua vida normalmente.

β **1. Afastamento** – Um personagem, normalmente o herói, afasta-se do seu local familiar ou tem alguém ou algo que é levado.

γ **2. Interdição** – Alguma regra ou aviso existe sobre algo que o personagem principal não deve fazer.

δ **3. Transgressão** – Ao violar essa proibição acontecem fatos negativos que obrigam o herói a efetivamente assumir uma postura e agir.

ξ **4. Reconhecimento** – Um antagonista procura encontrar elementos e meios para derrotar o herói e usa artifícios para obter seu objetivo, incluindo se disfarçar como amigo para conseguir informações vantajosas.

ζ **5. Entrega** – O antagonista obtém êxito e recebe a informação da própria vítima ou de alguém que enganou.

η **6. Engano** – O vilão de posse da informação tenta enganar a vítima para obter mais vantagem ou algum objeto que lhe será útil.

θ **7. Cumplicidade** – De forma inocente, a vítima deixa-se enganar pelo agressor que obtém acesso a um local valioso para ele. Pode ser a sala do tesouro, o interior do castelo ou forte.

A **8. Dano/malfeitoria** – O antagonista causa um grande mal, que pode ser um roubo, destruição da colheita, sequestro, assassinato, casamento forçado ou qualquer outro mal.

B **9. Mediação** – Depois de descobrir o mal, o herói entra em cena para recuperar/salvar ou deter o vilão e analisa o que tem que fazer.

C **10. Início da reação** – O herói aceita ir contra o agressor;

↑ **11. Partida** – O herói sai do seu mundo cotidiano para cumprir sua missão.

D **12. Ação do doador** – Aparece um novo personagem, o doador, que ajudará o herói de alguma maneira. Aqui o herói precisará passar por alguma prova ou teste para receber a ajuda.

E **13. Reação do herói** – O herói supera a prova ou teste ao qual foi submetido pelo Doador.

F **14. Recepção do objeto mágico** – O herói recebe a ajuda do doador e que pode ser um objeto mágico, um conselho, uma arma etc.

G **15. Deslocamento** – O herói dirige-se para o local de um próximo conflito.

H **16. Luta ou combate** – O herói confronta o antagonista em uma batalha, competição ou teste.

CAPÍTULO 6 - MORFOLOGIA DO CONTO MARAVILHOSO

I   **17. Marca** – Durante a luta, o vilão deixa uma cicatriz ou marca no herói, ou ainda um acessório, como um anel, que será usado para reconhecimento em uma função futura.

J   **18. Vitória** – O herói vence seu antagonista.

K   **19. Reparação** – O dano original causado pelo antagonista é corrigido. A princesa é salva, o tesouro é recuperado, o encanto é quebrado etc.

↓   **20. Regresso** – O herói regressa para o seu mundo cotidiano.

Pr   **21. Perseguição** – Durante o caminho, o herói é perseguido pelo antagonista ou seus capangas/exército/criaturas.

Rs   **22. Resgate** – O herói é salvo com algum tipo de ajuda mágica ou por alguém.

O   **23. Chegada incógnita** – O herói chega ao mundo cotidiano ou ao destino sem se identificar ou sem ser reconhecido.

L   **24. Pretensões falsas** – Um falso herói se faz passar pelo protagonista e tenta obter seus créditos ou prêmios.

M   **25. Tarefa difícil** – O herói precisa realizar uma prova que mostrará que ele é realmente quem diz ser e desmascarar o impostor.

N   **26. Solução** – O herói supera a prova.

Q   **27. Reconhecimento** – O herói é identificado, muitas vezes por uma marca deixada pelo antagonista ou um objeto que carrega.

Ex   **28. Desmascaramento** – O falso herói é desmascarado.

T   **29. Transfiguração** – O herói sofre uma transformação, recuperando sua aparência ou tendo suas marcas e cicatrizes removidas.

U   **30. Punição** – O Antagonista e eventualmente seus parceiros são punidos de forma definitiva

W   **31. Casamento** – O herói casa-se com a princesa ou pessoa que originou sua aventura ou ainda recebe outro tipo de recompensa como um tesouro ou um reino para governar.

PERSONAGENS

Essas 31 funções dentro da história só existem pois são realizadas por sete tipos de personagens. Os sete personagens ou esferas de ação são:

O herói, o antagonista, o doador, a princesa, o auxiliar mágico, o despachante ou mediador e o falso herói que, por sua vez, estão associados a funções ou esferas de ação específicas. Por exemplo, um antagonista não executará ou participará das funções 12, 13 ou 14, que estão associadas com algum tipo de ajuda ao herói.

Vejamos a seguir quais funções estão associadas a cada personagem.

HERÓI

É o personagem central da história, que combate o antagonista, recebe ajuda e ao final recebe um prêmio ou se casa com a princesa/príncipe.

Funções associadas:
todas exceto 24, 25, 28 e 30.

FALSO HERÓI

Nos contos é um personagem que normalmente aparece no final da história e tenta tomar para si os créditos do herói. Pode ser o vilão, mas não necessariamente.

Funções associadas:
24, 25, 28, 3.

ANTAGONISTA OU VILÃO

É o personagem que causa algum mal ao personagem principal. Ele pode se manifestar claramente como inimigos ou se disfarçar para realizar suas maldades, como uma velhinha bondosa que na verdade é uma bruxa.

Funções associadas:
4, 5, 6, 7, 8, 16, 18, 21, 30.

DOADOR

Nas lendas analisadas esse personagem oferece algum objeto, arma ou conhecimento necessário para que o personagem principal possa completar sua tarefa. O doador pode fazer a oferta diretamente ou depois de pedir alguma ajuda e testar o caráter do herói.

Funções associadas:
12, 13, 14.

PRINCESA

A figura da princesa pode ser também substituída por um prêmio. Em geral, nos contos russos, o herói acaba casando-se com ela.

Funções associadas:
25, 27 ,31.

AUXILIAR MÁGICO

O auxiliar, embora tenha uma função parecida com a do doador, está mais associado a ajudas físicas, como acompanhar o herói e ajudá-lo durante etapas do seu caminho e até mesmo salvá-lo.

Funções associadas:
14, 15, 22.

DESPACHANTE/MEDIADOR

É o personagem que faz com que o herói parta em sua jornada. Aquele que traz um fato a partir do qual o herói precisa tomar uma atitude.

Funções associadas:
9, 25, 27, 29.

As 31 funções podem ser agrupadas em 4 esferas de acontecimentos.

INTRODUÇÃO

Funções: 1 a 7.

CORPO DA HISTÓRIA

Funções: 8 a 11.

A SEQUÊNCIA DO DOADOR

Funções: 12 a 19.

O RETORNO

Funções: 20 a 31.

Tenho certeza de que ao ler as funções e personagens você já fez mentalmente uma associação delas com algumas das etapas e arquétipos da jornada do herói de Campbell.

Embora Campbell tenha feito uma pesquisa usando mitos e lendas de diversas culturas e Propp de apenas histórias regionais, é absolutamente visível como os dois estudos nos confirmam um padrão universal e funcional de narrativa para alguns gêneros de histórias.

- 77 -

Contudo é importante salientar que com a evolução natural da sociedade e o impacto de novas tecnologias — que permitem alterar o conceito de espaço e tempo, assim como a evolução de valores éticos, sociais e comportamentais —, estruturas como a de Propp, que se baseou unicamente em contos de fadas e fábulas, tendem a ser menos utilizáveis em enredos que não se passam no contexto mágico dos contos.

Algo semelhante acontece com a estrutura da jornada do herói, mas por ela usar mitos universais, sua aplicabilidade é bem maior do que a de Propp em histórias contemporâneas.

J. R. R. Tolkien talvez seja um dos últimos a explorar a estrutura de Propp. Quando lemos ou assistimos ao Hobbit, podemos associar quase todas as 31 funções ao enredo.

PROPOSIÇÃO DE ATIVIDADE PRIORITÁRIA

1 Leia o livro ou assista ao filme O Hobbit (trilogia) para testar a tabela mostrada a seguir.

2 Leia o conto do Pássaro de Fogo, um dos mais populares entre os contos russos transcrito a seguir, e preencha a terceira coluna da tabela.

ATIVIDADE OPCIONAL

Complete a tabela com as passagens de Star Wars ou Harry Potter que eventualmente se encaixem nas funções.

O PASSÁRO DE FOGO

A macieira do Czar dava maçãs douradas, mas todas as noites uma era roubada. Os guardas relataram que o Passáro de Fogo os roubou. O rei disse a seus dois filhos mais velhos que aquele que pegasse o pássaro receberia metade de seu reino e seria seu herdeiro. Eles tiraram a sorte para ver quem seria o primeiro a vigiar o jardim onde ficava a macieira, mas ambos adormeceram. Eles tentaram alegar que o pássaro não viera, mas mesmo assim tinha roubado uma maçã. Finalmente Ivan Tsarevich, o filho mais novo, pediu para tentar. Seu pai estava relutante, por causa de sua juventude, mas consentiu. Ivan permaneceu acordado o tempo todo e, ao ver o pássaro, tentou pegá-lo pelo rabo. Infelizmente, Ivan só conseguiu agarrar uma pena. O Pássaro de Fogo não retornou mais, mas o rei ansiava pelo pássaro. Ele disse que ainda assim, quem pegasse teria metade de seu reino e seria seu herdeiro.

Os irmãos mais velhos partiram. Chegaram a uma pedra que dizia que quem pegasse o primeiro caminho conheceria a fome e o frio; quem tomasse o segundo viveria, embora seu cavalo morresse; e quem tomasse o terceiro morreria, embora seu cavalo vivesse. Eles não sabiam que caminho tomar, e assim levaram uma vida ociosa desistindo da busca.

Ivan implorou para poder ir até que seu pai cedesse. Ele pegou a segunda estrada e um lobo comeu seu cavalo. Ele caminhou até ficar exausto, e o lobo se ofereceu para carregá-lo. Levou-o ao jardim onde estava o Pássaro de Fogo e disse-lhe que o pegasse sem tocar ou pegar a gaiola dourada. O príncipe entrou, mas achou uma pena não levar a gaiola. Ao tocá-la, os sinos badalaram, acordando a todos, e ele foi capturado. Ele contou sua história e o Czar daquele reino disse que poderia tê-la pedindo, mas ele só poderia ser poupado agora se pudesse presentear o rei com o Cavalo com a Crina Dourada.

Ele encontrou o lobo e admitiu sua desobediência. O lobo levou-o ao reino e aos estábulos onde poderia pegar o cavalo e o advertiu para não tocar ou pegar o arreio de ouro. Sua beleza o tentou, e ele o tocou. Imediatamente um som alto foi ouvido e ele foi capturado.

fonte - Heritage Library Forest

O segundo Czar lhe disse que se ele tivesse vindo com a palavra, ele teria lhe dado o cavalo, mas agora ele seria poupado e teria o cavalo apenas se trouxesse Helena, a Bela, para ser sua esposa.

Ivan voltou para o lobo, confessou novamente sua fraqueza e foi levado ao castelo dela. O lobo a carregou e Ivan a trouxe de volta ao Segundo Czar, mas chorou porque ele e Helena se apaixonaram perdidamente. Desabafando com o lobo, este mais uma vez resolveu ajudá-lo. O lobo se transformou na princesa e fez Ivan trocá-lo pelo Cavalo com a Crina Dourada. Ivan e Helena partiram no Cavalo. O lobo escapou do rei e os alcançou. Helena montou o cavalo e Ivan, o lobo. Ivan pediu ao lobo que se transformasse no Cavalo e o deixasse trocá-lo pelo Pássaro de Fogo, para que ele pudesse ficar com o Cavalo também. O lobo concordou, a troca foi feita, e Ivan voltou para seu próprio reino com Helena, o Cavalo e o Pássáro de Fogo.

O lobo disse que sua missão fora cumprida quando eles voltaram para onde ele havia comido o cavalo de Ivan. Ivan desmontou e lamentou a despedida. Após o lobo entrar na floresta, eles resolveram descansar antes de voltar, mas dormiram. Seus irmãos mais velhos os encontraram, mataram Ivan, cortaram seu corpo em pedaços e disseram a Helena que a matariam se ela não dissesse que eles ganharam com justiça o cavalo, o Pássaro de Fogo e ela. Eles os levaram para o pai. O segundo filho recebeu metade do reino e o mais velho se casaria com Helena.

O Lobo Cinzento encontrou o corpo de Ivan e pegou dois corvos que estavam se alimentando dele. A mãe dos corvos implorou por eles, e o lobo a enviou para buscar a água da morte, que restaurou o corpo, e a água da vida, que o reviveu. O lobo carregou Ivan para o casamento a tempo de impedi-lo. Os irmãos mais velhos foram feitos servos ou mortos pelo lobo e Ivan casou-se com Helena e viveram felizes até o fim dos seus dias.

CAPÍTULO 6 - MORFOLOGIA DO CONTO MARAVILHOSO

	DEFINIÇÃO	FUNÇÃO	STAR WARS OU HARRY POTTER	O PASSÁRO DE FOGO	O HOBBIT
1	AFASTAMENTO	O herói ou um dos membros da família se ausenta de casa.	_____ _____ _____	_____ _____	Bilbo se afasta do condado para seguir Gandalf.
2	INTERDIÇÃO	Uma proibição é endereçada ao herói.	_____ _____	_____ _____	Ninguém deve se afastar do condado.
3	TRANSGRESSÃO	A Proibição é violada e fatos ruins acontecem.	_____ _____	_____ _____	Bilbo parte pela Terra Média.
4	RECONHECIMENTO	O vilão busca informações sobre a vítima.	_____ _____	_____ _____	Bilbo é capturado pelos Trolls.
5	ENTREGA	O vilão recebe informações sobre sua vítima.	_____ _____ _____	_____ _____	Gandalf envia informações para os Trolls e liberta Bilbo.
6	ENGANO	O vilão tenta enganar a vítima para tomar posse dele ou de seus pertences.	_____ _____ _____ _____	_____ _____ _____	O verdadeiro vilão aparece: Gollum.
7	CUMPLICIDADE	A vítima se deixa enganar assim, involuntariamente ajuda seu inimigo.	_____ _____ _____ _____	_____ _____ _____	Bilbo entrega informações sobre ele próprio a Gollum.

STORYTELING: CATIVANDO COM A NARRATIVA

	DEFINIÇÃO	FUNÇÃO	STAR WARS OU HARRY POTTER	O PASSÁRO DE FOGO	O HOBBIT
8	MALFEITORIA	O vilão causa danos ao herói ou um membro de sua família.			Bilbo carrega Um Anel.
9	MEDIAÇÃO, O INCIDENTE DE LIGAÇÃO	O infortúnio é conhecido e o herói recebe um pedido de ação ou é autorizado a ir, ou ainda ele é despachado.			Gandalf e os anões ficam perdidos sem Bilbo.
10	INÍCIO DA REAÇÃO	O herói concorda ou decide sobre a contra-ação.			Bilbo encontra o caminho.
11	PARTIDA	O herói parte.			Bilbo encontra Gandalf e anões.
12	A PRIMEIRA FUNÇÃO DO DOADOR	O herói é testado, interrogado, atacado, ou qualquer outra ação possível que prepare o caminho para que ele receba um agente mágico ou ajuda.			Os anões são capturados.
13	A REAÇÃO DO HERÓI	O herói reage às ações do doador.			Bilbo usa o anel para salvá-los.
14	RECEBIMENTO DE UM AGENTE MÁGICO	O herói se dirige ao local de um próximo conflito.			Eles continuam a jornada.

CAPÍTULO 6 - MORFOLOGIA DO CONTO MARAVILHOSO

	DEFINIÇÃO	FUNÇÃO	STAR WARS OU HARRY POTTER	O PASSÁRO DE FOGO	O HOBBIT
15	DESLOCAMENTO	O herói se dirige ao local de um próximo conflito.			Eles continuam a jornada.
16	LUTA OU COMBATE	O herói confronta o antagonista em uma batalha, competição.			Bilbo se encontra com Smaug o dragão.
17	MARCAÇÃO	O herói é marcado por um ferimento ou recebe um acessório que o identificará.			Bilbo se torna um ladrão, ou seja, uma marca metafórica, para descobrir a fraqueza do dragão.
18	VITÓRIA	O vilão é derrotado.			Bard, o arqueiro mata Smaug com as informações de Bilbo.
19	REPARAÇÃO	O dano original é corrigido.			Bilbo esconde a Arkenstone de Thorin para forçar um acordo de paz.
20	REGRESSO	O herói retorna.			O acordo falha e Bilbo é expulso.
21	PERSEGUIÇÃO	O herói é perseguido pelo vilão ou comparsas.			Aparece o exército de goblins.

STORYTELING: CATIVANDO COM A NARRATIVA

	DEFINIÇÃO	FUNÇÃO	STAR WARS OU HARRY POTTER	O PASSÁRO DE FOGO	O HOBBIT
22	RESGATE	O herói é salvo por alguém ou um poder maior.			Bilbo e Thorin lutam juntos.
23	CHEGADA INCÓGNITA	O herói, não reconhecido, chega em casa ou em seu destino.			Não se aplica.
24	ALEGAÇÕES INFUNDADAS	Um falso herói se apresenta para receber os créditos.			Não se aplica.
25	TAREFA DIFÍCIL	Uma tarefa difícil é proposta ao herói para provar que é ele mesmo.			Bilbo luta durante a batalha.
26	SOLUÇÃO	O herói passa no teste.			Bilbo vence, mas Thorin morre.
27	RECONHECIMENTO	O herói é reconhecido.			Thorin perdoa Bilbo.
28	DESMASCARA-MENTO	O falso herói ou vilão é exposto.			Não se aplica.
29	TRANSFIGURAÇÃO	O herói recebe uma nova aparência.			Bilbo é reconhecido como herói, uma transformação não física.

CAPÍTULO 6 - MORFOLOGIA DO CONTO MARAVILHOSO

30	PUNIÇÃO	O vilão é punido.	_____	_____	Não se aplica.
31	CASAMENTO	O herói se casa ou recebe o trono ou seu prêmio.	_____	_____	Bilbo volta para casa com o tesouro e o anel.

Com esse capítulo encerramos o tema Estrutura de Narrativa deixando três modelos que serviram de base para, possivelmente, quase todas as histórias ficcionais que você já viu.

Não importa que a história que você vai contar não seja uma ficção. Essas estruturas podem servir igualmente para a estruturação da narrativa.

Uma receita de bolo não garante que o resultado, que foi feito seguindo meticulosamente suas instruções, seja uma delícia. Cada narrador ou escritor pode, assim como um confeiteiro, remover ou adicionar ingredientes que tornarão o produto mais atraente ou um completo fiasco.

Se você vai contar uma história já conhecida, pode dar o seu toque pessoal para adequá-la a audiência que a receberá. Nem tudo precisa ser dito e, talvez, alguma coisa a mais precise ser acrescentada para tornar a experiência dos ouvintes inesquecível.

Lembre-se de que eles se lembrarão da experiência que tiveram com a narrativa muito mais do que de você ou das suas palavras, mas se você não fizer a sua parte, nada será lembrado.

PROPOSIÇÃO DE ATIVIDADE PRIORITÁRIA 2

Você foi convocado para um trabalho no qual ficará por um ano em uma região sem acesso à internet e televisão. Você pode levar cinco livros em sua bagagem e até quatro objetos pessoais pequenos para deixar em seu alojamento. Anote em seu caderno quais seriam esses livros e objetos e a razão da escolha. Por que eles são importantes?

Eu vou contar os meus:

A Incrível Viagem de Shackleton,
de Alfred Lansing (ISBN-13: 978-8575421383)

Pelo que já descrevi em capítulos anteriores, é para mim um dos maiores exemplos de liderança e superação que já existiu.

Hercule Poirot - The Complete Short Stories,
de Agatha Christie (ISBN-13: 978-0062251671)

Comecei a assistir uma série sobre Hercule Poirot, produzida na Inglaterra, baseada nos livros e contos de Agatha Christie. Eu nunca tinha lido seus livros. Fiquei fã da série e decidi começar a ler seus livros. Foi a oportunidade que tive de começar a perceber como uma história era transposta do papel para a tela e como as adaptações eram feitas. Foi uma grande lição e mudança de comportamento que tive e que me ajudou muito a criar e contar histórias tendo em vista o meio no qual elas serão consumidas.

The Lives of the Artists,
de Giorgio Vasari (ISBN-13: 978-0199537198)

Esse livro, escrito entre 1546 e 1550, conta a vida de vários pintores renascentistas e da pré-Renascença. Sem ter o Google à disposição, Vasari, que era pintor e arquiteto, conseguiu uma façanha ao reunir tantas informações sobre pintores que viveram até 200 anos antes de sua época. Embora alguns fatos não tenham precisão histórica acurada, à luz de descobertas recentes, o livro é uma obra magnifica e que me ajudou a entender melhor as obras de arte dos artistas descritos, ue eu tive a felicidade de poder contemplar em pessoa em vários museus ao redor do mundo.

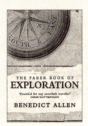
The Faber Book of Exploration,
de Benedict Allen (ISBN-13: 978-0571206124)

Confesso que tenho alma de explorador. Esse livro traz um resumo bibliográfico dos maiores exploradores da história e atravessa séculos e séculos mostrando o indomável espírito da exploração.

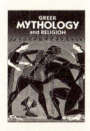
Greek Mithology and Religion
(ISBN-13: 978-9608284609)

Esse livro comprei em Atenas, na Grécia, na primeira viagem que fiz ao país, em 1996. Aquela foi uma viagem que mudou minha vida. Até então eu era absolutamente um cara de Exatas. Formado em computação, escrevendo livros técnicos, atrás de uma tela de computador o tempo inteiro. Ao ter contato com lugares que só conhecia dos livros escolares e que ainda estavam ali, milhares de anos depois de terem sido construídos, comecei a olhar de uma forma diferente para muitas coisas. Pisar na mesma pedra onde Sócrates discursava na Ágora ateniense, tocar em colunas do Parthenon e admirar esculturas gregas em mármore que continham a delicadeza de um véu de seda, mas na verdade eram de dura pedra, foram momentos emocionantes. Saber que muitos dos lugares que visitei foram erguidos para um Deus ou Deusa me levaram a comprar esse livro para entender melhor a história da Grécia. Devorei o livro nas doze horas do voo direto de Atenas para São Paulo. Fiquei alucinado com as histórias, as lições que aprendi sobre a visão do ser humano e do sagrado. Me tornei um ávido leitor e pesquisador de mitologia. Três anos depois, lancei uma coleção de livros de mitologia Grega para crianças. Olha só o poder que aquele livro teve em minha vida.

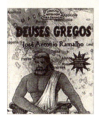

Bem, com relação aos objetos que eu poderia levar algumas miniaturas que gosto muito:

- Capacete do Darth Vader.
- Carro do James Bond.
- Robo de Perdidos no Espaço.
- Porta-retratos.

CAPÍTULO 07
ARCOS NARRATIVOS

CAPÍTULO 7 - ARCOS NARRATIVOS

Nos capítulos anteriores você conheceu as principais estruturas narrativas de histórias ficcionais. O processo entre o início e o final da história, onde a sua trama se desenvolve, o conflito é apresentado e a tensão cresce até que chegue ao clímax e rume para a solução final é chamado de Arco Narrativo.

Uma história narrativa precisa ter cinco elementos para funcionar bem.

1. **Personagens** divididos entre principais e secundários.
2. **Espaço** onde a história fisicamente acontece.
3. **Narrador**, que pode ser um dos personagens ou um observador.
4. **Tempo** em que a história evolui.
5. **Enredo**, que é a sequências dos fatos da história.

Sean Benesh - Unsplash

Nós já vimos, de forma informal, todos eles nos filmes e contos que abordamos nos capítulos anteriores.

O enredo ou trama é a sequência dos fatos narrados em uma história. Aqui, cada fato leva ao próximo em uma narrativa linear na maioria dos casos.

Aristóteles criou o conceito de três atos para uma história, ou seja, o enredo precisa ter:

1. **Começo ou exposição.**
2. **Meio ou confronto.**
3. **Fim ou resolução.**

É nele que em algum lugar (espaço) o protagonista (personagem) terá sua história contada por um narrador durante um período (tempo).

UMA HISTÓRIA PRECISA DE:

um começo

um meio

um fim

a ordem de apresentação das três partes é determinada pelo storyteller.

ARCO NARRATIVO

Durante os três atos de uma história, o enredo é executado através de diversas cenas que visam prender a atenção da audiência com uma combinação de conflitos, aumento da tensão e da curiosidade pelo que vem a seguir.

O arco narrativo, ou arco da história, ou ainda o arco dramático, é o caminho que a história percorre desde o início até o fim. Em seu formato mais clássico, o arco da história pode ser uma linha em formato de um arco, onde a ação e a tensão crescem, chega ao ápice e decresce. Esse arco envolve todos os personagens da história e detalha como cada evento da história acontece.

Já o enredo diz respeito ao que acontece na história e sua sequência de eventos, mas não diz respeito a como essa sequência é desenvolvida e seus detalhes.

A próxima ilustração mostra visualmente o arco narrativo de uma história dentro da estrutura clássica de três atos.

CAPÍTULO 7 - ARCOS NARRATIVOS

PRIMEIRO ATO - COMEÇO

Aqui ocorre a exposição inicial da história onde é estabelecido o ambiente em que o protagonista vive. Apresenta-se e descreve-se alguns detalhes de sua personalidade, desejos e relacionamentos. Em algum momento, ocorrerá um incidente incitante que exige do protagonista uma ação, que muitas vezes é postergada até que ocorre uma situação decisiva, conhecida como primeiro ponto de virada (*plot point 1*). O personagem parte para resolver o problema apresentado durante o incidente incitante.

SEGUNDO ATO - MEIO OU CONFLITO

Aqui ocorre a ação crescente onde o personagem precisa se desenvolver ganhando habilidades, consciência ou sabedoria para poder vencer os desafios que aparecerão e que ficarão piores ao longo do caminho. Cada obstáculo enfrentado leva a uma pequena crise, que é superada até que a crise final, o segundo ponto de virada (*plot point 2*) seja enfrentada.

TERCEIRO ATO - FINAL OU RESOLUÇÃO

Durante o terceiro ato, que incluí o clímax, a ação decrescente e a resolução, o arco narrativo é terminado. Durante o clímax o conflito chega ao seu ponto máximo e é resolvido de forma positiva ou negativa. A partir dali, o protagonista inicia o seu retorno, mas pode ainda enfrentar forças opositoras menores até que chegue ao seu destino. São amarradas as pontas soltas da trama e de outros personagens e a tensão desenvolvida no segundo ato é totalmente dissipada. O protagonista está transformado.

Durante os três atos, a tensão aumenta gradativamente até atingir o clímax da história, quando o conflito maior é vivido e resolvido. A partir daí a tensão vai diminuindo até o final da história.

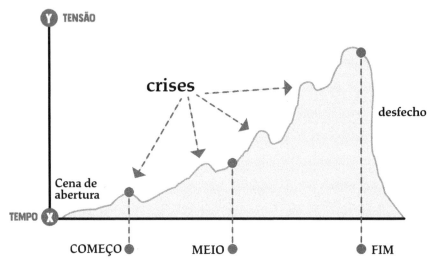

ARCO DO PERSONAGEM

Além do arco narrativo da história, o protagonista possui um arco de personagem que diz respeito à sua jornada individual. Literalmente tem a ver com os altos e baixos do personagem e sua transformação interna ao longo da história. Nem todos os personagens precisam ter um arco de personagem. Veremos mais detalhes sobre o arco do personagem no próximo capítulo.

Existem diferentes tipos de arcos narrativos sendo que a maioria das histórias ficcionais acaba se encaixando dentro de seis modelos identificados através de diversos estudos.

A PIRÂMIDE DE FREYTAG

Gustav Freytag, um novelista alemão, criou no final do século 19 um conceito onde ele afirma que as histórias ficcionais, em sua maioria, seguem uma estrutura dramática de cinco etapas que formam o enredo, ou em inglês, o plot da história. Essa estrutura ficou conhecida como Pirâmide de Freytag, que na prática, adiciona duas etapas ou atos, à estrutura de Aristóteles.

Essas etapas são:

1. **Exposição (início).**
2. **Ascenção da Ação.**
3. **Clímax (meio).**
4. **Declínio da Ação.**
5. **Desfecho (fim).**

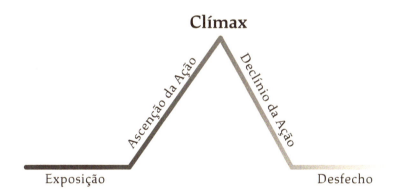

1 · EXPOSIÇÃO

A exposição é onde a história é introduzida, juntamente com o personagem, e descreve o contexto em que ocorre inicialmente. Traz fatos relevantes sobre o personagem principal e, opcionalmente, sobre o antagonista e os coadjuvantes. Ela estabelece o clima e a atmosfera da história e os objetivos ou conflitos que o protagonista enfrentará assim como o ponto de vista da narração da história que pode ser em primeira ou terceira pessoa.

2 · AÇÃO CRESCENTE (ASCENSÃO)

Uma vez situado o ambiente inicial, ocorre um incidente incitante, que é o fato ou complicação que desencadeia um conflito e uma reação do personagem principal, e uma série de conflitos terão de ser superados. O conflito inicial é seguido de conflitos secundários e desafios que tentam impedir o protagonista de atingir seu objetivo. Existe um crescimento na tensão da história.

3 · CLÍMAX

É o maior desafio enfrentado pelo personagem e o ponto de virada da história. É o momento de maior intensidade e marca uma mudança para melhor ou para pior ao protagonista. É o momento da luta final contra o vilão, de sobreviver ou de morrer a eventos cataclísmicos, superar um trauma emocional etc.

4 · AÇÃO DECRESCENTE (DECLÍNIO)

Depois do clímax, a ação tende a diminuir, mas ainda dentro de algum suspense enquanto o personagem ruma em direção ao final da história, lidando com as consequências que o clímax produziu. O conflito é resolvido, mas ainda podem ocorrer ameaças ao sucesso.

5 · RESOLUÇÃO (DESFECHO)

É o final da história onde o conflito foi resolvido e são esclarecidos os pontos que ainda estão obscuros. O destino do protagonista e outros personagens é conhecido.

Acho que foi inevitável perceber como aquelas doze ou dezessete etapas da jornada do herói estão embutidas ao longo dessa pirâmide, dos três atos de Aristóteles ou da pirâmide de Freitag.

Assim como na jornada do herói, a pirâmide de Freytag não é uma imposição ou estrutura rígida, mas uma constatação de padrões encontrados nas histórias ficcionais e que também devem ser ajustadas à época das histórias. O clímax não precisa estar no meio, pode estar bem próximo ao final, por exemplo.

Embora o conceito linear de início, meio e fim seja o mais convencional, você pode ter uma história onde a narração começa no meio da história. O vazio é explicado através de *flashbacks*. Isso gera curiosidade em saber como está naquela situação era e como irá terminar.

CAPÍTULO 7 - ARCOS NARRATIVOS

A história pode iniciar no meio e voltar para o início antes de continuar para o final.

A narração pode começar com o fim. Uma vez contado o final, mostramos o começo e o meio da história, pois o leitor inicialmente desejará saber o porquê daquele final.

A história pode iniciar no seu final e voltar no tempo para mostrar como ela chegou até o fim.

O importante é que toda história precisa ter esses três atos ou, como diz o ditado, ficará sem pé e cabeça.

Uma vez que entendemos quais são os elementos de um arco narrativo vamos conhecer um pouco os seis modelos mais comuns.

TIPO DE ARCO	ESCALADA EMOCIONAL	CAMINHO DA HISTÓRIA
Ascenção (Rags to riches)	Crescimento	Da pobreza à fortuna ou da má até a boa sorte
Declínio (Riches to rags)	Queda	Do bom para o mau - tudo piora
Ícaro	Um crescimento e uma queda	Ascenção e depois declínio
Édipo	Queda, crescimento, queda	Declínio, ascensão e declínio
Cinderela	Crescimento, queda, crescimento	Ascensão, declínio, ascensão
Homem no buraco (man in a hole)	Queda e crescimento	Queda e ascensão

Esses arcos podem ser graficamente visualizados usando uma representação de dois eixos, onde a linha horizontal (eixo x) representa o tempo (começo e fim) e a linha vertical (eixo Y) a sorte do personagem, sendo no alto a boa sorte ou situação e na parte de baixo a má sorte.

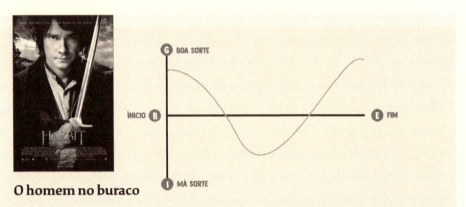

O homem no buraco

Aqui o personagem está em uma posição confortável e se mete em um problema que o leva para baixo ou para o fundo do poço. Depois ele se recupera e termina melhor do que começou. Um exemplo desse arco é o filme O Hobbit, onde o personagem está bem, é arrastado para uma aventura que quase o mata, mas volta para casa mais sábio e com um tesouro.

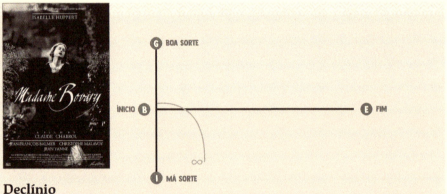

Declínio

O personagem principal começa a história mal e com o passar do tempo sua situação vai ficando cada vez pior, sem recuperação. Madame Bovary, romance de Gustave Flaubert, é um dos melhores exemplos. Ele conta a história de Ema, uma entediada esposa que entra em depressão e começa a ter casos extraconjugais como válvula de escape, mas que a levam a um estado mental pior e ao suicídio.

CAPÍTULO 7 - ARCOS NARRATIVOS

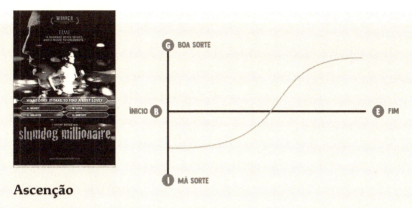

Ascenção

O protagonista começa a história não muito bem, aos poucos vai se recuperando até terminar em uma situação muito melhor. Um exemplo muito claro desse arco é o filme Quem Quer Ser um Milionário (Slumdog Millionaire), no qual um garoto que vive em uma favela na Índia se torna milionário depois de ganhar um concurso na TV.

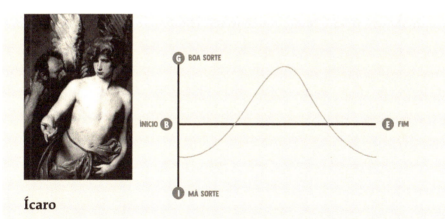

Ícaro

Nesse modelo, o personagem está em uma posição não muito boa, consegue atingir seu objetivo de sucesso, mas volta a cair. Ícaro vivia com seu pai Dédalo na ilha de Creta. Para fugirem da opressão do rei Minos, fogem usando asas feitas por Dédalo com penas e cera. Ícaro se empolga e contrariando os pedidos do pai, voa muito alto. O sol aquece a cera e as asas se soltam, levando Ícaro à sua morte. O personagem de Leonardo de Caprio no filme Titanic é pobre e viaja na terceira classe sem muitas expectativas. Conhece a mocinha, ficam juntos, mas perde tudo quando o navio afunda, inclusive a própria vida.

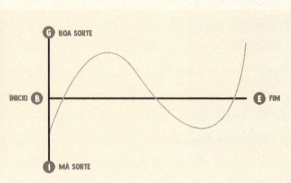

Cinderela

Nesse arco o protagonista não está em uma situação muito boa, mas consegue conquistas. Em seguida perde o que conseguiu e volta a recuperar no final da história. Além da própria história da Cinderela, outros filmes da Disney como Frozen e Aladim se enquadram nesse arco.

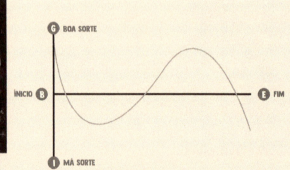

Édipo

Nesse arco o personagem começa em uma boa posição, perde tudo, volta a se recuperar e acaba perdendo tudo novamente. Um exemplo dessa história, além da de Édipo, é o clássico Frankenstein. Nela, um médico — Victor Frankenstein — dá vida a um monstro feito de diversas partes de cadáveres. Ele obtém êxito, mas se assusta e abandona a criatura, que volta para se vingar e mata pessoas próximas ao doutor. Ele consegue repelir o mostro e se casa, mas a esposa é morta pelo monstro, que também morre ao final.

CAPÍTULO 7 - ARCOS NARRATIVOS

No link abaixo, da Universidade de Cornell, estava disponível para download o estudo "*The emotional arcs of stories are dominated by six basic shapes*" detalhando o resultado de uma pesquisa que envolveu 1700 livros que estão em domínio público. Nessa pesquisa, usando-se uma inteligência artificial, as histórias foram analisadas e geraram um embasamento para a universalidade desses seis arcos como os mais comuns.

https://arxiv.org/pdf/1606.07772.pdf

A ESTRUTURA DE TRÊS ATOS EM STAR WARS - UMA NOVA ESPERANÇA

Tomando como exemplo nossa conhecida história de Star Wars, veja um resumo de seu arco narrativo:

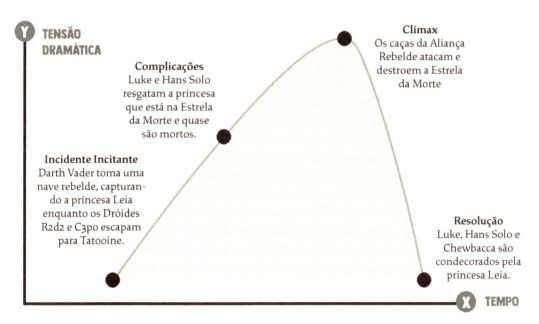

Agora vamos detalhar cada ato do filme.

ATO 1

Uma nave rebelde é capturada por Darth Vader, que busca plantas roubadas da Estrela da Morte e que serão usadas para destrui-la. Antes de ser capturada, a princesa manda os planos junto com dois droides para o planeta Tatooine pedindo ajuda a um Jedi que vive lá para entregar os planos aos rebeldes.

O INCIDENTE INCITANTE:

Luke Skywalker compra os droides e descobre a mensagem de ajuda para Obi Wan Kenobi.

PRIMEIRO PONTO DE VIRADA

Embora tenha recusado o convite inicial de Kenobi, o assassinato dos tios faz Luke acompanhá-lo em sua missão de entregar os planos aos rebeldes.

ATO 2

Luke e Kenobi partem para a cidade portuária de Mos Eysley e contratam Hans Solo e Chewbacca para os levarem a Alderaan. Leia é torturada e vê o planeta Alderaan ser destruído pela Estrela da Morte. Luke é treinado no uso do sabre de luz.

MIDPOINT (PONTO CENTRAL)

A nave Milenium Falcon chega ao local onde deveria estar o planeta, mas só vê destroços do que sobrou. A nave é rebocada para dentro da Estrela da Morte.

O grupo consegue enganar os stormtroopers e se separa. Kenobi vai destruir o raio-trator para permitir a fuga da Milenium Falcon enquanto Luke e Solo vão tentar liberar Leia.

Os três quase são mortos ao caírem em um triturador de lixo e Kenobi consegue desligar o raio trator.

SEGUNDO PONTO DE VIRADA

Fugindo dos stormtroopers após libertar Leia, o grupo cruza com Kenobi, que luta contra Vader, e, para permitir que fujam, resolve deixar que Vader o mate. Luke sofre com a cena, mas recebe a mensagem de Kenobi para fugir.

ATO 3

Iniciando a ação descendente, os planos são decifrados pelos rebeldes, que se preparam para um ataque à Estrela, sem saber que sua nave foi rastreada e a Estrela da Morte se aproxima para destruí-los. Solo decide partir e ir cuidar dos seus negócios ao invés de continuar com os rebeldes.

CLÍMAX

A Estrela da Morte se aproxima do planeta da base rebelde. Luke e um esquadrão de caças partem para o ataque derradeiro para destruí-la.

As tentativas de disparo dos caças no único local de fragilidade da Estrela falham e Luke, a última esperança do grupo, está sob a mira de Darth Vader, que se prepara para disparar contra seu caça, mas é impedido no último segundo pelo retorno de Solo, que atinge o caça do vilão, permitindo a Luke, usando a influência da força, fazer o disparo derradeiro que inicia a destruição da Estrela da morte.

RESOLUÇÃO

Os caças voltam à base onde Luke, Solo e Chewbacca são homenageados e os rebeldes ganham uma nova chance de continuar sua luta contra o Império.

Jogando tudo isso de forma gráfica, podemos ver como a tensão cresce continuamente durante o desenrolar da história e como ela se porta em cenas-chave da trama.

A ESTRUTURA DE TRÊS ATOS EM HARRY POTTER E A PEDRA FILOSOFAL

ATO 1

Harry vive com os tios depois da morte dos seus pais, dez anos atrás. Tem uma vida miserável, morando debaixo da escada e sendo maltratado sistematicamente enquanto o primo tem tudo o que deseja. Harry quer apenas viver sua vida sem ser importunado.

INCIDENTE INCITANTE

Começam a chegar cartas de convite para Harry estudar na escola de bruxos de Hogwarts um pouco antes da data do seu décimo primeiro aniversário, mas o tio não deixa Harry as ler.

PONTO DE VIRADA 1

Hagrid chega as oh do dia do aniversário, entrega a carta e Harry, após relutar achando que não é um bruxo, parte com ele.

ATO 2

Harry chega à escola dos bruxos. Faz amizade com Ron e Hermione. Harry é hostilizado por Draco Mafoy e pelo professor Snape. Enfrenta um troll que ataca Hermione e é sabotado no jogo de quadribol. Descobre sobre a pedra filosofal e suspeita de que o professor Snape está trabalhando com Voldemort para roubá-la.

SEGUNDO PONTO DE VIRADA

Harry encontra Voldemort na floresta e entende que sua vida corre perigo e que precisa impedir o vilão a qualquer custo.

ATO3

Harry, Ron e Hermione precisam passar pelo cão de três cabeças e vencer o jogo de xadrez para chegar até a pedra filosofal. Ron é ferido e Harry continua sozinho. Descobre que o professor Quirrell é quem está ajudando Voldemort.

CLÍMAX

Ele luta contra os dois, matando Quirrell e fazendo com que Voldemort fuja.

RESOLUÇÃO

A casa Grifinória de Harry vence o concurso anual das casas de Hogwarts e Harry sabe que é realmente um bruxo.

FINALIZANDO

Toda história tem que ter início, meio e fim. A partir desse conceito, podemos ajustar as narrativas seguindo uma linha crescente de tensão para manter a audiência motivada e tentando descobrir o que acontecerá na cena seguinte.

As histórias possuem um arco narrativo que mostra qual o seu perfil dramático e como o protagonista chega ao final delas. A maioria das histórias se encaixa em seis arcos narrativos. Esses arcos podem servir de base para o desenvolvimento do *storytelling* que você irá criar.

PROPOSIÇÃO DE ATIVIDADE PRIORITÁRIA

Anote no seu caderno de anotações o nome de três filmes que marcaram as três fases de sua vida — sua infância, adolescência e vida adulta — com uma breve descrição do porquê da sua escolha.

Agora que você conhece o arco narrativo, faça um exercício, tentando identificar qual deles se encaixa em cada filme usando os modelos apresentados aqui.

Minha infância foi marcada por muitos seriados e desenhos. Fui pouco ao cinema, mas puxando pela memória, Se Meu Fusca Falasse foi marcante para mim.

Minha adolescência foi marcada por Star Wars — Uma Nova Esperança.

A Franquia James Bond marcou minha fase adulta e meu preferido é O Espião Que Me Amava, com Roger Moore.

CAPÍTULO 08
O ARCO DO PERSONAGEM

CAPÍTULO 8 - ARCO DO PERSONAGEM

O arco de personagem mostra a sua transformação gradual ao longo da história. No primeiro ato, o personagem era de um jeito; passa por desafios e experiências no segundo ato da trama e, ao final do terceiro, está eventualmente mudado.

Por que um arco de personagem é necessário? Histórias contam mudanças. Sem mudanças não há muito que contar. A audiência quer, ou melhor, ela exige que mudanças ocorram para ficarem conectadas com a história.

A mudança pode ser positiva ou negativa e possivelmente vai acontecer ao final do segundo ato, ou no terceiro. Nós chamamos essa mudança de arco, pois ela segue uma curva em forma de arco começando em um ponto e subindo para depois descer. É muito parecido com o conceito do arco da narrativa, mas esse diz respeito apenas ao personagem.

O ARCO DO PERSONAGEM

3 CLIMAX DO PERSONAGEM
Ele enfrenta sua maior crise e desafio. Enxerga a verdade e nega a mentira na qual acreditava para vencer ou assume a mentira de vez.

2 AÇÃO CRESCENTE
O personagem enfrenta desafios e se questiona sobre suas habilidades e valores.

4 AÇÃO DECRESCENTE
O personagem lida com as consequências do clímax. Pode evoluir, regredir ou não ser afetado.

1 PONTO DE INÍCIO
O personagem é introduzido incluindo detalhes dos seus desejos, limitações e crenças. Ele acredita em uma mentira.

5 PONTO FINAL
O personagem mudou, para melhor ou pior do que era no início.

Veja algumas das mudanças positivas, neutras ou negativas que podem ocorrer em um personagem.

1. Um personagem que era um aliado e se torna um traidor é negativa.

2. Uma personagem deprimida e sem objetivos que consegue motivação e se torna bem-sucedida é positiva.

3. Um personagem como um professor ou mentor, que se mantém o mesmo ao longo da história, mas afeta a vida de outros personagens. Não há mudança.

Cottonbro - Pexels

As mudanças podem ser em qualquer área:

1. **Uma mudança na personalidade ou comportamento;**
2. **Uma mudança física;**
3. **Uma mudança radical de objetivo;**
4. **Uma mudança cultural;**
5. **Uma mudança de valores e crenças.**

O ARCO DO PERSONAGEM E O ARCO DA HISTÓRIA

O arco do personagem principal normalmente está atrelado ao arco da história, quase se mesclando a ele. Normalmente, se a história acaba bem, o protagonista acaba bem; se a história acaba mal, o protagonista também acaba mal. Já os personagens secundários podem ter arcos bastante independentes. Contudo, as exceções existem. Veja a correlação entre os arcos da história e do personagem ao longo dos três atos.

	ATO I	ATO II	ATO III
Arco da História	Ambientação e criação de conflito	O conflito escala	O conflito é resolvido
Arco do Personagem	Ele precisa mudar	Ele é forçado a mudar	Ele aceita a mudança

COMO SE DESENVOLVE O ARCO DO PERSONAGEM AO LONGO DOS TRÊS ATOS

PRIMEIRO ATO

Durante o primeiro ato (exposição), o arco de personagem é estabelecido (ao menos para o protagonista) incluindo relacionamentos com outros personagens, e é apresentado um incidente incitante ou crise que confronta o protagonista, exigindo uma tomada de decisão conhecida como o primeiro ponto de virada. Após esse momento, a vida nunca mais será a mesma para o protagonista.

SEGUNDO ATO

No segundo ato, também conhecido como "ação ascendente", o arco do personagem se desenvolve à medida que o protagonista tenta resolver a crise iniciada pelo incidente incitante, envolvendo-se em situações cada vez piores e mais desafiadoras, que, muitas vezes, trazem aprendizado, novas habilidades e um aumento da autoconsciência à medida que confronta seus valores e crenças.

TERCEIRO ATO

Durante o terceiro ato, que inclui clímax, ação decrescente e resolução, o arco narrativo da história é concluído e o arco do personagem indica se houve alguma transformação baseada nos acontecimentos do clímax.

Existem vários tipos de arcos de personagem. Aqui vamos falar dos três principais.

1 O Transformacional Ascendente;

2 O Plano ou Estático;

3 O Transformacional Descendente.

O ARCO TRANSFORMACIONAL ASCENDENTE

O arco ascendente é positivo e revela uma mudança para melhor do personagem por ter adquirido sabedoria, força ou recursos. Ele pode ser representado em um gráfico XY como uma linha crescente ao longo do eixo x. Geralmente começa em um lugar neutro ou ruim até que algum conflito (incidente incitante) faz com que o personagem tenha que reagir. Através de desafios crescentes, o personagem absorve novos pontos de vista e conhecimento que o fazem rever seus conceitos ou valores. Cada vez mais ele se distancia da sua vida anterior e passa a viver seguindo seus novos valores. Mas é o conflito maior que causa a mudança mais significativa ao protagonista. Não importa se ele ganhar ou perder a disputa, ele sairá dela uma outra pessoa. Mesmo que retorne ao local do início da história, ele estará diferente e vivendo de uma forma nova o seu cotidiano.

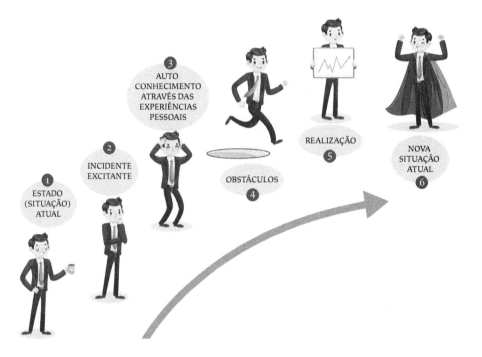

CAPÍTULO 8 - ARCO DO PERSONAGEM

Na Trilogia final de Star Wars, Finn é um stormtrooper, aqueles soldados de branco que morrem o tempo inteiro. Ele é criado desde a infância com o único objetivo de puxar o gatilho de sua arma contra os rebeldes. Ele nem tem nome, apenas um número. Contudo, em suas missões, ele começa a ter crises de julgamento sobre o que é certo e errado quando mata inocentes. Chega um momento em que ele não suporta mais aquilo e decide se juntar aos rebeldes para combater o Império.

Outros exemplos de arco ascendente são Harry Potter e Bilbo Bolseiro em o Hobbit, além de Luke Skywalker, em que você acabou de pensar.

O ARCO ESTÁTICO

Ele mostra que o personagem não sofreu mudanças ao longo da história, nem positivas, nem negativas. Sua personalidade, sabedoria, temperamento ou comportamento não são afetados. Normalmente o que muda é o que está ao seu redor. Podemos citar como um arco de personagem estático o de Obi Wan Kenobi, que se mantém fiel às suas crenças e objetivos durante o episódio IV de Star Wars, assim como os stormtroopers, que do início ao fim de cada filme de Star Wars agem da mesma forma e mantêm-se fiéis ao objetivo de eliminar os inimigos.

Mesmo o protagonista pode ter um arco estático. Ele começa e termina sem mudanças, mas a intensidade das mudanças que causa nas pessoas ou no mundo ao seu redor são enormes.

Pense em um super-herói. O Super Man é o mesmo, em termos de personalidade e valores pessoais, do início ao fim da história, mas suas ações impactam o mundo inteiro. A Mulher-Maravilha é outro exemplo típico. Ela acredita que apenas o amor pode salvar o mundo e com seus poderes ajuda Steve Trevor a derrotar os nazistas. Voltando a Star Wars, a princesa Leia é outro exemplo. Do começo ao fim ela tem como objetivo libertar a galáxia e incentivar outras pessoas a acreditarem em si.

O ARCO DESCENDENTE

Ele é negativo e está associado com um declínio dos valores internos ou morais do personagem. Aqui o personagem começa em uma situação estável ou em ascensão, parece que vai ser bem-sucedido, mas sofre uma queda irrecuperável. Ele enfrenta desafios e pode tomar decisões que lhe trarão crescimento, mas por algum motivo escolhe o oposto.

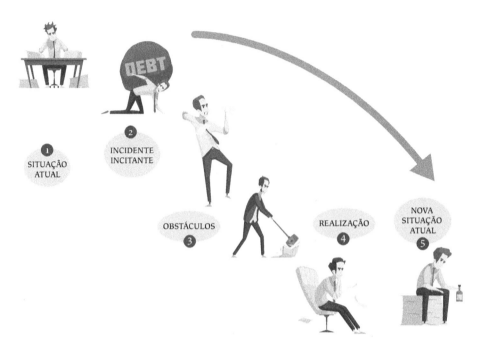

Por uma visão distorcida ou embaçada por sentimentos negativos, ele muda de pensamento e incorpora valores e conceitos que o afundarão cada vez mais nos aspectos sombrios de sua personalidade. Em algumas histórias, o protagonista começa e termina como um herói, mas amargurado, depressivo e menos atraente do que no início da história. Em outros casos, mais extremos, ele se torna um vilão.

O arco negativo pode ser causado por uma queda, desilusão ou corrupção.

1. **No Arco da Desilusão:** o personagem acredita na mentira > supera a mentira > a nova verdade é trágica;

2. **No Arco da Corrupção:** o personagem vê a verdade > rejeita a Verdade > abraça a Mentira;

3. **No Arco da Queda:** o personagem acredita na mentira > apega-se à mentira > rejeita uma nova verdade > acredita em uma mentira pior.

No Episódio II – O Ataque dos Clones, Anakin Skywalker é um promissor aprendiz de Jedi que desrespeita o código de honra que proíbe envolvimento romântico e se casa, em segredo, com um antigo amor, Padmé. No filme seguinte, A Vingança dos Sith, temendo perdê-la durante o parto depois de uma premonição da morte da amada, Anakin decide abandonar a ordem Jedi e passar para o lado negro da força com a promessa de que Padmé seria salva. Assim ele se torna um dos mais cruéis lordes Sith.

Cena de Ataque dos Clones (2002). Direção: George Lucas. 20th Century Fox

COMO UMA MUDANÇA TRANSFORMACIONAL OCORRE?

Conflito! Lembre-se, sem conflito não há mudança e sem mudança não há história. Onde podemos achar esses conflitos que vão tornar o protagonista melhor ou pior ao final da história?

Pelo menos uma das seguintes situações precisa ocorrer na vida do personagem:

1 **Um grande medo que precisa ser enfrentado;**

2 **Um grande inimigo que precisa ser vencido;**

3 **Um grande segredo revelado que precisa ser trabalhado.**

4 **Uma grande falha que precisa ser corrigida.**

ELEMENTOS DO ARCO DO PERSONAGEM

Quando pensamos nas mudanças internas do personagem ao longo da história, temos que ir mais a fundo nos aspectos emocionais e pessoais do personagem. Nesse sentido, quatro elementos que são fundamentais para a mudança.

O OBJETIVO

Todo personagem tem um objetivo que o impulsiona adiante. Salvar a mocinha, encontrar o tesouro, ser bem-sucedido etc.

A VERDADE

Enquanto o personagem acredita que quer uma coisa, na verdade precisa de outra. A verdade é a lição que o personagem precisa aprender ou aceitar. Um personagem deprimido acha que se conseguir um bom emprego resolverá seu problema, mas na verdade ele precisa encontrar um significado novo para sua vida.

A MENTIRA

O personagem acredita em uma mentira, ou vê o mundo ou a si mesmo de forma equivocada. Essa mentira faz com que ele não atinja seu potencial ou objetivo. Ele só vai alcançá-lo se enxergar a mentira, abandoná-la e abraçar a verdade. Luke Skywalker reluta em aceitar a força, pois não se vê como um Jedi. Só consegue destruir a Estrela da Morte quando aceita plenamente a força.

O FANTASMA

O fantasma é algo que assombra o personagem, que parece ser impossível de superar e faz com que ele acredite na mentira e não enxergue a verdade. Ao vencer seu fantasma ele enxerga a verdade.

Resumindo, o personagem é motivado a atingir o seu OBJETIVO, mas isso é complicado pela MENTIRA em que acredita e que o desvia do seu caminho, alimentada por um FANTASMA que o assombra até que este é superado e ele enxerga a VERDADE, rejeita a MENTIRA e se coloca no caminho correto.

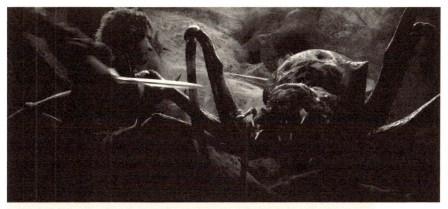

Cena do Filme The Desolation Of Smaug (2013). Direção: Peter Jackson. Warner Bros.

O ARCO DE BILBO BOLSEIRO DO LIVRO O HOBBIT

Bilbo vive uma vida tranquila e confortável em sua toca e tudo o que ele quer é continuar assim. Porém um incidente incitante acontece através de um convite que muda toda a sua vida.

1. **O objetivo:** ajudar os anões a reconquistarem o tesouro que foi roubado pelo dragão Smaug, que o guarda ferozmente;

2. **A mentira:** Bilbo acredita não ser capaz de tal jornada, pois não é corajoso, não sabe lutar com nenhum tipo de arma e tem medo do mundo fora de sua vila;

3. **A verdade:** Bilbo tem muita força interior e inteligência para superar adversidades;

4. **O fantasma:** o medo do mundo exterior e dos perigos que podem matá-lo.

Bilbo é chamado a fazer mais do que imagina ser capaz. Ele não gosta de viajar, preferindo a segurança de sua toca, mas acaba aceitando o convite motivado pela recompensa de ter uma parte do tesouro.

Durante a primeira metade da história, ele está sempre infeliz e muito covarde diante de tudo.

Aos poucos, e forçado pelas ameaças, começa a mostrar seu lado inteligente e corajoso. Quando usa sua espada para se libertar da teia de aranha, ele é descrito como se sentindo diferente sobre si mesmo, uma indicação de que está crescendo em autoconsciência.

Fica claro na sequência de que ele está desenvolvendo qualidades de heroísmo, liderança e bravura quando elabora e executa um plano para a fuga dos anões do castelo dos elfos.

Quando chegam à caverna do dragão, age com bravura, superando seus medos, porque realmente não quer enfrentar Smaug, mas vai de qualquer maneira. Também consegue encontrar o único ponto fraco do dragão, uma falha da couraça em seu peito que ele indica para o arqueiro Bard que, usando essa informação, mata Smaug com uma flecha.

Ao voltar para casa, continua a viver como antes, mas agora está mais rico com sua parte do tesouro e consciente de suas capacidades e habilidades que antes ele não acreditava possuir.

FAZENDO UM CHECKLIST DA SUA HISTÓRIA

Eu acredito muito na fagulha da criatividade. Aquele momento mágico onde você teve uma iluminação sobre uma história. Pode ser um conto infantil, o anúncio publicitário para o seu cliente, a linha-mestra da apresentação da empresa, não importa. Acordou com uma trama inteira em sua mente. Você não precisou da jornada do herói, morfologia dos contos ou nenhuma outra receita de bolo para ter aquela ideia da história.

Você tem um esboço mental completo. Já sabe, superficialmente, o começo, meio e fim da história e como o seu protagonista vai se desenvolver. Muito bem. Antes de começar a escrever o que está em sua cabeça talvez seja o momento para se fazer algumas perguntas que poderão ajudar muito no ajuste da história.

Definir os arcos dos personagens e a estrutura narrativa pode lhe dar o controle na hora de escrever, para que a sua história alcance o máximo potencial junto a sua audiência. A seguir você encontra dezessete perguntas que podem ajudar a estruturar uma história.

CAPÍTULO 8 - ARCO DO PERSONAGEM

1 Quem é o protagonista da história?

2 O que esse protagonista deseja?

3 O que aconteceria se o desejo não fosse realizado?

4 Qual é o incidente incitante do conflito? Onde ele aparece?

5 Como esse conflito afeta o protagonista?

6 Qual é o resumo do conflito da história?

7 O conflito é interno ou externo?
Como se manifesta de forma física e emocional?

8 Quem é o antagonista ou forças antagônicas que se opõe ao desejo do protagonista?

9 O antagonista tem poder para barrar o desejo do protagonista?

10 Quais as ações e reações que o choque entre herói e vilão causarão?

11 Existe um balanço entre as forças? Qualquer uma pode ganhar?

12 Qual é o momento de crise da história? Que decisões o protagonista deve tomar?

13 Com a decisão tomada durante a crise, como a história muda?

14 O protagonista aprende o quê depois da crise?

15 A situação final do protagonista, fisicamente e psicologicamente, é a mesma do começo da história?

16 Qual a resolução final da história?

17 Ela resolve o conflito do incidente incitante?

CONSIDERAÇÕES FINAIS

Com esse capítulo encerramos o módulo de estruturas narrativas. Você teve contato com os elementos essenciais usados para a criação de histórias ficcionais com grande poder de engajamento. Usá-los ou não é uma decisão pessoal.

Você como um contador de histórias é um explorador que, antes de partir em uma aventura, pode adotar dois papéis: o explorador com uma bússola, que vai achando o caminho à medida que chega em um local e se orienta pelo instrumento para seguir na direção desejada, tendo muitas vezes que contornar osbstáculos e achar outras rotas para chegar ao destino; ou o explorador com um GPS, que antes de partir coloca as coordenadas no aparelho, vê a rota que foi traçada como um todo e depois segue confiante pelos caminhos recomendados pelo aparelho. Um storyteller pode adotar qualquer um dos estilos, mas acho que combinar o melhor dos dois pode ser a melhor indicação.

Deixe sua criatividade gerar espontaneamente a ideia inicial e depois use as ferramentas que conheceu para aperfeiçoar a rota, ou a história.

PROPOSIÇÃO DE ATIVIDADE PRIORITÁRIA

1 Escolha e anote em seu caderno de anotações dois personagens de filmes ou livros que você gostou muito. Diga o que eles têm de especial e o que te atraiu neles. Faça um pequeno resumo dos seus arcos de personagem.

2 Procure no YouTube pelo filme O Garoto ou The Kid, em inglês, de Charlie Chaplin (1921). Esse é o primeiro longa-metragem do ator e diretor que considero um dos maiores storytellers da história. Sem dizer uma palavra ele consegue transmitir emoções e sentimentos de forma mágica.

Você encontrará versões com cerca de cinquenta minutos e outras com uma hora e oito minutos. Assista a versão que tem mais de uma hora, pois a menor omite uma das passagens.

Como o filme é mudo, assista-o atentamente. Depois escreva uma sinopse, ou seja, uma descrição sintética do filme com no máximo 20 ou 30 linhas. Ela tem que dar uma ideia da história do filme sem contar detalhes. Faça isso sem buscar ajuda na internet. É a sua percepção e palavras que contam aqui.

CAPÍTULO 8 - ARCO DO PERSONAGEM

**Sugestão de link
Charlie Chaplin - The Kid**

https://youtu.be/8Fc5fwLWHYc

Terminada a sinopse, encontre nos apêndices do livro o enredo original do filme, escrito pelo próprio Chaplin. Depois de sua leitura, analise o quão fiel foi o filme em relação ao enredo.

1. A sua sinopse foi compatível com o enredo?
2. Quem é o protagonista e o antagonista?
3. Qual o arco dos personagens Vagabundo, Mulher e o Garoto?
4. Qual é o maior conflito da história?
5. Compare suas respostas com aquelas que estão no Apêndice.

Faça uma parada da leitura agora e assista o filme O Garoto e execute as tarefas propostas antes de continuar o livro. Evite continuar a leitura sem ter realizado essa etapa.

CAPÍTULO 09
STORYTELLING E ESCRITA

A DIFERENÇA ENTRE ESCREVER E CONTAR UMA HISTÓRIA

Nós podemos ser ótimos contadores de histórias, mas quase sempre somos péssimos escritores.

Todos nós temos ótimas histórias para contar, mas dificuldade em transpor o que está em nossa memória para um formato que seja atraente para quem o recebe.

Enquanto o *storytelling* faz uso de diversas técnicas e meios para tornar a história contada memorável, a escrita exige um formalismo rigoroso na escolha de palavras que agrupadas irão transmitir alguma informação ou até uma história.

Quer ver? Relembre a história da Chapeuzinho Vermelho ou outro conto infantil que você reteve em sua memória ao longo dos anos. Se eu te pedir para contar essa história para uma criança tenho certeza de que você o fará sem maiores problemas. Agora, se eu te pedir em seguida para escrever em papel ou outro meio aquela exata história que acabou de contar, tenho certeza de que a tarefa não será tão fácil.

Lembre-se de que o *storytelling* nasceu de forma oral. Não havia escrita, mas com o seu surgimento houve uma melhoria das histórias.

A arte do *storytelling* pode ser aprendida através de uma forma muito simples: ouça e estude histórias, leia muitas histórias, quadrinhos, revistas, receitas culinárias e até bula de remédios. Assista a muitos filmes. Vá ao teatro. Você criará um incrível banco de dados mental de situações que facilitam a imaginação, o desenvolvimento e a narração encenada de uma história baseada nessas experiências que você viveu ao consumir as histórias.

Agora, quando o tema é escrever, literalmente, é outra história, as coisas se complicam. A narração verbal é menos rigorosa com o uso da língua. Você pode cometer alguns erros que passarão despercebidos ou serão relevados facilmente, mas se mostrar a história escrita para alguém, os erros saltarão aos olhos do leitor.

Você pode me perguntar nesse momento: eu preciso ser um escritor para ser um contador de histórias?

Little Red Riding Hood – Pixabay

Não, claro que não, mas quanto mais intimidade tiver com as palavras, mais fácil ficará sua vida e melhores serão suas histórias.

OS DOIS TIPOS DE STORYTELLER

No código brasileiro de ocupações (C.B.O.) existe uma profissão regulamentada de Contador de histórias (2625-05 — Contador de história). A descrição da função é:

> Interpretam e representam um personagem, uma situação ou ideia, diante de um público ou diante das câmeras e microfones, a partir de improvisação ou de um suporte de criação (texto, cenário, tema, etc.) e com o auxílio de técnicas de expressão gestual e vocal.

Em outras palavras, o contador de histórias é um ator em sua essência. Se queremos nos tornar contadores de histórias, teremos que assumir esse papel também.

Esse contador de histórias profissional irá fisicamente e de forma cênica transmitir a história para uma audiência. Ele é requisitado, por exemplo, por escolas, livrarias, hospitais, festas e outros locais para entreter um público infantil através da encenação e interpretação da história de modo quase teatral. Nesses casos o objetivo é socializar, trabalhar a criatividade e imaginação, desenvolver a linguagem oral e o entendimento das emoções.

Já para o público adolescente a contação de história pode ser incorporada às aulas para tornar o conteúdo mais cativante para os alunos. Nesse caso, o professor assume o papel de ator e em vez de expor o assunto, narrará uma história que fala sobre o tema.

Já para o público adulto o contador-ator usará o conceito de *storytelling* nas empresas para melhorar o resultado de treinamentos, facilitar a transmissão de mensagens, engajar a audiência e também desenvolver habilidades de oratória dos colaboradores.

CAPÍTULO 9 - STORYTELLING E ESCRITA

Esse é um perfil de contador de história em que a capacidade de expressão corporal e verbal são necessárias para que a história narrada seja cativante. A criatividade é usada na forma de apresentar a história, mas não tem nada a ver com a sua criação.

E quem escreve (cria) uma história para ser contada? Essa pessoa é um contador de histórias ou um escritor?

Aqui nós encontramos o contador de histórias-escritor que criará, através de palavras e seguindo inúmeras e infindáveis regras de gramática e ortografia, uma história para ser lida, vista ou ouvida através de um contador de histórias ator (você pode ser os dois, mas não necessariamente) ou que será convertida para um outro meio.

Vamos pensar em um romance. Quando uma história é criada (escrita) ela pode ser uma boa ou má história. Tenho certeza de que você já pegou um livro e passou a noite devorando avidamente cada página para saber o que aconteceria logo mais. A história era cativante, instigava sua curiosidade e fez você caminhar e viver as emoções do protagonista.

Por outro lado, já deve ter começado a ler um livro que, poucas páginas depois, começou a se tornar maçante, cansativo e por fim desinteressante a ponto de ser abandonado.

Os dois autores escreveram uma história, mas um deles usou sabiamente as palavras e desenvolveu uma trama com personagens envolventes, conflitos e tarefas desafiadoras, surpresas e mudanças que não te deixaram se afastar do livro.

Para um escritor, *storytelling* é o processo de usar as palavras criando uma narrativa que produz experiências emocionais reais e envolventes para o leitor. Essa narrativa envolve técnicas que fazem uso de metáforas assimiladas ao longo de milênios e que trazem uma identificação do leitor com a história.

Eu, por muitos anos, fui somente um escritor. Escrevia livros técnicos de informática ou TI. Foram 94 livros. Em nenhum deles fui um storyteller. Eu tinha que descrever fatos e eles precisavam ser muito bem descritos. Não podia dar margem a interpretações. Se eu dissesse que ao apertar as teclas SHIFT+CTRL+W iria acontecer tal coisa, essa coisa precisava acontecer. Meus livros tiveram sucesso, segundo muitos leitores, pois eu era extremamente objetivo e didático ao ensinar técnicas de programação, uso de programas para usuários finais ou as complexidades de um banco de dados. Mas nunca contei uma história. Isso só aconteceu quando eu escrevi a coleção de livros de Mitologia Grega para Crianças. A partir dali me tornei um contador de histórias.

Um storyteller não descreve fatos, ele traz o ouvinte ou leitor para dentro da história usando palavras cuidadosamente escolhidas para evocar os sentidos da audiência. Veja duas frases que contam exatamente a mesma coisa:

1. João e sua esposa morreram com um intervalo de duas semanas;

2. Depois de lutar muito contra a doença, João não resistiu e partiu. Ana, a carinhosa esposa de tantos anos, duas semanas depois foi ao encontro de João.

A primeira frase descreveu um acontecimento. João e sua mulher morreram com poucos dias de diferença. A segunda nos conta uma história que na minha mente foi vivida assim:

João foi um batalhador usando suas forças para combater uma grave doença, que, ao final, foi mais forte do que ele. Ela também diz que a esposa de João era a Ana, que foram casados por muito tempo e que pareciam ser muito unidos, pois o desgosto com a perda de João fez com que Ana perdesse a vontade de viver. João e Ana estão juntos novamente.

QUAL A DIFERENÇA ENTRE LER E CONTAR UMA HISTÓRIA?

Quando você conta uma história pode fazê-lo encenando como um ator ou lendo. Nesse caso considere o seguinte:

Ler uma história para um grupo é uma forma de apresentar a obra do autor conforme sua linguagem original, usando as palavras que foram escritas por ele sem adição de representação, seja ao vivo ou através de um audiolivro.

Já contar uma história envolve criatividade, improvisação, interação com o grupo e também a eventual inserção de novos elementos à história original. Aqui existe o contador de histórias-ator.

Uma história incrível, muito bem escrita, seguindo todos os conceitos corretos, pode se tornar cansativa se for apenas lida, mas pode ser inesquecível se for bem contada. São diferenças que parecem sutis, mas não são.

Mais uma vez lembro que este livro não pretende transformá-lo em um escritor, tampouco ensinar a nossa língua, mas iremos explorar aspectos necessários para se escrever uma boa história, mesmo que tudo possa ser criado sem uma palavra ter sido escrita. Algumas pessoas possuem uma incrível capacidade de memorização.

Marie Éléonore Godefroid - Scheherazade and Shahryar

A MAIOR CONTADORA DE HISTÓRIAS

Sherazade é a personagem central dos contos das 1001 Noites. Segundo a lenda, Sherazade, usando sua inteligência e habilidade de contação de história, salvou a sua vida e a de centenas de mulheres que seriam mortas pelo rei que foi tomado pela dor de uma traição.

AS MIL E UMA NOITES[1]

Na antiga Pérsia, o Rei Shariar descobriu ter sido traído pela esposa com um dos seus servos. Enfurecido, o rei mandou matá-los e possuído por um ódio mortal tomou uma terrível decisão: todas as noites, iria se casar com uma nova mulher e, na manhã seguinte, ordenaria a sua execução, para não mais ser traído. E assim foi por três anos, causando terror e medo em todo o reino.

---
1 *Texto adaptado a partir de: https://pt.wikipedia.org/wiki/Xerazade.*

Um dia, a filha mais velha do vizir do reino, a bela e inteligente Sherazade, diz ao pai que tem um plano para acabar com aquela barbaridade. Porém, para aplicá-lo, precisa casar-se com o rei. O pai tenta convencer a filha a desistir da ideia, mas Sherazade estava decidida a acabar de vez com a maldição que aterrorizava a cidade. E assim aconteceu: Sherazade casou-se com o rei.

Terminada a curta cerimônia nupcial, o rei levou a esposa a seus aposentos; entretanto, antes de trancar a porta, ouviu uma ruidosa choradeira. "Oh, Majestade, deve ser minha irmãzinha, Duniazade", explicou a noiva. "Ela está chorando porque quer que eu lhe conte uma história, como faço todas as noites. Já que amanhã estarei morta, peço-lhe, por favor, que a deixe entrar para que eu a entretenha pela última vez!".

Sem esperar resposta, Sherazade abriu a porta, levou a irmã para dentro, instalou-a no tapete e começou: "Era uma vez um mágico muito malvado...". Furioso, Shariar se esforçou para impedir a história de prosseguir; resmungou, reclamou, tossiu, porém as duas irmãs o ignoraram. Vendo que de nada adiantava pestanejar, ele ficou quieto e se pôs a ouvir o relato da jovem, meio distraído no início, e muito interessado após alguns instantes. A pequena Duniazade adormeceu, embalada pela voz suave da rainha. O soberano permaneceu atento, visualizando na mente as cenas de aventura e romance descritas pela esposa. Repentinamente, no momento mais empolgante, Sherazade calou-se. "Continue!", Shariar ordenou. "Mas o dia está amanhecendo, Majestade! Já ouço o carrasco afiar a espada!". "Ele que espere", declarou o rei. Shariar deitou-se e dormiu profundamente. Despertou ao anoitecer e ordenou à esposa que concluísse a história, mas não se deu por satisfeito: "Conte-me outra!". Sherazade, com sua voz melodiosa, começou a narrar histórias de aventuras de reis, de viagens fantásticas de heróis e de mistérios. Contava uma história após a outra, deixando o sultão maravilhado.

Sem que Shariar percebesse, as horas passaram e o sol nasceu. Sherazade interrompeu uma história na melhor parte e disse: "Já é de manhã, meu senhor!". O rei, muito interessado na história, deixou Sherazade no palácio por uma noite mais. E assim Sherazade fez o mesmo naquela noite, contou-lhe mais histórias e deixou a última sem terminar. Muito alegre, ora contava um drama, ora contava uma aventura, às vezes um enigma, em outras uma história real. E assim passaram-se dias, semanas, meses, anos. E coisas estranhas aconteceram. Sherazade engordou e de repente recuperou seu corpo esguio. Por duas vezes ela desapareceu durante várias noites e retornou sem dar explicação, e o rei nunca lhe perguntou nada. Certa manhã ela terminou uma história ao surgir do sol e falou: "Agora não tenho mais nada para lhe contar. Você percebeu que estamos casados há exatamente mil e uma noites?" Um som lhe chamou a atenção e, após uma breve pausa, ela prosseguiu: "Estão batendo na porta! Deve ser o carrasco. Finalmente você pode me mandar para a morte!".

Quem adentrou nos aposentos reais foi, porém, Duniazade, que com o passar dos anos se transformara numa linda jovem. Trazia dois gêmeos nos braços, e um bebê a acompanhava, engatinhando. "Meu amado esposo, antes de ordenar minha execução, você precisa conhecer meus filhos", disse Sherazade. "Aliás, nossos filhos. Pois desde que nos casamos eu lhe dei três varões, mas você estava tão encantado com as minhas histórias que nem percebeu nada...". Só então Shariar constatou que sua amargura desaparecera. Olhando para as crianças, sentiu o amor lhe inundar o coração como um raio de luz. Contemplando a esposa, descobriu que jamais poderia matá-la, pois não conseguiria viver sem ela.

Sherazade não tinha um livro com as histórias que contava. Eram narradas de cor e muitas delas inventadas por ela ou tiradas da tradição árabe.

Entre as histórias contadas temos a de Sinbad o Marujo, Aladim e a Lâmpada Mágica e Ali Baba e os Quarenta Ladrões.

Incrível não? Como as habilidades de storyteller de Sherazade puderam mudar o curso da história do reinado daquele rei, eu tenho certeza de que as suas habilidades de storyteller também mudarão a vida de muitas pessoas.

CONSIDERAÇÕES FINAIS

Não importa o meio pelo qual a história será contada, tudo começará com palavras. São elas que criam os roteiros de cinema, de comerciais de produtos na TV, revistas ou mídias sociais.

No próximo capítulo você conhecerá algumas dicas para tornar a sua narrativa mais cativante explorando e despertando os cinco sentidos da audiência.

Nesse capítulo você terá um descanso. Não vou pedir nenhuma atividade.

CAPÍTULO 10
EXPLORANDO OS CINCO SENTIDOS

CAPÍTULO 10 - EXPLORANDO OS CINCO SENTIDOS

A escrita descritiva sensorial é o processo em que usamos os sentidos da visão, audição, tato, paladar e olfato para criar uma imagem viva e emocional na mente da audiência.

Combinados, os cinco sentidos nos permitem aprender, experimentar e criar memórias residuais e duradouras. Para entender melhor como funciona esse processo, precisamos entender melhor os estágios básicos do processo de memorização.

Existem três estágios necessários no processo de aprendizagem e memorização:

1. Codificação;
2. Armazenamento;
3. Recuperação.

A codificação é definida como o aprendizado inicial da informação; armazenamento refere-se à manutenção da informação ao longo do tempo; e recuperação é a capacidade de acessar informações quando você precisar delas.

Nossos cinco sentidos são usados nesse processo. Somos expostos a uma situação na qual nossos sensores captam e armazenam a imagem, o cheiro, o toque o som e o gosto de algo. Uma vez registrado em nosso banco de dados mental, podemos recuperar aquela informação e usá-la para tomarmos uma decisão ou simplesmente associar uma experiência passada quando um gatilho sensorial é disparado.

- 127 -

Engin Akyurt - Unsplash

Você vê pela primeira vez uma roseira. As suas rosas são amarelas. Você se aproxima, puxa um ramo para sentir o cheiro da rosa e por um pequeno descuido seu, seu dedo é picado pelo espinho. Nesse momento foram feitos cinco registros, você aprendeu que rosas crescem em roseiras, que existem rosas amarelas, que rosas são perfumadas e que roseiras têm espinhos e que espinhos machucam.

Na próxima vez que receber um buquê de rosas, vai certamente querer sentir o seu perfume, mas vai lembrar que elas possuem espinhos e o manuseará com cuidado para não se machucar.

Você estava atravessando a rua enquanto olhava para o celular quando ouviu um barulho estridente de uma freada e de uma buzina, e sentiu um cheiro de borracha queimada, no mesmo instante que alguém lhe deu um safanão para trás e te salvou daquele atropelamento.

Seu coração disparou. Você ficou sem ação por alguns instantes, mas depois seguiu sua vida, talvez escutando alguns impropérios por parte do motorista sobre a sua irresponsabilidade de não olhar para os lados antes de atravessar a rua. Seu banco de dados mental armazenou o cheiro da borracha dos pneus fritando no asfalto, a buzina berrante, o som da freada e os associou com a situação de perigo.

Uma boa história atinge nossos cinco sentidos e nos envolve na trama usando nossos sistemas sensoriais para viver cada cena como se estivéssemos ao lado dos protagonistas. Ela pode ser visualizada sem nenhum suporte visual, pode ter textura sem ser tocada, ter sabor sem ser experimentada e ter aroma sem ter sido cheirada.

"Ele olhava para as flores do jardim enquanto aguardava o táxi."

CAPÍTULO 10 - EXPLORANDO OS CINCO SENTIDOS

A frase anterior descreve claramente onde estava o personagem e o que ele fazia, mas poderíamos despertar alguns dos sentidos e criar uma imagem muito mais envolvedora da cena usando as palavras apropriadas para disparar os sentidos. Que tal assim:

"As flores do jardim onde parou para aguardar o táxi estavam sendo acariciadas por uma leve brisa que parecia desprender um suave perfume de lavanda de cada uma delas. As pétalas tinham um toque aveludado e sua cor roxa brilhava intensamente sob o sol. Somente o zunir de uma ou outra abelha tirava a sua atenção daquelas que estavam mais próximas."

Dependendo da mídia utilizada podemos explorar mais ou menos sentidos. Quando você assiste a um filme no qual apareça uma paisagem natural com campos verdes e montanhas, pode ver e ouvir a cena. Quando olha uma fotografia ou pintura do mesmo local você vê a cena. Tudo está lá, mas você não sabe qual a temperatura precisa, se estava soprando uma brisa, ou se existia um aroma peculiar.

Apenas a visão é usada ao observarmos uma foto e no caso do filme, a audição e a visão. O olfato, o tato e o paladar ficaram de fora.

Quando lemos algo, lidamos diretamente com a visão (das palavras) para ativar os demais sentidos do leitor e, com isso, criar uma experiência envolvente e emocional.

A grande realidade é que um leitor quer experimentar em seu imaginário o que o seu personagem vê, ouve, toca, cheira e prova.

Nesse aspecto, um texto, em minha opinião, tem mais poder do que um filme, pois a visão da cena e do ambiente é construída palavra a palavra na mente do leitor. Na cena da paisagem que usamos como exemplo no início do capítulo, um personagem ou narrador pode ativar os demais sentidos usando as palavras apropriadas para completar o que falta da cena em termos de percepção. Vamos agora explorar esses sentidos relembrando um pouco sobre suas funções e como podemos dar mais forças a eles usando palavras apropriadas.

fonte: Wikimedia Commons

O PALADAR

O paladar é a percepção do sabor pela língua e pelo palato ao entrar em contato com alguma substância. Essa percepção pode ser classificada em quatro categorias.

1. Doce.

2. Salgada.

3. Amarga.

4. Azeda.

O sabor é o resultado da combinação dos cheiros e gostos percebidos pelo paladar e olfato. Sim, os dois sentidos são usados para a percepção do sabor. Já pensou que quando ficamos gripados, com nariz entupido, a comida parece não ter gosto de nada?

Por exemplo, dependendo de sua madureza, um limão, uma laranja, um abacaxi e outras frutas podem transmitir o sabor de acidez (azedo). Já o café, a cerveja ou o jiló são amargos naturalmente. O amargo é o contrário do doce. Quanto ao sabor doce e salgado tenho certeza de que não temos dúvida do que são.

Moose Photos - Pexels

Metaforicamente, os sabores podem ser associados com sentimentos ou emoções.

Além de nos indicar o sabor, o doce está associado com o prazer, a beleza e a bondade enquanto o amargo ou azedo, a sentimentos ruins.

"Ela é um docinho" indica que a mulher é terna, agradável ou encantadora.

"Hoje ela está amarga" indica que a pessoa está desagradável, irritada, mal-humorada.

"Uma pessoa sem sal" e açúcar é uma pessoa desinteressante.

"O relacionamento deles azedou com o tempo" indica que a relação se deteriorou.

Qualquer outro sabor que possamos perceber será uma combinação das quatro categorias.

Vejamos agora palavras que podem ser usadas para descrever e despertar o paladar em nossa audiência.

Ácido – azedo ou cítrico;

Afiado – indica um sabor forte e amargo;

Agridoce – é um sabor amargo e doce ao mesmo tempo, como as barras de chocolate com pimenta;

Aguado – faltando algo, sem sabor;

Amargo – um sabor desagradável;

Apetitoso – que excita o apetite;

Apimentado – com bastante pimenta;

Aromático – com um odor específico;

Azedo – associado com frutas cítricas que não estão maduras e que transmite uma sensação ruim;

Brando – sabor muito leve ou fraco;

Cozido – alimento feito na água fervendo;

Cremoso – textura gelatinosa como um mingau;

Defumado – lembra o cheiro de algo que foi colocado sobre fumaça para ser preparado;

Delicado – sabor leve;

Encorpado – um sabor rico ou forte;

Insípido – que não tem gosto;

Insosso – sem sabor ou sem graça;

Madura – indica que a fruta, por exemplo, desenvolveu seu sabor mais forte e agradável. A expressão caiu de madura indica que a fruta já está no ponto, pois caiu da árvore;

Melado – excessivamente doce;

Picante – tem um sabor forte e quente. Um relacionamento ou texto picante é sexualmente intenso;

Pungente – pode ser forte, avassalador ou penetrante;

Quente – não é a temperatura, mas a intensidade de queimação que sentimos por um tempero forte;

Robusto – indica um sabor forte ou encorpado;

Saboroso – cheio de sabor, delicioso;

Salgado – com muito sal;

Salobra – tem um leve sabor de sal. Esta água é salobra;

Sem sal e açúcar – indica que não tem gosto de nada ou que falta algo para ficar bom;

Suave – é um sabor agradável, leve;

Suculento – com um sabor apetitoso e convidativo;

Temperado – indica que o alimento recebeu temperos para torná-lo mais saboroso;

Xaroposo – indica que é doce, pegajoso e espesso.

Degustar, provar, experimentar, saborear, comer, refastelar, saciar e deleitar são verbos que podem ser associados ao paladar.

TATO

Quando tocamos algo ou algo nos toca, sentimos uma reação provocada pelo tipo de material que entra em contato com a pele ou mesmo com a língua. Uma mesma textura provoca diferentes reações para diferentes pessoas.

Descrever o toque traz o leitor para junto do personagem, é a sensação real de estar fisicamente em contato com algo. Quando você toca em um objeto, confirma ou nega o que os olhos estão vendo. A textura confirma a sensação de aparência de alguma coisa.

"O gelo do lago parecia **firme e espesso**, mas ao colocar o primeiro pé sobre ele, o ruído de trincar indicava o contrário, ele ainda estava **fino e quebradiço**."

Você pode, pelo toque, descrever fisicamente ou sensorialmente a situação.

"O toque de sua língua foi **repugnante**."

"Sua língua molhada me causou **repulsa**."

A seguir selecionamos cerca de 150 palavras relacionadas com o toque e tato.

A Abaulado, Abrasivo, Acidentado, Aço, Acolchoado, Acolchoado, Afeofobia, Afepléssico, Afiado, Amassado, Amplo, Angular, Apalpar, Áptica, Arenosa, Arenoso, Arranhado, Áspera, Áspero, Asterognosia, Atarracado, Aveludado, Azulejado.

B Bolhoso, Brilhante.

C Canelado, Careca, Cicatrizado, Circular, Congelante, Couro, Cratera, Crenelado, Crochê.

D Danificado, Denso, Desidratado, Desigual, Distendido, Distorcido, Dobrável, Duro.

E Elástico, Emborrachado, Empedrado, Emplumado, Empoeirado, Encardida, Encharcado, Enferrujado, Enrugado, Ensaboado, Envernizado, Eriçado, Esburacado, Escaldante, Escorregadio, Esculpido, Esfarrapado, Esfolado, Esmaltado, Espesso, Espigado, Espinhoso, Esponjoso, Espumoso, Estampado, Estreito, Estriado, Estucado.

F Farpado, Felpudo, Fino, Firme, Folheado, Forrado, Frágil, Frígido, Frio, Frouxo, Furado.

F Gelado, Gelatina, Glutinosa, Gordo, Gordurosa, Gosmento, Granulada, Gravado, Grosso.

I Imaculado, Impenetrável, Impresso, Inchado, Incrustado, Incrustado, Inflado, Inflexível, Ingurgitado, Inquebrável, Inscrito, Irregular.

L Largo, Latejante, Limpo, Liso.

M Macio, Maleável, Manchado, Marcado, Membranoso, Metálico, Molhado, Morno, Mosaico, Murcho.

N Nivelado, Nodoso.

O Oco, Oleoso, Ondulado, Ondulado, Ornamentado.

P Passado, Pastoso, Pegajosa, Peludo, Pesado, Plano, Plissado, Polpudo, Pontiagudo, Polido, Puro.

Q Quebrado, Quente, Quirocinestesia.

R Rachado, Ralado, Ranhurada, Raspado, Recortado, Refinado, Resistente, Rígido, Roçar.

S Saturado, Seco, Sedoso, Sem Corte, Serrilhado, Sólido, Solto, Suado, Suja.

T Transparente, Tatear.

U Úmido, Uniforme.

V Vibrante, Viscosa, Vítrea, Vitrificada, Volumoso.

OLFATO

Cheiro. Esse elemento invisível pode nos causar diversas sensações. Você o percebe quando inspira e, se for agradável, irá desencadear sentimentos positivos e certamente lembranças, mas se for desagradável, certamente irá causar uma reação física mais imediata.

O olfato é um dos mecanismos primitivos associados à sobrevivência. Ele ativa imediatamente uma ordem para nos afastarmos quando sentimos cheiro de fumaça ou quando aproximamos um alimento da boca e sentimos um cheiro de estragado.

Do lado positivo, podemos usar as palavras que ativam as memórias de olfato para envolver nosso ouvinte ainda mais em nossa narrativa. Mais especificamente para levá-lo a um lugar do passado ou fazê-lo desejar aquilo que estamos descrevendo. Literalmente deixar a pessoa com água na boca.

DESCREVENDO UM CHEIRO

Qual a intenção em descrever um cheiro? Evocar uma sensação? Passar as características ou a natureza dele?

Para ser realista e transmitir um sentimento real, procure cheirar o que quer descrever. Sua reação certamente será a mesma da maioria das pessoas. De um perfume aromático, a um fétido peixe podre, exercite seu olfato.

Escolha entre descrever o cheiro usando um substantivo ou um adjetivo. O substantivo nos indica claramente a origem do cheiro. Por exemplo:

"O copo cheirava a cerveja."

"Acordou com o cheiro de chuva invadindo o quarto."

Já um adjetivo deve ser usado para descrever as características do cheiro, como azedo, suave, floral ou leve. Alguns cheiros precisam ser mais específicos para trazer uma sensação mais apurada.

"Ao abrir a porta, o cheiro da fumaça tomava conta da sala."

Seria fumaça de um incêndio, de um charuto ou dos ovos fritos esquecidos no fogão?

Você também pode associar um cheiro diretamente a uma emoção, sensação ou situação.

"O cheiro da morte pairava sobre todos."

"Ao abrir a escotilha um cheiro tranquilizador invadiu o ambiente."

"A comida tinha um cheiro assustador."

Veja a seguir cerca de noventa palavras que podem ser usadas em associação com o olfato e cheiro:

CAPÍTULO 10 - EXPLORANDO OS CINCO SENTIDOS

A Ácido, Acre, Almiscarado, Anósmico, Aroma, Aromatizante, Asco, Aspirar, Austero.

B Bafo, Baforada, Balsâmico, Buquê.

C Cafungar, Catinga, Catingar, Cecê, Cheirinho, Cheiro, Cheirosa, Cheirume, Complexo, Concentrado.

D Delicado, Desodorante.

E Equilibrado, Emanar, Empestiar, Entorpecer, Essência, Evocativo, Exalar, Expelir, Extrato.

F Farejar, Fariscar, Faro, Fedentina, Fedor, Fedorento, Fétido, Floral, Frutado, Fragrância, Frescor, Fungar.

H Hálito, Herbáceo, Hircismo, Horrível.

I Inalar, Inodoro, Inolente, Instigante, Imperceptível, Intolerável.

M Mal-cheiroso, Merosmia, Moscado, Marcante.

N Nauseabundo, Nauseativo, Nauseante, Nidor, Nuance.

O Odorífero, Olência, Olente, Olfato, Olor, Olorizar, Ozostomia.

P Parosmia, Peidar, Perfumada, Perfume, Podre, Pum, Puro, Pútrido, Patibular, Pestilencial.

R Ranço, Rastro, Recendente, Recendido, Redolente, Resinoso, Residual.

S Salutar, Sopro, Suave.

PROPOSIÇÃO DE ATIVIDADE PRIORITÁRIA:

Anote em seu caderno de anotações alguns cheiros que te remetem a experiências que você já teve, fazendo uma breve descrição delas.

fonte: Wikimedia Commons

AUDIÇÃO

Ouvir é perceber um som pelo sentido da audição, utilizando nossos ouvidos. Escutar é estar consciente do que se está ouvindo. Quantas vezes já não ouvimos:

"Você não escuta nada do que eu falo!"

Em um filme, as imagens contam a história, mas é o som que traz a emoção. Imagine o filme Tubarão sem aquela música que antecede a aproximação do esqualo. Assim como os demais sentidos, a audição é poderosa para criar entradas em nosso banco de dados de experiências sensoriais.

Associamos sons a situações. Associamos sons com sensações. Associamos sons com experiências, sejam elas boas ou ruins. Sons individuais podem ser associados com um elemento específico.

Um apito de uma chaleira indica que a água ferveu. Isso é um fato, mas pode indicar também uma situação em que um chá delicioso e aromático está para ser preparado.

Andreza Vasconcelos - Pexels

CAPÍTULO 10 - EXPLORANDO OS CINCO SENTIDOS

Música. Ahh, não existe algo mais evocativo de memórias do que uma música. Amores perdidos ou conquistados, a juventude, uma realização e até mesmo uma derrota. Como não se lembrar de Ayrton Senna com a música da vitória?

A LOJA – UM CONTO

Há muito tempo, você estava com uma amiga dentro de uma loja de roupas no shopping olhando de forma descompromissada as peças. Tinha em suas mãos uma blusa de seda tão fina e delicada que parecia não ter peso algum. A estampa floral te convidou a trazer a blusa ao seu rosto, segurando-a com as duas mãos muito próximas para sentir o cheiro do tecido enquanto ouvia o som ambiente, que tocava naquele momento Paradise, do Coldplay. Você fechou os olhos quando inspirava e ao olhar para a vitrine teve uma visão de parte do Olimpo, com aquele deus grego alto e de olhos azuis olhando para você.

As pernas bambearam imediatamente, a respiração começou a ficar cada vez mais curta. Você já não estava dentro do seu corpo. Num único e breve momento de consciência, você olhou para trás para avisar sua amiga que iria sair um instante e já voltaria, afinal não é todo dia que alguém do Olimpo está entre nós. Não foram mais do que cinco segundos e quando olhou para a vitrine ele não estava mais lá.

Apressadamente, não, alucinadamente, você correu até a porta da loja e ele simplesmente tinha desaparecido. Arriscou uma direção e começou a olhar para o corredor e a entrar nas lojas próximas com a esperança de encontrá-lo. A cada loja uma decepção. Muitas lojas depois você retorna, desolada, para encontrar sua amiga.

Tenho certeza de que se essa história acontecesse com você, e se você viver até os noventa anos, ao ouvir a música Paradise o seu espírito voltaria àquela loja e você imaginaria como seria sua vida se tivesse encontrado Adonis em uma daquelas lojas.

A seguir selecionamos um pouco mais de 120 palavras relativas a audição, sem entrar em áreas específicas como a música, que possui outras tantas que você poderá explorar em uma pesquisa por conta própria e adicionar a esta lista.

A Acetato, Acústico, Acústico, Afônico, Alcance, Alcance, Alto, Assobio, Audabilidade, Audiência, Áudio, Auditivo, Auditório, Auditório, Audível, Auscultação.

B Badalada, Baixo, Baque, Barulhento, Berro, Brado, Buzinada.

C Chiadeira.

D Detectar, Distinguir.

E Eco, Ensurdecedor, Entender, Escutador, Eufônico, Explosão, Extensão.

F Fanhoso, Farfalhante, Fitoteca, Fonográfico, Fragoroso, Garganta, Gutural,

H Homérico, Homofonia, Homófono.

M Mixagem, Modulado, Monótono, Murmurante, Murmúrio, Mutismo.

N Nasal, Nheque-nheque.

O Onomatopeico, Ouvido, Ouvidor, Ouvinte.

P Passo, Perceber, Pum.

Q Quieto, Quietude.

R Rangido, Repercutido, Repique, Retumbante, Reverberante, Rimado, Ronco, Ronronante, Rouco, Rouquidão, Rufo, Ruído, Ruidoso, Rumor, Rumorejante, Rumorejo, Rumoroso.

S Sentir, Sepulcral, Silencioso, Silvo, Soado, Soante, Sonância, Sonante, Sonata, Sônico, Sonido, Sonilho, Sonípede, Sonograma, Sonolúcido, Sonoluminescência, Sonometria, Sonométrico, Sonoplastia, Sonora, Sonorizador, Sonoro, Sonoteca, Sonotécnica, Subsônico, Supersônico, Surdez, Surdo, Surdo-mudo.

T Tautofonia, Tinido, Tititi, Toada, Toante, Tonitruante, Toque, Trinado, Trovão.

U Uivante, Ultrassônico, Ululante, Uníssono.

V Vaia, Ventríloquo, Vocal, Volume, Voz.

CAPÍTULO 10 - EXPLORANDO OS CINCO SENTIDOS

Você já reparou como nós usamos mais de um sentido para aumentar nossa experiência?

Quando alguém quer escutar o neném na barriga da mãe, usa o toque e a audição. Nós já vimos que o olfato está intimamente com o paladar.

Andreza Vasconcelos - Pexels

Uma pessoa com deficiência visual pode enxergar com o tato, para transformar o toque em imagens e palavras. Pense nisso quando for contar uma história. Podemos ser mais inclusivos se usarmos as palavras e nossas histórias para atingir pessoas que tem alguma limitação sensorial.

Eren Li - Pexels

PROPOSIÇÃO DE ATIVIDADE PRIORITÁRIA

Anote em seu caderno de anotações até cinco músicas marcantes de sua vida e um curto relato da situação em que elas aconteceram. Anote também alguns sons individuais que marcaram algum fato para você.

Por favor, pare de ler e anote agora. Isso é importante. Traga suas lembranças do fundo de sua memória para visualizá-las fora de lá.

fonte: Wikimedia Commons

VISÃO

Ver é perceber pela visão.

Olhar é dirigir os olhos para algum ponto.

A visão pode ser considerada o mais importante dos sentidos quando falamos de histórias escritas, pois, geralmente, é a primeira forma de obtenção de informações que serão narradas. Ela puxa os demais sentidos na narrativa.

Por exemplo, quando você chega a um local, é pela visão que você tem uma imagem geral da cena e, a partir dali, recebe as demais informações sensoriais.

Na maioria das histórias descrevemos o que nossos personagens veem. Como narrador você precisará construir na mente da audiência o que está sendo visto e criar uma imagem real, com detalhes, mas não pode cair na armadilha do preciosismo descritivo para não correr o risco de tornar a história amarrada e enfadonha, com detalhes que não acrescentam nada ao enredo da história.

Kat Smith - Pexels

CAPÍTULO 10 - EXPLORANDO OS CINCO SENTIDOS

Por exemplo, ao descrever o escritório de um protagonista, você não precisa dizer quantas prateleiras e a quantidade de livros que ali estão, mas pode descrever que havia muitos livros sobre direito e legislação, dando assim, uma pista que o personagem pode ser um advogado.

Os detalhes são fundamentais, mas apenas aqueles que são relevantes para a história. Ao descrever um cenário, pessoa ou objeto, o uso de adjetivos é essencial para melhor caracterizá-los. Da mesma forma, você pode explorar verbos alternativos para criar frases relacionadas com ver e olhar.

Veja a seguir cerca de 300 palavras que podem ser associadas com o sentido da visão.

A Abarcar, Abarruntar, Abranger, Abranger com a vista, Acampanar, Acarear, Açoteia, Admirar, Advertir-se, Afemençar, Aferir, Ajuizar, Albino, Alcançar, Alinhada, Alucinação, Amplitude, Analisar, Antever, Apanhar, Aparência, Aparição, Aperceber, Apontar, Apreciar, Apreender, Aprofundar, Aquilatar, Arregalar os olhos, Aspecto, Assimilar, Assistir, Atentar, Atentar para, Atinar, Atingir, Atocaiar, Atravessado, Auto-observação, Avaliar, Avistar.

C Campo de visão, Caolho, Captar, Caracterizar, Caraolho, Caracterizar, Cena, Cenário, Cheirar, Cocar, Compreender, Conceber, Conhecer, Conjecturar, Conjeturar, Considerar, Conspecto, Contemplação, Contemplar, Correr, Cuidar, Curto da vista, Curvo.

D Dar uma espiada, Dar uma olhadela, Dar uma vista de olhos, Dar vista a, Demarcar, Demonstração, Deparar, Depreender, Descobrir, Descortinar, Desencobrir, Desenho, Desfibrar, Desmiuçar, Detectar, Devassar, Diagonal, Diferenciar, Diferir, Discernir, Discorrer, Dissecar, Distinguir, Divisar, Doca.

E Eirado, Encarar, Encontrar, Enfitar, Entender, Entoar, Entreouvir, Entressonhar, Entrever, Enviesado, Enxergar, Errado, Esbugalhar, Escabichar, Escarafunchar, Escrutar, Escutar, Esmiuçar, Esmiudar, Expectar, Espetáculo, Espevitar, Espiada, Espiadela, Espiar, Espiolhar, Espionar, Espectro, Espreitar, Esquadrinhar, Esquerdo, Estrábico, Estudar, Evidenciar, Exame, Examinar, Excogitar, Exibição, Exibir, Explorar, Exposição.

F Fisgar, Fisionomia, Fitar, Fitar os olhos, Fitar os olhos em, Fixar a vista.

I Identificar, Inclinado, Indício, Indireto, Inferir, Inspeção, Inspecionar, Interior, Interpretar, Intuir, Investigar.

L Lance, Lembrar, alinhada, Lobrigar, Lusco, Lustrar.

M Manifestar, Medir, Meta, Minudência, Míope, Mirada, Mirador, Miradouro, Miragem, Miramar, Mirante, Mirar, Mirolho, Molhado, Mostra, Mostrar.

N Notar.

O Oblíquo, Observação, Observar, Observatório, Obsidiar, Olhada, Olhadela, Olhadura, Olhar, Olhizaino, Olho, Olhos, Ouvir.

P Painel, Paisagem, Palanque, Palco, Palpitar, Panorama, Parar a vista em, Parcial, Patentear, Pegar, Penetrar, Perceber, Percepção, Percorrer, Periscópio, Perlustrar, Perquirir, Perscrutar, Perspectiva, Pescar, Peticego, Plataforma, Presença, Presenciar, Pressentir, Presumir, Prever, Profundar, Proscénio.

R Rastrear, Reconhecer, Reconhecimento, Recorrer, Relance, Reparar, Reparo, Ressentir-se, Revista.

CAPÍTULO 10 - EXPLORANDO OS CINCO SENTIDOS

S Saber, Sentir, Separar, Sinalar, Sinuoso, Sondar, Sopesar, Superficial, Surpreender, Suspeitar.

T Testemunhar, Tirar, Tocaiar, Tomar, Torto, Transversal.

V Vasculhar, Ver, Ver claro, Verificar, Vesgo, Vidente, Vigiar, Vigilar, Visão, Visar, Visibilidade, Visionar, Visionário, Visava, Vislumbrar, Vislumbre, Viso, Vista, Vista do alto, Vistoria, Vistoriar, Visualidade, Visualização, Visualizar.

Z Zâimbo, Zambaio, Zanaga, Zanago, Zanolho, Zarolho, Zelar, Zerê.

Veja também alguns adjetivos que estimulam o sentido da visão de forma positiva:

Ardente, Brilhante, Cintilante, Chamativo, Cristalino, Delicado, Deslumbrante, Elegante, Encantador, Espetacular, Espumante, Glamoroso, Iluminado, Imaculado, Lindo, Liso, Maravilhoso, Ondulante , Radiante, Resplandecente, Vibrante, Vívido.

E outros que estimulam negativamente:

Aborrecido, Áspero, Desgrenhado, Disforme, Embaçado, Enrugado, Escarpado, Escroto, Espalhafatoso, Feio, Grotesco, Imundo, Inchado, Maçante, Monótono, Nebuloso, Sem forma, Sombrio, Sujo, Torto , Volumoso.

FINALIZANDO

Explorar os cinco sentidos é uma das armas mais poderosas do *storytelling* pois adiciona sensações que por sua vez disparam emoções que são associadas ao fato narrado. Daí a importância em você dominar um vocabulário que expanda as possibilidades alternativas de descrever cada um dos sentidos, saindo das palavras clichês que pouco efeito causam na audiência.

PROPOSIÇÃO DE ATIVIDADE PRIORITÁRIA

1 Mulher no campo de Trigo: procure na internet um vídeo buscando as palavras-chave "Mulher andando em campo de trigo" ou "woman walking in a wheat field". Descreva os aspectos visuais da cena incluindo palavras que transmitam a temperatura, horário, clima, céu e a descrição da pessoa incluindo o seu estado de espírito. Caso o vídeo não tenha som, procure adicionar uma descrição que possa incorporar o sentido da audição àquela cena.

SUGESTÃO DE VIDEO:
HTTPS://MIXKIT.CO/FREE-STOCK-VIDEO/WOMAN-WALKING-IN-A-WHEAT-FIELD-6120/

2 Anote em seu caderno de anotações uma descrição do lugar mais bonito em que você já esteve usando palavras sensoriais.

3 Faça o mesmo com o local mais feio ou triste que você visitou.

4 A pintura "Companhia, a alegoria dos cinco sentidos", produzida em 1660 por Willem van Herp, retrata uma cena em que os cinco sentidos estão representados através de seus personagens. Escreva um texto narrando essa cena com destaque para os eventos ou objetos e pessoas que envolvem os cinco sentidos.

CAPÍTULO 10 - EXPLORANDO OS CINCO SENTIDOS

Company (Allegory of Five Senses) - Willem van Herp

CAPÍTULO 11
DESCREVENDO PERSONAGENS

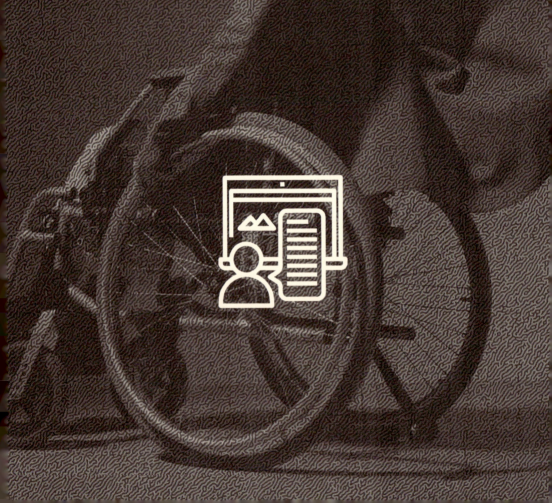

CAPÍTULO 11 - DESCREVENDO PERSONAGENS

Um protagonista é o principal personagem de uma história. Ele tem um objetivo a ser alcançado que vai depender de habilidades físicas, pessoais e emocionais como a superação de limitações interiores.

Na ficção, Bilbo Bolseiro, da trilogia O Hobbit, tinha um objetivo claro, que era o de ajudar os anões a conseguirem o tesouro da montanha.

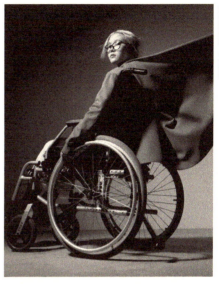

Cottonbro - Pexels

Na vida real o objetivo pode ser passar em um exame na escola, conseguir um emprego, vender um produto, conseguir conquistar alguém, enfim, é tudo aquilo que nos move depois de um desafio nos ser colocado e aceito.

Na vida real gostaríamos que tudo viesse fácil, mas quase nunca é assim. Temos que superar muitas dificuldades para atingir nossos objetivos.

Em uma história ficcional, a facilidade de atingir o objetivo pelo personagem é a maior inimiga do sucesso junto à audiência.

O mundo - Bem versus Mal - James Flagg

Quase sempre, o insucesso do protagonista está associado às suas fraquezas e deficiencias, que são evidentes e precisam ser trabalhadas. Já o sucesso está ligado à sua força e habilidades que muitas vezes ainda não foram desenvolvidas ou já existem, mas não foram aceitas.

Você já viu que o processo de mudança do personagem ao longo da história é aquele da aceitação da verdade sobre a mentira inicial e as ações decorrentes desse aceite.

A descrição de um personagem envolve o detalhamento de suas características físicas e o de seu lado interior, ou seja, seu caráter, temperamento, qualidades e defeitos, que formam sua personalidade. Como sugestão você encontrará a seguir mais de 300 características negativas e positivas que podem ser atribuidas a um personagem.

Alguns adjetivos podem mudar de conotação em função do contexto. Por exemplo, ser aventureiro pode ser positivo ou negativo. O mesmo vale para ambição. Uma pessoa ambiciosa pode usar essa característica para focar seus esforços e conseguir seus objetivos. A forma como isso é conseguido já é outra história.

QUALIDADES NEGATIVAS

Um personagem pode ser:

A Aborrecido, Abrasivo, Agressivo, Amaldiçoado, Ansioso, Arrogante, Artificial, Astúcia, Astuto, Avarento, Avarento, Ávido

B Básico, Barulhento, Beligerante, Brincalhão,

C Cabeça-quente Calculista, Cáustico, Cego, Chato, Ciumento, Comilão, Complexo, Compulsivo, Condenatório, Condescendente, Confiável, Controlador, Convencido, Covarde, Crédulo, Crítico, Cruel

D Dependente, Desagradável, Desavergonhado, Desapontador, Descuidado, Desdenhoso, Desesperado, Desleal, Desmancha-prazeres, Desobediente, Desonesto, Destrutivo, Difícil, Disrtuptivo, Distante, Distraído, Dogmático, Duro

E Egoísta, Empertigado, Enervante, Enganador, Errático, Esquecido, Estúpido, Exigente, Esquisito, Extravagante, Extremo

F Fanático, Fastidioso, Fixo, Fraco, Fraco de vontade, Frio

G Ganancioso, Glutão, Grosseiro, Guloso

H Hesitante, Hipócrita, Hostil,

I Ignorante, Impaciente, Imparcial, Impiedoso, Impraticável, Imprudente, Impulsivo, Incompetente, Indecente, Indeciso, Indiferente, Indiscreto, Infame, Infantil, Inflexível, Inibido, Inofensivo, Inseguro, Insensível, Insignificante, Insultante, Intenso, Intencional, Intolerante, Intrometido, Invejoso, Irresponsável, Irracional, Irreverente, Irritado, Irritante

J Jactancioso

CAPÍTULO 11 - DESCREVENDO PERSONAGENS

L Lento, Libertino

M Malcriado, Mal-humorado, Malicioso, Manhoso, Materialista, Mau, Mecânico, Melancólico, Melodramático, Mente estreita, Metido, Miserável, Molenga, Moroso, Mutável

N Não caridoso, Narcisista, Negligente, Nervoso, Neurótico

O Obsessivo, Obstinado, Odioso

P Paranóico, Passivo, Patético, Pequeno, Perverso, Pesado, Pessimista, Petulante, Pomposo, Preconceituoso, Predatório, Preguiçoso, Pretensioso, Procrastinar, Puritano

Q Quixotesco

R Rabugento, Reservado, Ressentido, Retraido, Rigido, Rigoroso, Ríspido, Rude

S Sádico, Sarcástico, Seletivo, Sem compaixão, Sem imaginação, Sem tato, Sinistro, Sombrio, Sórdido, Sorrateiro, Superemocional, Supercrítico, Superficial

T Tagarela, Taciturno, Teimoso, Temperamental, Temperamento curto, Tenso, Tolo, Truculento,

U Ultrajante

V Vadio, Vagaroso, Vago, Vaidoso, Vingativo.

Arthouse Studio - Pexels

QUALIDADES POSITIVAS

Um personagem pode ser:

A Aberto, Acessível, Adaptável, Afável, Agradável, Alegre, Altruísta, Amável, Ambicioso, Amigável, Amigável, Amoroso, Apaixonado, Arrumado, Articulado, Atencioso, Atencioso, Audaz, Autoconfiante, Autodisciplinado, Aventureiro, Ávido

B Balanceado, Bem-apessoado, Benevolente, Brilhante, Brilhante

C Cabeça-clara, Capaz, Carinhoso, Carismático, Cativante, Claro, Compassivo, Concentrado, Confiante, Confiável, Consciencioso, Considerado, Corajoso, Corajoso, Criativo, Cuidadoso, Culto, Curioso

- **D** Decente, Decisivo, Despretensioso, Destemido, Determinado, Digno, Diligente, Dinâmico, Diplomático, Disciplinado, Discreto, Disposto, Divertido, Durão

- **E** Educado, Eficiente, Eloquente, Empático, Encantador, Energético, Engenhoso, Engraçado, Entendimento, Entusiástico, Ereto, Escrupuloso, Esperto, Esperto, Espirituoso, Espontâneo, Esportivo, Estóico, Exuberante

- **F** Fácil de lidar, Fiel, Firme, Firme, Flexível, Forte, Franco

- **G** Generoso, Gentil, Genuíno, Gracioso

- **H** Hábil, Heróico, Honesto, Humilde

- **I** Idealista, Imaginativo, Imparcial, Incentivar, Incisivo, Independente, Indulgente, Inovador, Inteligente, Inteligente, Intuitivo, Inventivo, Invulnerável

- **J** Justo

- **L** Leal, Letrado, Liberal, Lógico

- **M** Maduro, Magnânimo, Mente aberta, Meticuloso, Minucioso, Moderado, Modesto

- **O** Obediente, Objetivo, Ordeiro, Organizado, Original, Otimista

- **P** Paciente, Pacífico, Perceptivo, Persistente, Persuasivo, Pioneiro, Plácido, Poderoso, Polido, Prático, Preciso, Protetivo, Profundo, Prudente, Pundtual, Puro

- **Q** Quente, Quieto

- **R** Racional, Relaxado, Reservado, Responsável, Romântico

- **S** Sábio, Saboroso, Seguro, Sensato, Sensível, Simpático, Sincero, Sociável, Sólido, Suave, Sutil

- **T** Tímido, Tipo, Tolerante, Trabalhador

- **U** Útil

- **V** Valente, Versátil, Vivaz.

Jennifer Enujiugha - Pexels

Agora tenho certeza de que você já sabe falar muito mal ou muito bem sobre alguém!

FALHAS

Mais do que suas qualidades, as falhas, imperfeições ou fraquezas do protagonista ou de outro personagem é que vão criar um vínculo forte com a audiência. Nós nos identificamos muito mais com os pontos negativos de um protagonista, pois na vida real é bem provável que já tenhamos enfrentado os mesmos problemas, medos e angústias que o personagem passa no filme ou livro.

Andrea Piacquadio - Pexels

Temos empatia por pessoas que lutam por um objetivo mesmo tendo fraquezas, ou por aquelas que fizeram algo errado, mas se mostram verdadeiramente arrependidas e dispostas a corrigir o seu ato. Nós podemos tornar um personagem falho amado pela audiência dependendo da forma como lidaremos com essa falha ao longo da história.

São as falhas do personagem que vão dar a matéria-prima para desenvolver o arco do personagem.

As falhas envolvem o comportamento e os pensamentos do personagem, assim como tem consequências.

As falhas influenciam o comportamento do personagem. Lembra de que o arco do personagem contém a verdade e a mentira? Uma falha de caráter pode fazer o protagonista ter uma visão distorcida da realidade ou ainda agir de forma destrutiva tendo graves consequências para a história.

As falhas podem ser classificadas em três tamanhos:

1 **Falha pequena:** é uma falha de caráter ou vício menor que não afeta a história de forma alguma.

2 **Falha grande:** é uma deficiência de caráter que realmente prejudica o personagem moral, mental ou fisicamente, e que causará consequências graves para se atingir o objetivo ou resolver a crise. Todavia, elas podem ser superadas.

3 **Falha fatal:** é uma falha que faz com que um personagem seja o responsável pela sua própria queda irrecuperável ou morte. As falhas fatais existem, pois o personagem enfrenta uma ou mais das seguintes situações:

- Não percebe que tem um problema;

- Reconhece o problema mas não pretende mudar;

- O tamanho da falha é tão grande que não pode mais ser mudada.

As sete maiores falhas de caráter de um personagem (e de todos nós) são:

1 **Arrogância:** Essa falha faz com que o personagem se sinta e se veja como melhor do que os outros. É um complexo de superioridade que o torna extremamente desagradável. Ninguém é tão bom quanto ele, mesmo que isso não seja verdade. A capacidade do personagem pode ser até real, ele é realmente competente no que faz, mas faz desse conhecimento um instrumento para humilhar e desmerecer outras pessoas.

CAPÍTULO 11 - DESCREVENDO PERSONAGENS

2   **Impaciência:** O personagem precisa passar por um treinamento ou aguardar uma oportunidade para continuar sua jornada, mas acha que já está pronto e acaba pondo em risco sua missão pela falta de preparo. Ele odeia esperar o tempo certo para agir. Acha que todo mundo o está impedindo de agir como deveria e quando quer.

3   **Martírio ou tormento:** O personagem se sente perseguido e injustamente culpado por algo que fez, mas que não reconhece como sendo de sua responsabilidade, que sempre atribui a culpa a outra pessoa. A responsabilidade é sempre de alguém, nunca dele.

A impaciência e o martírio estão relacionados com as nossas ações, que parecem sempre estar lutando contra os outros ou com a vida.

4   **Autodestruição:** Essa falha está associada com nossa existência e sua relação com a vida e sempre nos impede de nos sentirmos bem. O personagem parece nunca estar satisfeito com a vida e acha que tudo só vai piorar levando-o a uma situação de que viver é intolerável e, em muitos casos, só vai terminar o seu sofrimento com a própria morte.

5   **Ganância:** Também associada com a nossa existência, ela faz com que o personagem sempre queira mais de alguma coisa, mesmo que já tenha mais do que o suficiente. Essa obsessão pelo obter sempre mais causa uma eterna insatisfação e quase sempre o impele a usar de todas as formas possíveis para conseguir o que quer.

6   **Autodepreciação:** é um complexo de inferioridade ou percepção irreal das nossas habilidades existentes, fazendo com que achemos que não somos capazes de executar uma tarefa ou missão. Isso faz com que o personagem se ache inadequado e fadado ao insucesso e evite aceitar desafios.

7   **Teimosia:** é a falha onde a mudança é inaceitável. Sentimos necessidade de que as coisas sejam como são e não precisam ou devem ser mudadas. O personagem não muda de opinião ou não aceita mudar um comportamento ou atitude que são contrários a qualquer influência externa para modificação. Por exemplo, recebe um conselho de alguém mais experiente para que mude o que está fazendo, pois aquilo certamente não dará certo, mas continua a fazer pois acha que é o correto. Na vida real, a teimosia quase sempre acaba mal. Nas histórias ficcionais existem algumas exceções onde a teimosia do herói pode dar resultado, mas geralmente a teimosia o leva para uma situação pior que depois pode eventualmente ser recuperada.

fonte – Pixabay

A FALHA E O MEDO

Toda falha está associada com um medo. A impaciência envolve o medo de perder oportunidades, a arrogância ao medo da vulnerabilidade enquanto a ganância, com a insegurança e o medo da perda.

O martírio está relacionado com o medo de sermos inúteis, a autodepreciação ao medo da inadequação e a autodestruição ao medo do descontrole.

Sabendo disso, podemos criar situações para que o personagem enfrente esses medos e possa reagir positiva ou negativamente, mudando assim o arco da história e do personagem.

Lembre-se de que sem a crise não existe a história. Você não pode poupar o protagonista quando lhe atribui falhas. Seja cruel com ele. Se ele tiver que sofrer, que sofra bastante para depois se recuperar.

A HISTÓRIA DE BOBA FETT

Boba Fett era um caçador de recompensas que trabalhou para Jabba the Hutt, um dos vilões da trilogia original de Star Wars, que o contratou para capturar Han. Ele congela Solo após este ter sido capturado por Darth Vader e o entrega ao asqueroso Jabba. Ao tentar salvar Solo, Luke é preso e Jabba decide matá-lo jogando-o para um monstro da areia devorá-lo. Durante a cena, Luke Skywalker consegue salvar Solo e Boba Fett acaba sendo engolido pelo monstro, tendo sua morte como certa naquele filme. Ao todo ele aparece por 7:48 minutos nos filmes O Retorno de Jedi (1:16) e O Império Contra-Ataca (6:32).

CAPÍTULO 11 - DESCREVENDO PERSONAGENS

Cena de o Império Contra-ataca (1980). Direção: Irvin Kershner.

Boba Fett tem 4 falas em O Império Contra-Ataca:

1 **"Como quiser."**

— Boba Fett para Vader

2 **"E se ele não sobreviver? Ele vale muito para mim."**

— Boba Fett para Vader

3 **"Ele não é bom para mim morto."**

—Boba Fett para Vader

4 **"Coloque o Capitão Solo no porão de carga."**

— Boba Fett

No filme O Retorno de Jedi ele apenas dá um grito quando é arremessado em direção ao monstro da areia.

Sua participação foi insignificante naquela trilogia. Contudo, ele criou uma grande empatia junto aos fãs. Talvez seu figurino tenha sido o segredo. Seu capacete verde-oliva amassado sugeria um passado violento, e as diversas engenhocas e acessórios presos à sua armadura incluindo sua mochila-foguete sobre uma capa empoeirada, conferiram uma iconografia arquetípica irresistível.

Em paralelo aos filmes, os fãs curtiram muito o bonequinho de Boba Fett e sua fantasia era mais fácil de se fazer do que a dos stormtroopers, o que tornou mais fácil se caracterizar como ele nos grandes eventos de Star Wars.

O fato é que as animações e séries como A Guerra dos Clones (disponível nesse momento no canal de streaming Disney+), que contaram mais detalhes sobre sua vida, impulsionaram a simpatia pelo vilão.

O resultado é que quarenta anos depois do lançamento de O Império Contra-Ataca, a Disney lançou a série O Mandaloriano, onde Boba Fett faz uma aparição em que consegue recuperar sua icônica armadura verde e ajuda o protagonista a procurar o pequeno Grogu.

Os fãs enlouqueceram. Embora ele fosse originalmente um antagonista e vilão de segundo escalão na trilogia, ele se tornou um aliado honroso em O Mandaloriano mostrando que mesmo sendo um caçador de recompensas ele tem uma conduta moral, honrando seu compromisso com o protagonista da série.

Boba Fett ganhou uma série exclusiva de dez Episódios chamada O Livro de Boba Fett, onde agora é venerado como herói. Boba nunca foi apresentado como uma figura maligna na mesma linha do Imperador Palpatine ou Darth Vader, mas como um anti-herói, um mercenário disposto a trabalhar para quem o pagasse.

Na série, Boba passa por um arco de redenção, redescobrindo a compaixão e a honra depois de conviver com a tribo dos Tuskens no deserto. Mencionei Boba Fett pois é, para mim, um dos melhores exemplos de como um personagem pode ter o seu arco expandido, seus valores mudados e passar por uma incrível transformação.

PROPOSIÇÃO DE ATIVIDADE

Eu sou fã confesso de Star Wars e acho incrível o trabalho de criação das histórias paralelas à trama central, que nos proporcionam novas emoções com a série tantas décadas depois da exibição do primeiro filme, em 1977.

Portanto, recomendo que você assista (pelo menos) aos filmes da primeira trilogia, depois à série O Mandaloriano e finalmente a O livro de Boba Fett para ter uma visão ampla dessa inversão de papéis que Boba Fett teve.

CARÁTER

O caráter é o aspecto da personalidade de uma pessoa que define sua forma habitual e constante de agir. Ele pode ser entendido como a soma dos hábitos, virtudes e defeitos de uma pessoa e que definem sua moralidade, ou seja, como ela lida com o que é certo e errado de acordo com os padrões morais de uma sociedade. Em outras palavras, o caráter é um conjunto de traços ligados à moral de um indivíduo.

Uma pessoa que age de acordo com esses padrões sociais é considerada uma pessoa de bom caráter, já quem age de maneira oposta, desrespeitando tais valores é considerada um mau-caráter.

O caráter é construído ao longo do tempo e influenciado por fatores externos. É uma característica da personalidade que pode ser alterada ao longo do tempo devido a essas influências.

Você pode nascer em uma família de bandidos e ao longo da vida absorver outros valores e mudar. Por exemplo, uma pessoa que nasceu em uma família de mafiosos chega em um momento que decide abandoná-la, pois não se identifica com aqueles valores. O inverso também ocorre. Alguém que nasce em berço de ouro, tem a melhor formação e criação possível e, de repente, por influência de outras pessoas e do meio que começa a frequentar, torna-se um traficante, assaltante ou coisa pior.

EXEMPLO DE CARÁTER

Uma forma identificar o caráter da pessoa é testá-la com uma proposta que seria moralmente inaceitável.

Por exemplo, a pessoa trabalha como comprador de uma empresa e recebe uma proposta para fechar um contrato de compra com um valor maior do que os concorrentes e receber um suborno para participar do esquema. Essa pessoa tem mau-caráter se aceitar ou bom caráter se recusar.

fonte - Freepik

A pessoa recebe um troco errado, a mais, e depois de constatar o erro retorna o dinheiro. Essa pessoa tem bom caráter. Um jornalista recebe proposta para escrever uma matéria com fake news e se recusa a aceitá-la. Essa pessoa tem bom caráter.

TEMPERAMENTO

Às vezes confundimos caráter com temperamento. O temperamento é algo que já nasce conosco e determina como nos comportamos e manifestamos nossas emoções, sejam elas boas ou más. O temperamento não sofre mudanças significativas ao longo da vida.

Andrea Piacquadio - Pexels

Dizemos que alguém tem um temperamento explosivo quando não consegue controlar suas emoções, ou que tal pessoa tem um temperamento calmo por ser muito fácil de se lidar.

Você pode encontrar alguém que tem bom caráter, mas tem um temperamento forte e vice-versa.

CAPÍTULO 11 - DESCREVENDO PERSONAGENS

Uma pessoa pode ser descrita como tendo um temperamento ruim quando tem um comportamento e reação negativo diante de uma situação. Por exemplo, duas pessoas andando na rua se esbarram. Uma delas reage xingando a outra e querendo até agredi-la. Isso é um exemplo de mau temperamento.

Existem quatro tipos principais de temperamento com qualidades positivas e negativas.

1 **Sanguíneo;**

2 **Fleumático;**

3 **Colérico;**

4 **Melancólico.**

SANGUÍNEO

É aquele expansivo, otimista e impulsivo. Pessoas com esse tipo de temperamento são comunicativas, entusiastas e adaptáveis. São pessoas interativas, extrovertidas e normalmente gostam de atenção. Negativamente são muito impulsivas, superficiais e exageradas.

Extrovertidos e sensíveis, os sanguíneos são indivíduos que não passam despercebidos, pois são espontâneos e gostam de interagir.

FLEUMÁTICO

É o temperamento de quem é pacífico, dócil e sonhador. São pessoas controladas, observadoras e disciplinadas. Costumam avaliar muito bem uma situação antes de agir. Essas características as tornam confiáveis e equilibradas. Por outro lado, são metódicas e resistentes às mudanças e críticas.

COLÉRICO

Este temperamento é característico de uma pessoa explosiva, dominadora e ambiciosa. São ótimos planejadores e realizadores e trazem o traço da impulsividade e energia. São práticos e normalmente com características de liderança, devido ao traço dominante. Por outro lado, são extremamente impacientes, intolerantes e acham que o mundo gira em torno delas.

MELANCÓLICO

Quem possui esse temperamento é tímido, criativo e solitário. São pessoas detalhistas e introvertidas, mas com uma sensibilidade à flor da pele. São desconfiados e gostam de trabalhar sozinhos. Embora confiáveis e dedicados, são também egoístas e pouco flexíveis.

Juntos, o temperamento e o caráter formam nossa personalidade. O temperamento nasce com a pessoa e o caráter é aprendido.

FINALIZANDO

Ufa! Como o ser humano é complexo, não? Nós nascemos com boas e más qualidades que nos tornam únicos. Vivendo em sociedade temos normas de conduta e moral que constantemente nos desafiam e nos rotulam em função de nosso comportamento.

O que é inaceitável em uma sociedade, em outra pode ser absolutamente válido. A sensação que temos é que precisamos melhorar sempre, do momento em que nascemos até o nosso último suspiro.

Sempre temos um atributo negativo para examinar e tentar melhorar. Talvez alguns nunca cheguem a ser testados, mas outros nos oferecerão uma oportunidade de crescimento ou diminuição em nossa jornada.

Avaliar nossas características pessoais é um bom começo para decifrar nosso próprio personagem na vida. Temos uma tendência a julgar as pessoas pelas aparências e imaginar que após alguns instantes de contato já podemos imaginar como elas são.

Normalmente isso quase nunca funciona. Como diz o ditado, as aparências enganam. Por isso podemos, como contadores de histórias, trabalhar com essas características e levar nossa audiência a acreditar em algo que não é real ou tirar conclusões precipitadas que a surpreenderá ao longo da história.

A descrição de um personagem pode levar todos a acreditarem que a pessoa tenha um bom caráter, mas suas atitudes ao longo da história mostrarão o contrário. A personalidade mostra o que você é por fora ou o que você é para o mundo, o caráter revela o que você é por dentro e o temperamento é a forma como você reage às situações que enfrenta.

PROPOSIÇÃO DE ATIVIDADE PRIORITÁRIA

1. Descreva como você percebe o caráter e temperamento de Luke Skywalker e de Harry Potter.

2. Com base na descrição das falhas de caráter apresentadas neste capítulo anote em seu caderno quais você acredita possuir (se disser que não possui nenhuma, pode anotar aí: arrogância). Se sentir dificuldade em identificar, uma sugestão que faço é compartilhar isso com alguém em que confia e pedir para que te descreva sob esse aspecto.

3. Como você se define em termos de temperamento? Anote em seu caderno. Peça ajuda também se for o caso.

4. Quais são suas maiores qualidades? Se tiver dificuldade compartilhe também essa atividade com alguém de confiança. O importante é que você anote essas informações.

5. Você tem aqui fotos de três pessoas. Com base no que vê descreva individualmente cada uma. Crie um nome para elas, faça a descrição física e através da sua percepção inicial faça uma descrição das qualidades e falhas que elas poderiam ter. Imagine o que essas pessoas fazem e em que época vivem. Um puro exercício de imaginação.

Cottonbro - Pexels

Essa tarefa é essencial para as atividades propostas do próximo capítulo.

CAPÍTULO 12
DESCREVENDO CENÁRIOS

DESCREVENDO UM LOCAL

O cenário é o local físico onde se passa a história e pode informar o tom ou clima de uma história. Lembre-se de que você está tentando pintar um quadro na mente do leitor. Isso significa que todos os locais exigem algum nível de descrição, uma sala simples, uma garagem ou uma cena de batalha espacial.

Por exemplo, uma história ambientada durante um dia ensolarado em um lindo jardim estará predisposta a um clima ou sensação feliz ou despreocupada; um quarto de hotel sofisticado induz uma cena com requintes e indulgência; enquanto uma história ambientada em um castelo mal-assombrado estará predisposta a causar uma sensação de tensão ou medo.

Atmosfera é a descrição da sensação que um lugar ou ambiente passa. Se um restaurante tem iluminação suave e música tranquila, tem uma atmosfera agradável e relaxante.

Uma masmorra de um castelo normalmente é escura, fria e com cheiro desagradável mostrando uma atmosfera sombria e assustadora.

O QUANTO DESCREVER UM CENÁRIO?

Podemos pensar que quanto mais detalhes, melhor será, mas isso não é verdade. Em um livro você pode tornar um texto desinteressante se gastar muitas linhas descrevendo um local que não tem relevância para a história ou, em um filme, gastar muito tempo mostrando detalhes de um cenário onde não acontecem eventos importantes.

O tamanho da descrição depende da importância da locação. Por exemplo, se um personagem está caminhando por uma rua indo do ponto A para o ponto B fazendo apenas um deslocamento, a rua não precisa ser descrita em detalhes. Agora, se aquela rua faz parte da vida do personagem, ele passa por ela todo dia, interage com pessoas ao caminhar, aí sim uma descrição mais detalhada é necessária.

Lembre-se também de quem é a audiência e do tempo disponível para absorção da informação.

Se você for escrever um discurso e contar alguma história e tem um tempo determinado para fazê-lo, o nível de detalhes terá de ser ajustado.

Uma boa prática para entender como a descrição textual de um ambiente é relevante é comparar um livro com um filme. Ali poderá analisar como um local foi descrito e como ele foi criado para ser filmado.

Tuấn Kiệt Jr - Pexels

Com isso verá como adaptações são feitas em função da visão do diretor e dos recursos de produção disponíveis.

No começo do livro pedi para você assistir ao filme Da Terra à Lua, filmado no começo do século passado e baseado no livro homônimo de Julio Verne. Se esse livro tiver uma nova versão para o cinema produzida com a tecnologia disponível hoje, tenho certeza de que visualmente seria muito diferente.

Veja como a descrição de um local foi feita em um livro e como foi representada no filme. A seguir a passagem onde Harry Potter conhece o Beco diagonal, extraída do livro Harry Potter e a Pedra filosofal, páginas 51 e 52, publicado no Brasil pela Editora Rocco:

"O sol brilhava forte em uma pilha de caldeirões do lado de fora da loja mais próxima. Caldeirões – Todos os tamanhos – Cobre, Latão, Estanho, Prata – Auto-mexediço – Dobrável, dizia uma placa pendurada sobre eles.

'Sim, você vai precisar de um,' disse Hagrid, 'mas nós temos que pegar seu dinheiro primeiro'

Harry desejou ter mais oito olhos. Virou a cabeça em todas as direções enquanto subiam a rua, tentando ver tudo ao mesmo tempo: as lojas, as coisas do lado de fora, as pessoas fazendo compras. Uma mulher gorda do lado de fora de uma farmácia balançava a cabeça quando eles passavam, dizendo: 'Fígado de dragão, dezessete sicles por onça, eles endoidaram...'

Um pio baixo e suave veio de uma loja escura com uma placa dizendo 'Empório das Corujas'. Vários garotos mais ou menos da idade de Harry estavam

CAPÍTULO 12 - DESCREVENDO CENÁRIOS

com o nariz pressionado contra uma janela com cabos de vassoura. 'Olhe', Harry ouviu um deles dizer, 'a nova Nimbus 2000 - a mais rápida de todas'.

Havia lojas vendendo roupões, lojas vendendo telescópios e estranhos instrumentos de prata que Harry nunca tinha visto antes, janelas empilhadas com barris de baços de morcegos e olhos de enguias, pilhas cambaleantes de livros de feitiços, penas e rolos de pergaminho, garrafas de poções, globos da lua...

'Gringotes,' disse Hagrid.

Tinham chegado a um edifício muito branco que se erguia acima das outras lojinhas...

Agora veja como o beco foi apresentado no filme:

Produção: David Heyman. Produtora: Heyday Films: Distribuição Warner Bros Inglaterra (2001)

Harry Potter e a Pedra Filosofal. Direção: Chis Columbus. Produção: David Heyman. Produtora: Heyday Films: Distribuição Warner Bros Inglaterra (2001)

SINAIS DE QUE UM CENÁRIO OU LOCAÇÃO DEVE SER MAIS OU MENOS DETALHADO

Se mais de uma cena ocorre em certo lugar, talvez a locação seja importante e deve ser descrita apropriadamente, de uma vez, ou aos poucos, revelando seus detalhes. Por exemplo, em algumas séries de TV os personagens costumam frequentar um bar, ou boa parte das cenas se passa em uma redação, delegacia de polícia, base espacial...

Uma locação é usada em apenas uma cena, mas ela é essencial para a história. Esse local é importante para ser detalhado.

Uma cena se passa em um local, mas o local não é importante para a história. Por exemplo, acontece em um restaurante, mas poderia ser em qualquer restaurante. Esse local não é importante para ser detalhado.

DESLOCAMENTOS

A não ser que o transporte utilizado seja o cenário onde a maior parte do filme ocorrerá, não é necessário detalhá-lo. Por exemplo, um personagem vai de Los Angeles para Nova York de avião e nada de especial acontece durante a viagem. É uma cena trivial que não merece detalhamento do avião ou do voo.

Agora, se a história se desenvolve dentro dele, aí sim especificar características e detalhes são importantes. Vários filmes de ação ou policiais ocorrem dentro de aviões em situações de sequestros aéreos ou catástrofes.

Por exemplo, o livro e filme Assassinato no Expresso do Oriente, de Ágata Christie, se passa integralmente dentro de um trem na viagem entre Istambul e Londres. Lá a descrição dos ambientes do trem foi fundamental para o estabelecimento das cenas.

O local é importante para a história. Por exemplo, uma cena de crime deve ser bastante detalhada, pois as evidências relatadas lá são importantes para a solução do mistério.

Um escritório pode conter uma estante de livro que dará indicações da profissão ou preferências e interesses de seu ocupante, e isso pode ser relevante para a história, ou simplesmente tratar-se de onde ele trabalha, o que poderia ser em qualquer escritório.

CAPÍTULO 12 - DESCREVENDO CENÁRIOS

Suficiente é a palavra mágica para descrever um local. Em um texto, não gaste parágrafos e mais parágrafos para a descrição se aquilo não tiver importância para a história.

A descrição também não precisa vir toda de uma vez. Podemos fazer uma descrição geral e ao longo de outras cenas introduzir mais detalhes.

ADJETIVOS PARA DESCREVER UM LOCAL

Uma cidade movimentada pode ser atraente para alguns ou desinteressante para outros. O oposto também é válido, um local calmo e pacato pode ser horrível para quem quer agito e perfeito para quem quer descansar.

Portanto ao descrever o lugar contextualize para deixar claro o lado positivo ou negativo do adjetivo. Ao usar um adjetivo você está pintando um quadro que vai causar uma boa ou má impressão para a audiência.

NEGATIVAMENTE:

Abandonado, Acabado, Assustador, Caro, Chato, Contaminado, Desabitado, Desagradável, Desértico, Desocupado, Desinteressante, Desolado, Em mau estado, Feio, Gelado, Horrível, Lotado, Maçante, Perigoso, Pesadelo, Poluído, Repugnante, Sombrio, Sujo, Tempestuoso, tempestuoso, Turbulento, Vazio.

POSITIVAMENTE:

Aconchegante, Agitado, Agradável, Agradável, Animado, Antigo, Atraente, Barulhento, Bonito, Calmo, Caseiro, Cativante, Cênico, Cheio de vida, Confortável, Convidativo, Cosmopolita, Delicioso, Elegante, Encantador, Espaçoso, Espartano, Fascinante, Fresco, Intocado, Luxuoso, Magestoso, Minimalista, Místico, Moderno, Pacífico, Pitoresco, Quente, Quieto, Sedutor, Simpático, Tradicional, Vibrante, Vivo.

PAISAGENS

Paisagens podem receber adjetivos adicionais aos que acabamos de ver. Veja só alguns que selecionamos.

Atordoante, Bucólica, Cativante, Celestial, Cintilante, De tirar o fôlego, Deslumbrante, Destruída, Devastada, Elevada, Encantadora, Ensolarado, Espetacular, Florescência, Glorioso, Idílico, Imaculado, Intocada, Majestoso, Maravilhosa, Montanhosa, Panorâmica, Próspera, Vasto, Verdejante, Viçosa, Virgem, Serena.

DESCREVENDO UMA CENA NA PRÁTICA

Você pode estar achando que quero torná-lo um roteirista de cinema ou escritor de livros, mas realmente não é essa a intenção. Já disse isso antes.

Contudo, a riqueza da sua narrativa é essencial, não importando qual seja o meio em que ela for exibida. Nos próximos capítulos vamos deixar as palavras para trás e adentrar no mundo das narrativas audiovisuais. Elas transformarão palavras em imagens com movimento, levarão letras e parágrafos através da voz pelas ondas do rádio ou da internet.

É a sua capacidade de transformar ideias em palavras que dará inicio a tudo.

No capítulo anterior pedi para você livremente descrever três pessoas com base no que vimos sobre caráter e temperamento.

Agora vou contar o verdadeiro perfil delas.

Cottonbro - Pexels

O homem de chapéu é **Reno Smith**, um detetive particular que tem um escritório em um prédio localizado em Chicago, no qual passa a maior parte do tempo quando não está em campo investigando um caso. Reno foi policial por cinco anos em Detroit. Por não concordar com a forma parcial com que seu chefe lidava com muitas investigações, decidiu sair da equipe de detetives. A morte de seu parceiro foi a gota d'água para tomar a decisão. Ele foi morto em uma emboscada, pois seu chefe não aceitou que as informações que havia recebido de Reno sobre o local onde seu parceiro foi morto tratava-se de uma armação de uma gang local. Resolveu montar seu escritório em Chicago, onde o crime organizado era muito forte e muitos casos ficavam em aberto, podendo se tornar uma oportunidade para seu negócio.

CAPÍTULO 12 - DESCREVENDO CENÁRIOS

A moça é **Emily Thompson**, filha única de um rico industrial da cidade. Depois de estudar Economia em Paris voltou para Chicago com a ideia de trabalhar nas empresas do pai. Bonita e inteligente, Emily não se intimidava com desafios, mas tinha uma área da sua vida que parecia nunca estar bem: a sentimental. Apaixonava-se facilmente e quase sempre pelo cara errado. Com um pai ausente durante quase toda sua vida, não tinha muitas referências masculinas, o que dificultava seu julgamento sobre seus parceiros. Naquele momento estava começando a se envolver com alguém, mas desconfiada da história pessoal que ele lhe contou, decidiu que precisava investigar mais sobre ele antes. Essa mudança de atitude mostrou que os anos em Paris lhe trouxeram maturidade.

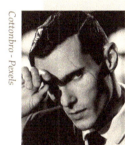

Jason Longobardo, por quem Emily está interessada, diz ser um advogado de Nova York que está passando algum tempo em Chicago para ajudar nos negócios do tio, que possui dois restaurantes na cidade. É charmoso, envolvente e muito misterioso. Seu passado parece estar trancado atrás de uma muralha intransponível. Respostas vagas começaram a incomodar Emily, que se dividia entre a atração e a precaução com o novo pretendente.

PROPOSIÇÃO DE ATIVIDADE PRIORITÁRIA

CENA 1: Agora sua tarefa será baseada nas fotos exibidas a seguir. Você deverá contar uma cena do encontro de Emily com Reno Smith em seu escritório em Chicago. Ela pretende contratá-lo para descobrir mais sobre a vida de Jason Longobardo. Ao final, Reno Smith aceita o trabalho. Aqui você poderá descrever o local com detalhes físicos e ambientais, clima e outras características que julgar necessário.

1. As imagens não estão em nenhuma ordem específica. Cabe a você contar como seria essa cena com sua pura imaginação;
2. Você deve narrar a cena na terceira pessoa;
3. Você não precisa usar e descrever todas as imagens;
4. Essa cena sucede a introdução dos personagens da nossa história. Portanto é importante contar a história de cada um, como fiz há pouco, usando sua imaginação para criar alguma variação. As cidades mencionadas não podem mudar;
5. Você não tem quantidade mínima ou máxima para escrever.

Essa é uma atividade para você começar a imaginar e escrever situações baseadas em uma informação visual que está recebendo.

Não se preocupe, nesse momento, com requintes gramaticais. Escreva livremente. O importante aqui é começar. Nós iremos usar esse texto mais adiante. Então crie coragem e se desprenda de qualquer inibição. Não caia na armadilha de que não está bom, senão nunca vai terminá-lo. Estamos nesse momento mais preocupados com a estrutura, não com as minucias ortográficas.

Organize inicialmente as imagens em uma ordem que você usará no texto, usando os números de referência das fotos. Por exemplo: fotos 7, 2, 12, 3, 5. Com essa sequência criada inicie a sua história.

CAPÍTULO 12 - DESCREVENDO CENÁRIOS

Cottonbro - Pexels

Considerando uma estrutura narrativa com começo, meio e fim, nessa etapa você está descrevendo o começo, ou seja, o mundo cotidiano, o personagem principal, Emily, o seu conflito e a busca de ajuda.

É importante fazer essa atividade, pois vamos completá-la nos próximos capítulos.

CAPÍTULO 13
STORYTELLING VISUAL

NARRATIVA VISUAL

Uma narrativa visual (visual *storytelling*) é uma história contada principalmente através do uso de mídia visual. A história pode ser contada usando fotografia, ilustração ou vídeo e pode ser aprimorada com gráficos, música, voz e outros áudios. (Wikipédia)

Mais do que consumidores de histórias, estamos cada vez mais nos tornando criadores de conteúdo digital. As fotos e vídeos que você publica nas redes sociais para compartilhar suas experiências fazem parte da sua narrativa digital pessoal.

O ***storytelling* digital** é a evolução da arte tradicional de contar histórias, incorporando os recursos tecnológicos digitais baseados em computação, o que inclui vídeos, animações, gráficos, áudio, imagens e fotos. Ou seja, enquanto o *storytelling* tradicional usa a abordagem contador de histórias/ouvinte, o storytelling digital é baseado em ferramentas digitais para se comunicar com o ouvinte.

O ***storytelling* convencional** é baseado em um narrador transmitindo ao vivo uma história fixa para uma audiência local, usando suas expressões, gestos e entonação verbal para cativar e despertar reações dos expectadores.

Cottonbro - Pexels

Se alguém faz uma live na internet narrando uma história, que é transmitida para uma audiência remota, isso ainda é o storytelling convencional — apenas o meio de apresentação mudou.

Outro conceito que precisamos entender é o do storytelling visual, que é aquele que usa imagens, gráficos, fotos e vídeos para ampliar o engajamento com a audiência.

Ou seja, o *storytelling* visual é uma narrativa que é contada ou exibida através do uso de meios visuais.

Com o avanço da digitalização de vídeos e imagens dos seus formatos originais, como fotos em papel ou rolos de filme, para formatos de arquivos digitais, é comum se mencionar a expressão storytelling digital. Quando alguém faz uma apresentação em powerpoint usando gráficos, imagens e incorporando vídeos, está fazendo uma apresentação que é tanto visual como digital.

A IMPORTÂNCIA DO STORYTELLING VISUAL

Se pensarmos um pouco, toda história é visual. O que os escritores mais querem é criar uma imagem visual com suas palavras, e é isso que você faz quando lê um livro.

A visão é tida por muitos como o mais importante sentido e 80% de nossas impressões vêm por ela. Do ponto de vista de sobrevivência, se o olfato e o paladar pararem de funcionar, são os olhos que nos protegem do perigo.

A capacidade de reter uma imagem é muito maior do que a de um texto ou áudio. Das cavernas aos manuscritos iluminados medievais, e de lá ao Youtube, uma história visual é uma ferramenta poderosa para comunicar o educar.

A forma de entregar uma história visual mudou bastante desde as primeiras pinturas rupestres, mas a psicologia humana de consumo visual nem tanto.

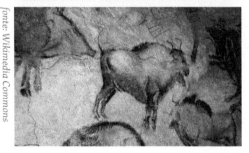

CAPÍTULO 13 - STORYTELLING VISUAL

Nas redes sociais o conteúdo visual recebe **94%** mais visualizações do que um texto puro.

90% da informação que o cérebro processa é visual, devido ao domínio da visão sobre os demais sentidos.

Conteúdo visual é compartilhado **40** vezes mais.

O consumidor retém **80%** do que vê contra **20%** do que lê

Considerando esses dados[1], fazer uso de recursos visuais em uma história é muito sensato e, diria ainda, essencial para termos mais sucesso como contadores de história.

Os filmes que começaram a ser criados há um século iniciaram um fenômeno que foi o consumo de histórias em massa. Assistir a um filme sempre foi fácil, mas criar um, mesmo que amador, exigia equipamentos caros e complexos até que chegou a era da internet e dos smartphones.

Em nenhum outro momento da história fomos capazes de criar, editar e compartilhar fotos e vídeos em escala pessoal e global.

---

1 Dados extraídos de Fast Company.
Disponível em: <https://www.fastcompany.com/3035856/why-were-more-likely-to-remember-content-with-images-and-video-infogr>. Acesso em 29 set. 2022.

AS ETAPAS DA CRIAÇÃO NARRATIVA VISUAL

Embora muitos dos leitores deste livro já sejam criadores de conteúdo digital (conscientes ou não), entender e planejar um fluxo criativo vai aumentar as chances de uma história ter sucesso.

São sete as etapas da produção narrativa audiovisual digital:

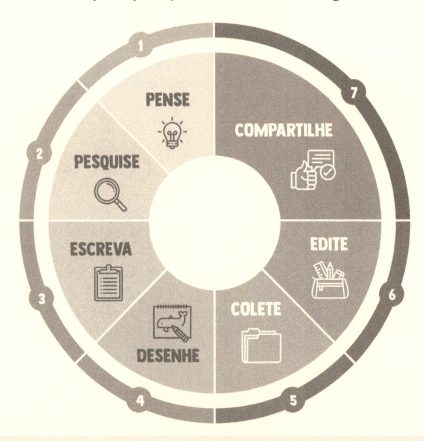

1. **Pense:** e coloque a ideia por escrito. Uma ideia só se torna algo concreto quando sai de nossa cabeça para um meio físico. Escreva pelo menos um parágrafo com a ideia geral ou um resumo;

2. **Pesquise:** faça pesquisas sobre o tema ou a ideia para ampliar sua visão, validar informações sobre o tema e evitar propagar uma notícia falsa (fake news). Faça anotações sobre o que for relevante e salve páginas da internet para futuras releituras;

CAPÍTULO 13 - STORYTELLING VISUAL

3 **Escreva:** um roteiro ou enredo da história que será contada visualmente. Isso serve como o guia para a produção da história;

4 **Desenhe:** crie um storyboard, quando for o caso, para facilitar a visualização da história e seu desenvolvimento;

5 **Colete:** crie ou busque pelos elementos audiovisuais da história incluindo imagens, gráficos, sons, músicas e vídeo;

6 **Edite:** monte sua história. Dependendo do conteúdo, é possível que você tenha que usar um editor de fotos, um editor de vídeo ou um programa de apresentação para transformar o seu enredo em uma história visual;

7 **Compartilhe:** use suas redes sociais para distribuir sua história.

Nos próximos capítulos vamos abordar conceitos e práticas usadas para a criação de histórias digitais e visuais usando as ferramentas de que dispomos nesse começo de século XXI.

Agora iremos desenvolver uma história dos personagens apresentados no capítulo anterior com base nas imagens que serão mostradas a seguir. Será um exercício para a sua criatividade baseado em um estímulo visual.

PROPOSIÇÃO DE ATIVIDADE PRIORITÁRIA

Espero que você tenha escrito a cena do encontro de Emily Tompson e Reno Smith. Se não o fez, agora é a hora, antes de continuar.

A seguir darei mais detalhes para a segunda parte da história que estamos construindo juntos.

Você encontrará a seguir diversas fotos, exibidas sem nenhuma sequência específica. Construa a história livremente partindo do pressuposto de que Reno Smith, depois de aceitar o trabalho, pediu para seu primo, Tim Smith, que mora em Nova York e é policial, investigar o passado de Jason Longobardo.

Ela possui três cenas. Duas serão criadas através da inspiração das fotos mostradas a seguir em Nova York e Chicago. A terceira cena você terá de criar usando apenas sua imaginação e será consequência das cenas anteriores.

Você precisa considerar aqui, do ponto de estrutura narrativa, a estrada de desafios, os aliados, o conflito máximo e a resolução do conflito.

STORYTELING: CATIVANDO COM A NARRATIVA

1 Emily fica com Jason?

2 Emily se afasta?

3 O que Reno descobriu?

4 O que Jason faz realmente em Chicago?

5 Qual foi a história de Jason em Nova York?

6 A história tem um final previsível ou imprevisível?

Crie uma história baseada na seleção de fotos mostradas a seguir. Depois de analisar as fotos, use sua criatividade para imaginar a continuação da história.

Escolha uma sequência de fotos e usando o seu número de referência, escreva o texto (indicando o número da foto) ao qual ele se refere

CENA 2 DE NOVA YORK

Sugestão de possíveis cenários:

• Jason (tinha/não tinha) um caso amoroso com uma chinesa, Yasmin Lee;

• Ela (era/não era) sobrinha de um chefe do crime em Chinatown, em New York, chamado Fon Lee;

• Yasmin (tinha/não tinha) uma relação paralela com Jessica Parker (triângulo amoroso?);

• Um carregador de malas suspeito no hotel;

• Jason não tinha uma cicatriz (será que algum dos fatos pode ter levado àquela marca em seu rosto?);

• Um encontro entre o líder criminoso chinês e alguém da máfia italiana de Chicago/Nova York).

Essas são apenas sugestões que podem ser alinhavadas ou deixadas de lado para que você crie algo diferente, mas baseado nas fotos que selecionar.

A história que você criar para a cena de Nova York fornecerá elementos para as cenas seguintes.

CAPÍTULO 13 - STORYTELLING VISUAL

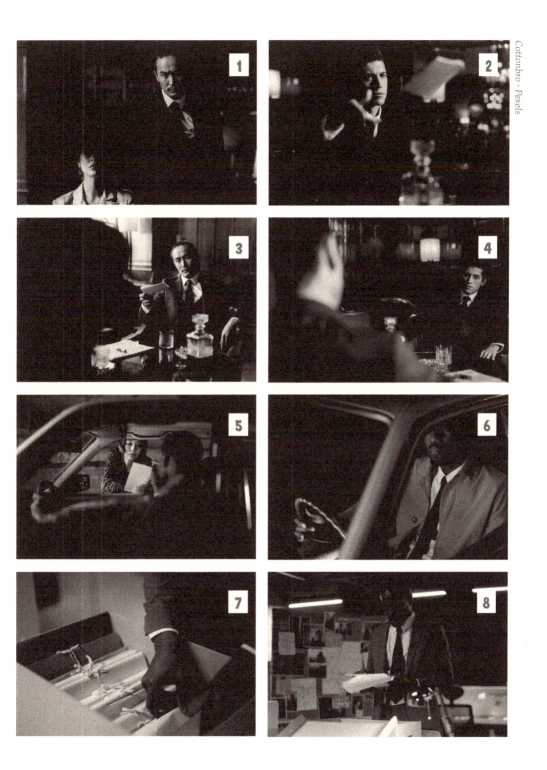

Cottonbro - Pexels

- 181 -

STORYTELING: CATIVANDO COM A NARRATIVA

Cottonbro - Pexels

- 182 -

CAPÍTULO 13 - STORYTELLING VISUAL

- 183 -

CENA 3 DE CHICAGO

Na cena 1, Emily contrata Reno Smith. Na cena 2 você tem os eventos passados em Nova York e na cena 3 estamos de volta a Chicago para concluirmos a história.

Essas cenas de Chicago podem sugerir diferentes caminhos:

• Depois do encontro no escritório de Reno Smith, Emily combina um encontro com Jason em um restaurante para que ele possa complementar sua investigação;

• Jason pode desconfiar de Reno e ameaçar/não ameaçar o detetive;

• Depois de saber do passado de Jason (que você criou na cena anterior), Emily se encontra com Jason no restaurante e o confronta armada;

• Reno ouve a conversa do casal através de um microfone escondido na mesa;

Fique à vontade para criar outras opções.

Esta cena deve conter o maior conflito da história e rumar para o desfecho, que você contará na cena final.

Cottonbro - Pexels

CAPÍTULO 13 - STORYTELLING VISUAL

Cottonbro - Pexels

- 185 -

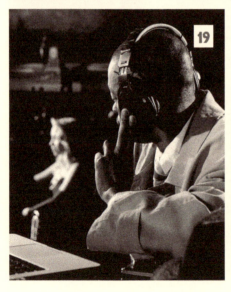

CENA 4 -- FINAL

Escreva agora como acaba essa história. Qual o destino de Jason e Emily? Será surpreendente? Você pode escolher qualquer caminho para o final.

Quando você terminar sua história, pode enviá-la para o e-mail ramalhoescritor@gmail.com. Eu gostaria muito de saber como foi o final da sua história e quais elementos acrescentou a ela. Realmente ficarei curioso em saber como terminará.

AMPLIANDO SUA EXPERIÊNCIA

As imagens contidas aqui no capítulo são suficientes para você desenvolver nossa atividade. Se quiser ter uma experiência mais imersiva e mais opções de fotos para se basear, vou passar um link onde você pode obter as fotos originais usadas aqui e que podem ser baixadas gratuitamente. Lembre-se de que o site pode não estar mais disponível quando estiver lendo.

Usei o site Pexels[2] e as fotos da conta Cottonbro, que possui mais de trezentas galerias temáticas. Coletei imagens das galerias com os nomes Noir, Hotel Service, Peaky Blinders e Detective. Você poderá treinar e praticar criando histórias para muitas das galerias que estão disponíveis no site.

---

2 Disponível em: https://www.pexels.com/pt-br/@cottonbro/collections/

CAPÍTULO 14
NARRATIVA AUDIOVISUAL

GRAMÁTICA

Conjunto de prescrições e regras que determinam o uso considerado correto da língua escrita e falada.

Em termos mais simples, podemos dizer que gramática é arte de colocar as palavras certas nos lugares certos. Se você escrever um texto gramaticalmente correto conseguirá que ele seja corretamente transmitido e evitará ou diminuirá más interpretações.

Jose P Ortiz - Unsplash

O audiovisual, assim como a língua escrita, tem uma gramática própria, não vinculada às letras, mas às imagens.

Entender os elementos dessa gramática visual dá, na criação de uma narrativa audiovisual, a mesma vantagem de um texto bem escrito.

Neste capítulo, que antecede a parte das narrativas digitais, vamos dar um embasamento sobre os elementos que compõem essa gramática.

Não tenho a intenção de aprofundar o tema, mas com os conceitos abordados aqui, seu olhar para as imagens que se movimentam nunca mais será o mesmo.

Vimos nos capítulos anteriores que palavras escolhidas apropriadamente despertam ou induzem emoções e sentimentos. Esse mesmo princípio vale para as imagens. A quantidade de informação exibida em uma cena, o seu ângulo de visão e a sua sequência causam o mesmo efeito. Use corretamente e todos vão chorar emocionados, use inadequadamente e todos vão ignorar.

Um pintor tem uma tela em branco ao seu lado e, olhando para uma paisagem que está à sua frente, transfere ou adiciona partes dela à tela em branco usando seus pincéis.

Quando um fotógrafo profissional faz o clique, ele analisou o que via à sua frente e fez um recorte, ou seja, tirou um pedaço da cena e a transferiu para um fotograma ou mídia digital. A expressão **tirar fotografia** vem desse conceito.

Essas duas fotos mostradas a seguir fiz no Taj Mahal, na Índia, e ilustram esse conceito. A artista sentada no chão transferia para o papel em branco os primeiros traços do mausoléu. Eu por minha vez, ao lado dela, o recortei da imagem maior ao qual ele pertencia.

Os conceitos que serão apresentados aqui valem para a criação de imagens em forma de foto ou vídeo, dois elementos essenciais do áudio visual.

COMO VEMOS O MUNDO

Como indivíduos, registramos através da visão uma imagem com um único ponto de vista, que corresponde à nossa posição física em relação ao cenário ao nosso redor. Não temos um zoom em nossos olhos para aproximar objetos, tampouco os olhos dessincronizados de um camaleão, que se movem em diferentes direções e registram duas imagens ao mesmo tempo. Em outras palavras, como "equipamento" de gravação de imagens, nossa anatomia nos permite apenas um ponto de vista (*point of view* em inglês).

Meu objetivo com este capítulo, agora confesso, é libertá-lo dessa visão monocular do ambiente que o cerca e incentivar a prática da visão cinematográfica do seu cotidiano. Se eu conseguir, você nunca mais verá o mundo da mesma forma. Essa visão plana e tubular passará a ser multidimensional ou, como está em moda por esses tempos, em 360 graus. Para tal vamos começar a entender os elementos da gramática audiovisual.

ELEMENTOS DA GRAMÁTICA VISUAL

QUADRO

Também conhecido como fotograma em filmes analógicos ou frame em meios digitais, é uma das imagens que compõem um registro audiovisual. Cada segundo de um filme é formado pela exibição sequencial de, por exemplo, 24 quadros, ou seja, naquele segundo de filme que passou foram mostrados 24 quadros ou imagens estáticas, mas que ao serem exibidas causam a sensação de movimento. Em inglês um filme é chamado de motion picture, ou imagem em movimento.

fonte – Pixabay

PLANO

É um trecho contínuo de um filme antes de um corte para outra imagem. Como exemplo de plano imagine que você está na calçada e filma por cinco segundos um carro que está parando — ou seja, você pressionou o botão REC (gravar) e após cinco segundos apertou o botão STOP (parar) para encerrar a filmagem. Depois se movimenta alguns passos e filma a pessoa abrindo a porta e saindo por quatro segundos. Aí fica um pouco mais distante e filma por seis segundos a pessoa que saiu do carro atravessar a rua olhando para o celular. Nesse exemplo, você criou três planos, um com cinco segundos, outro com quatro e um terceiro com seis segundos.

Uriel Mont - Pexels

Você já deve ter visto em algum filme o diretor gritar "Ação" e os atores começarem a falar ou se movimentar, além do famoso "Corta!" para terminar a gravação. Também deve se lembrar que algumas vezes o ator erra a fala e precisa fazer uma nova tomada.

TOMADA

É o ato de filmar o mesmo plano. Em um filme normalmente o diretor faz diversas tomadas (ou takes em inglês) do mesmo plano para ter mais opções durante a edição. Agora você sabe para que serve a claquete, aquela placa que é filmada no começo de cada plano. Ela indica de qual CENA o plano faz parte e qual o número de sua tomada. Quando se usa rolo de filme (em cinema) se coloca também o número do rolo.

CENA

É uma ação que ocorre num mesmo espaço e tempo e pode ser composta de um ou mais planos. No exemplo que demos há pouco sobre plano, podemos chamar de cena a sequência dos três planos da pessoa e o carro e dar um título como "Chegada ao trabalho". Em "Harry Potter e a Pedra Filosofal" temos a cena "Jogo de Xadrez" que é composta de diversos planos ou a do "Beco Diagonal".

SEQUÊNCIA

É uma unidade dramática composta por uma ou mais cenas. Em Star Wars — Uma Nova Esperança existe a sequência da fuga de Tatooine, que começa com chegada de Kenobi e Luke ao bar em Mos Eisley e vai até o momento que fogem dos caças imperiais e entram no hiperespaço com a nave Millenium Falcon.

Diana Titenko - Pexels

ENQUADRAMENTO

Assim como numa pintura a óleo, ou em uma fotografia, um filme também decide o que o expectador irá ver do cenário que está à frente da câmera. Ou seja, o campo de visão do expectador é aquele limitado pelo enquadramento da imagem.

Na imagem da praia, as flores e o celular estão no campo e o céu, o mar e o resto da praia estão no extracampo da imagem.

O enquadramento é composto por dois elementos, o tipo de plano utilizado e o ângulo da câmera em relação ao assunto principal.

TIPOS DE PLANO

Os tipos de plano indicam o tamanho ou a quantidade de imagens que serão colocadas no quadro. Aqui colocaremos a nomenclatura mais comum em português e o seu equivalente em inglês. Você encontrará mais subtipos e variações dessas nomenclaturas. O que importa é guardar o conceito delas.

GRANDE PLANO GERAL (GPG)
EXTREME LONG SHOT (ELS)

Mostra o máximo possível de um cenário, onde os personagens são imperceptíveis.

PLANO GERAL (PG)
LONG SHOT (LS)

Mostra uma paisagem ou cenário completo onde a figura humana ocupa uma parte menor da imagem, normalmente de corpo inteiro.

PLANO DE CONJUNTO (PC)

É um pouco mais fechado que o Plano Geral. Mostra um grupo de pessoas que ocupam a maior parte do quadro.

PLANO AMERICANO (PA)
MID LONG SHOT (MLS)

Mostra uma pessoa da cabeça até a altura do joelho.

PLANO MÉDIO (PM)
MID SHOT (MS)

Mostra uma pessoa da cabeça até a cintura.

**PRIMEIRO PLANO (PP)
CLOSE-UP (CU)**

Mostra o rosto da pessoa com enquadramento a partir do ombro.

**PLANO DETALHE (PD)
EXTREME CLOSE-UP (ECU)**

Mostra detalhes do rosto ou de um objeto.

**PLANO SOBRE O OMBRO
OVER THE SHOULDER (OTS)**

Mostra uma pessoa sendo vista por trás do ombro de seu interlocutor.

ÂNGULOS DA CÂMERA

É a posição da câmera em relação ao assunto que está sendo fotografado. Ou seja, depois de definir o que mostrar, agora vamos definir de onde mostrar. Ele pode variar na vertical, horizontal e lateralmente.

**ÂNGULO NORMAL
(EYE LEVEL)**

A câmera fica na altura dos olhos da pessoa ou no ponto médio de um objeto.

ÂNGULO ALTO OU PLONGÉE (HIGH)

A câmera fica mais alta do que a pessoa ou objeto. Transmite a sensação de fragilidade ou submissão.

Arquivo pessoal

ÂNGULO BAIXO OU CONTRA-PLONGÉE (LOW)

A câmera fica mais baixa do que a pessoa ou objeto. Transmite a sensação de poder ou grandeza.

POSIÇÃO DA CÂMERA: FRONTAL

A câmera está na frente do assunto filmado.

POSIÇÃO DA CÂMERA: LATERAL

A câmera fica na lateral da pessoa ou objeto.

POSIÇÃO DA CÂMERA: TRASEIRA

A câmera está atrás da pessoa ou objeto.

A combinação de um plano com o ângulo da câmera define o enquadramento final. Por exemplo, podemos fazer um Plano Médio com um ângulo Alto ou um Plano Detalhe com um ângulo Baixo.

MOVIMENTO DA CÂMERA

Definido o enquadramento, agora só falta pensar no movimento da câmera para gravar o plano. O movimento envolve o deslocamento (ou não) da câmera em relação ao assunto principal que está sendo filmado.

TIPO: FIXO

Ação: A câmera permanece fixa em um tripé ou apoio. Não há nenhum deslocamento ou movimento físico dela.

TIPO: PANORAMA

Ação: A câmera em um ponto fixo faz um movimento em cima de seu eixo da esquerda para a direita ou ao contrário.

Situação: Você pode, em uma rua, mostrar os carros vindo de uma direção, passando à sua frente, e continuando para o outro lado.

TIPO: TILT

Ação: A câmera se mantém em uma posição fixa e faz um movimento para cima ou para baixo.

Situação: Você está parado em uma calçada e filma um prédio do outro lado da rua começando no térreo e virando a câmera para cima até mostrar o último andar.

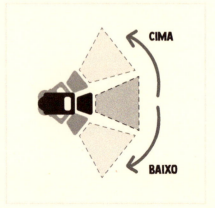

CAPÍTULO 14 - NARRATIVA AUDIOVISUAL

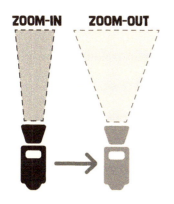

TIPO: ZOOM

Ação: É o movimento de aproximação (*zoom-in*) ou afastamento (*zoom-out*) causado pela objetiva da câmera sem que ela se desloque fisicamente.

Situação: Fazendo um *zoom-in* você amplia um detalhe da imagem, mas vê menos da paisagem. O zoom-out mostra mais quantidade da paisagem e menos detalhes.

TIPO: TRAVELLING

Ação: A câmera se movimenta acompanhando o assunto. O movimento da câmera pode ser lateral, frontal ou vertical.

Situação: Você está em um carro e filma outro que está andando ao seu lado. Ou usa um skate para filmar outro skatista, ou ainda caminha junto com o personagem.

TIPO: DOLLY-IN - DOLLY-OUT

Ação: É similar ao zoom, só que a câmera se aproxima ou afasta do objeto e transmite a sensação de que você está andando em direção ao objeto ou pessoa.

Situação: Você está a 5m do personagem e move a câmera para cerca de 2m (dolly-in).

Não sei se despertei um lado de cineasta, há muito guardado dentro de você, com esse capítulo, mas tenho certeza de que você começará a notar todos esses ângulos, planos e os enquadramentos dos próximos filmes que assistir.

- 197 -

Gostamos de assistir um filme ou ler um livro, pois ele mostra a vida e o cotidiano com muito mais detalhes do que vemos naturalmente. Saímos da nossa visão tubular e unidirecional para uma experiência muito mais ampla e rica de sensações.

O mais importante é que se você incorporar essa visão cinematográfica no seu dia a dia. Se você incorporar os planos e ângulos de câmera à sua própria visão certamente começara a ver tudo, literalmente, com um olhar diferente. O seu senso de observação será aprimorado. O detalhe despercebido virá à tona.

Transporte isso para seu lado profissional e aplique na abordagem de seus desafios. Um problema encarado pode ser intransponível, mas talvez, se você o olhar com um diferente ângulo e enquadramento, pode encontrar aquele detalhe que será fundamental para a solução.

PROPOSIÇÃO DE ATIVIDADE

Gostaria que você começasse a praticar diariamente o hábito de tirar fotos mentais de um ambiente da sua escolha usando os diferentes planos e ângulos de visão mostrados aqui. Por exemplo, em um bar tomando café imagine todos os ângulos e movimentos de câmera que poderiam ser usados para mostrar uma das pessoas que está por lá.

PROPOSIÇÃO DE ATIVIDADE PRIORITÁRIA

1 Com o seu celular, selecione uma vítima de sua confiança e pratique fotografando todos os diferentes tipos de planos e ângulos e movimentos de câmera de uma pequena caminhada dessa pessoa;

2 Depois repita filmando todos planos e ângulos (cinco segundos no mínimo para cada filmagem). Mantenha essas imagens e vídeos no celular, pois usaremos mais adiante;

3 Considerando os diferentes ângulos e Planos que viu até aqui, reflita sobre situações que já viveu. Você já passou por alguma situação em que enfrentou um problema ou desafio que não conseguiu superar até que mudou a forma de ver e analisar os fatos? Se sim, faça uma breve descrição do que tornou viável a solução;

4 Tente se lembrar de uma situação que você não conseguiu resolver ou superar, mas que depois de algum tempo ponderou e identificou que se tivesse agido de outra forma, ou visto o problema de outro ângulo, teria resolvido. Anote em seu caderno um resumo dessa ocorrência.

FINALIZANDO

Pontos de vista, ângulos e perspectivas podem mudar a forma como encaramos a vida. Pensar sobre uma situação analisando-a sobre diferentes posições nos dá uma visão muito mais realista sobre a cena ou o desafio que está à nossa frente.

Aplique esses conceitos no seu dia a dia. Nos próximos capítulos iremos criar conteúdo audiovisual e ter o conhecimento desse capítulo será muito importante para continuarmos o aprendizado.

CAPÍTULO 15
STORYTELLING FOTOGRÁFICO

CAPÍTULO 15 - STORYTELLING FOTOGRÁFICO

Ei, você aí, pare de olhar para a fofura abaixo e volte aqui para o texto. Tenho certeza de que você ficou fixado na carinha do cachorrinho dando uma piscada para você.

A fotografia é um meio excelente para se narrar uma história. Uma fotografia tem um grande poder de storytelling, pois ela pode transmitir mensagens, ideias e o mais importante, emoções.

Tirar uma fotografia se tornou uma atividade cotidiana e até banal com a proliferação dos smartphones. Você pode facilmente tirar uma fotografia, mas nada garante que ela conte uma boa história.

Dominika Roseclay - Pexels

Boas fotos capturam o interesse do público, mas ótimas fotos também capturam sua imaginação, imergindo-os na história que está sendo contada e envolvendo-os emocionalmente na cena retratada.

Uma fotografia pode começar uma história e quem a ver, terminá-la. Você não precisa ser um fotógrafo para criar uma história com fotografias, mas deve entender como uma foto pode contar histórias.

Você pode criar as fotos, pode contratar um fotógrafo profissional ou fazer uso de um banco de dados fotográfico e usar fotos disponíveis na internet pagas ou até gratuitas para contar sua história.

Se considerarmos as narrativas verbais, escritas, cinematográficas e fotográficas, ouso dizer que as fotográficas são as mais difíceis. Um escritor pode ter centenas de páginas para contar uma história. Um cineasta, normalmente tem duas horas de um filme para fazer o mesmo. Cada segundo de filme possui trinta quadros ou, em outras palavras, fotos, que são exibidas em sequência e causam a sensação de movimento. Fazendo algumas contas, 120 minutos x 60 segundos x 30 quadros = 216.000 fotos. Aliado com uma trilha sonora, diálogos e efeitos sonoros e visuais o filme parece sempre ganhar da fotografia em uma comparação direta.

Uma fotografia só tem a si mesma para contar uma história. Pode parecer uma tarefa difícil tentar obter com fotos o mesmo efeito que os filmes, mas é possível.

Neste capítulo você não vai ter um curso de fotografia, mas informações que vão te ajudar a criar uma narrativa fotográfica que funcione adequadamente para os seus propósitos.

OS TIPOS DE NARRATIVAS FOTOGRÁFICAS

Um fotógrafo, ou um contador de histórias, pode optar criar uma narrativa fotográfica usando uma série de fotos ou usando apenas uma foto.

Quando se opta por uma série de fotos, elas são exibidas em uma sequência que fornece a evolução da narrativa. Já quando se escolhe uma única foto, ela precisa, em teoria, contar toda a história.

George Lucas não conseguiria contar a história de Luke Skywalker em uma única foto e nem em uma série de poucas fotos. Existem limites para o que se pode narrar com fotografia.

xxx

Transmitir uma ideia, conceito ou mensagem através de uma foto única já é bem mais fácil do que uma narrativa, pois não envolve o desenvolvimento do tempo.

O meio utilizado pode limitar ou ampliar a escolha de uma narrativa em série ou com foto única. O Instagram, por exemplo, permite em um único post adicionar até dez fotos para contar uma história.

HISTÓRIAS ABERTAS OU FECHADAS

Uma narrativa fotográfica pode contar uma história aberta onde você deixa margem para o público interpretá-la através das suas visões individuais, influenciadas por suas experiências e características pessoais. Em outras palavras, a narrativa pode ter diferentes interpretações.

Uma história fechada não deixa espaço para intepretações pessoais. A mensagem é única e não muda.

Muitas vezes, uma imagem isolada não revela a verdade completa, pois faz parte de uma imagem ou história maior. Uma única foto não revela a história completa.

A série de fotos permite que o espectador veja uma imagem muito mais ampla da história e gradativamente conectar as imagens em um enredo completo.

A DINÂMICA DA LEITURA DE UMA FOTO

Imagine um filme que irá mostrar um local como uma grande praça na cidade de Marrakesh, no Marrocos. Ele mostrará trechos da praça e conduzirá a audiência pelas suas diversas partes, apontando em detalhes suas particularidades. Ou seja, você verá a praça na sequência editada pelo cineasta.

Um livro descrevendo a praça fará o mesmo. É uma construção linear na qual você terá informações de detalhes até montar a imagem final em sua mente dessa praça.

A foto tem uma dinâmica reversa. Toda a praça é exibida de uma vez e você passará a analisar os detalhes com um padrão seu. Talvez o que te chame inicialmente a atenção seja uma cor, um formato, um objeto ou uma pessoa dentro da imagem geral. Depois seguirá com o olhar para o segundo elemento e assim por diante.

Ocidentais têm o padrão de ler uma foto da esquerda para a direita e de cima para baixo a menos que algo chame sua atenção.

A FOTO COMO ELEMENTO PRINCIPAL DA NARRATIVA

Uma foto pode ser um dos elementos de uma narrativa maior. Por exemplo, um documentário em vídeo usa fotos para completar a informação. Um livro, como esse aqui, usa fotos como parte de sua didática. A fotografia é um elemento de apoio à narrativa.

Se a foto é o elemento principal da narrativa, ela também pode fazer uso de recursos de texto ou gráficos para completar a história dentro de si para amplificar sua mensagem.

CONTEXTO

Uma foto ou pintura apresentada sem um contexto normalmente não significa nada para quem a vê, ou pelo menos dificulta o seu entendimento. Se você for a uma exposição fotográfica ou ao museu é quase certo que toda imagem, foto ou pintura exibida possui uma pequena placa ou etiqueta com informações para contextualizá-la.

CAPÍTULO 15 - STORYTELLING FOTOGRÁFICO

Arquivo pessoal

**Diego Velásquez (1599-1660)
a Toilete de Vênus (the Rokeby Venus) (1647-51)**

Vênus reclinada em uma cama diante de um espelho carregado por um cupido de asas. O reflexo mostra seu rosto, sugerindo que ela está observando quem a observa ao invés dela própria. O nu feminino é muito raro na pintura espanhola àquela época. Durante o século XIX a pintura aconteceu no Parque Rokeby, por Isso o seu subtítulo).

Uma foto tem mais impacto quando é percebida em um contexto ou sob um manto de conhecimento comum ao público que a vê. Portanto é importante que os elementos de uma foto sejam, na medida do possível, universais, caso contrário a narrativa da foto fará sentido apenas para um grupo. Quando a foto não contiver tais informações, uma legenda é necessária para que ela funcione bem.

Veja as duas fotos de um saguão de aeroporto. As duas mostram que eles estão vazios. Uma delas nos conta exatamente o porquê. Ela foi tirada durante a quarentena da COVID-19 e ninguém está viajando devido às restrições, pois temos uma informação adicional que é a placa de aviso. A outra pode ter sido tirada em um horário de pouco movimento.

Sem contexto, uma imagem pode despertar uma emoção ou sensação, mas dificilmente narra uma história.

O CONHECIMENTO COMUM E A INTERPRETAÇÃO DA FOTOGRAFIA

Alguns símbolos ou conceitos são amplamente conhecidos em função da geografia, escolaridade e influências religiosas e sociopolíticas.

Um círculo vermelho com uma barra diagonal está associado com proibição. Quando combinado com outro elemento gráfico interior, por exemplo, um cigarro nos transmite a mensagem **proibido fumar**. Se ele for exibido na entrada de um restaurante na China, no Zimbabue ou no Brasil os frequentadores saberão que não poderão fumar lá dentro. Podemos também criar imagens que associam o resultado do hábito de fumar com uma imagem impactante, como uma caveira e um cigarro, que também será entendida em diferentes geografias. Nesse caso a foto não diz que fumar é proibido, mas a consequência que o vício traz.

fonte - Freepik

Proibição ou negação podem ser expressas de diversas maneiras visuais, muitas delas subjetivas. Uma cerca de arame farpado já nos transmite a proibição de avançar. A foto do edifício faz parte da Cidade Proibida, onde moravam os imperadores chineses e que era proibida aos cidadãos comuns. Somente quem conhece a história da China ou já visitou o local vai saber o que a foto quer dizer. Uma mão espalmada em direção ao expectador significa **pare**.

Arquivo pessoal

SIGNIFICADO SIMBÓLICO: UMA MAÇÃ NÃO É SÓ UMA MAÇÃ

Alguns objetos representam a si próprios, mas também podem estar associados a um sentimento ou simbolismo criados em algum momento por influências socioculturais ou religiosas.

Uma maçã pode ser simplesmente a fruta ou pode ser usada como sinônimo de tentação, fruto proibido ou pecado original em função de uma passagem bíblica onde Eva foi tentada pela serpente a comer uma maçã, fruta que Deus havia proibido de ser consumida. A sequência de fotos mostra a maçã como ela mesma e três imagens que fazem alusão ao pecado e à tentação.

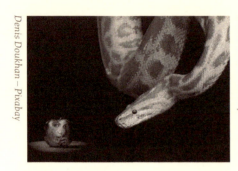

O TOM DE UMA FOTO

Quando criamos ou selecionamos uma foto para transmitir uma mensagem precisamos escolher o tom ou o peso que a foto terá. Dependendo do lugar podemos usar uma abordagem mais séria ou mais leve. As fotos exibidas aqui contêm diversos tons. Algumas são intimidadoras enquanto outras transmitem a mensagem com uma abordagem mais simpática, eu diria. Silêncio pode ser representado por:

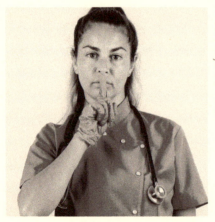

CAPÍTULO 15 - STORYTELLING FOTOGRÁFICO

fonte - Freepik

Engin Akyurt – Pixabay

Dmitriy Zub - Pexels

Jerzy Gorecki – Pixabay

fonte – Pixabay

Anna Shvets - Pexels

Kat Smith - Pexels

Alena Shekhovtcova - Pexels

- 209 -

Repare que um elemento da foto pode dar um contexto a ela. A foto da mulher com estetoscópio já nos diz que estamos em um hospital. A expressão do rosto nos diz se a mensagem está sendo passada de forma enfática ou com certa leveza. Às vezes podemos até interpretar que ao invés de "silêncio" estão dizendo "não conte para ninguém, é segredo".

AÇÃO E CONSEQUÊNCIA

Sem dizer uma só palavra, uma foto pode nos fazer pensar sobre as consequências de um ato. Por exemplo, algumas bebidas e alimentos influenciam a obesidade. Tomar cerveja cria a "barriga de cerveja". Você pode escolher entre comer alimentos saudáveis ou ter que se preocupar com suas medidas e fazer exercícios caso se alimente inadequadamente.

fonte - Freepik

fonte – Pixabay

fonte – Pixabay

A MESMA IMAGEM E MENSAGENS DIFERENTES

Você pode usar um mesmo elemento fotográfico para compor uma mensagem diferente simplesmente alterando sua posição. O próximo exemplo mostra uma foto com o perfil de um homem e uma mulher. Em uma estão de costas um para o outro, o que nos leva a crer que estão brigados ou distantes. Na outra estão de frente, sugerindo que estão juntos. A adição de um coração reforça a ideia de que estão apaixonados. Poderíamos também adicionar um coração partido na primeira imagem indicando uma ruptura ou briga.

fonte: Wikimedia Commons

INTRODUZINDO EMOÇÕES E SENTIMENTOS

Uma mão espalmada em direção ao expectador nos diz "Pare!". A forma como construímos essa imagem pode acrescentar sentimentos e contexto à mensagem.

Na sequência de fotos desse tópico, a imagem 01 é o Pare básico. A foto 02 mostra uma moça com um olhar de superioridade e em uma posição alta que induz a uma mensagem do tipo "Pare, fique aí, aqui não é lugar para você". A foto 03 mostra uma moça seminua, se cobrindo e usando sua mão para pedir que a pessoa não chegue perto, pois pode ter acabado de ser abusada. A foto 04 mostra uma pessoa com duas mãos espalmadas num gesto onde não está mandando parar, mas implorando para que pare. A foto 05 com duas mãos cruzadas parecem estar se defendendo ao mesmo tempo em que quer impedir a ação. Finalmente, a foto 06 mostra que um grupo quer dar um basta a uma situação e impõe limites que não devem ser ultrapassados.

STORYTELING: CATIVANDO COM A NARRATIVA

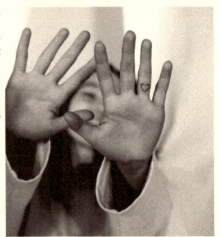

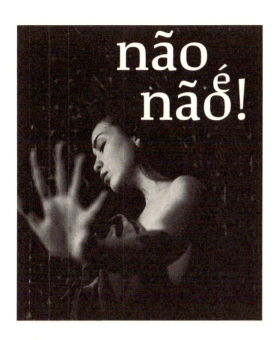

Se quisermos deixar uma mensagem específica, a adição de um texto é altamente recomendável. Aqui a foto da moça traz uma mensagem clara quanto a negação dela sobre o assédio sexual.

CRIANDO MOVIMENTO

Um dos maiores desafios de uma fotografia é mostrar movimento ou a passagem do tempo. Usando técnicas fotográficas podemos simular ou criar essas percepções no expectador.

Uma mulher dançando, ao ser fotografada com diversos disparos consecutivos, pode nos dar uma sequência que mostra a evolução do seus movimentos. No exemplo você vê doze fotos mostrando um giro da dançarina.

Eadweard Muybridge - Wellcome Collection

Usando uma técnica de longa exposição podemos mostrar uma bailarina deslizando e indicando sua posição inicial e final. Ou então, disparando um flash diversas vezes dentro de uma mesma exposição, mostrar o movimento dos braços da bailarina. As duas fotos mostradas não são uma montagem, mas um único clique.

MOVIMENTO CONGELADO

Nós podemos simular velocidade borrando elementos que se movem ou o cenário pelo qual passam. As fotos mostradas a seguir exibem uma jovem chinesa passando em velocidade por uma rua de Beijing. O desfoque do fundo nos dá a sensação de velocidade da ciclista.

A outra foto faz uso dessa técnica para transmitir a mensagem "Velocidade Mata". Nela, há um pequeno altar construído em uma estrada no local de um acidente fatal. Mostra também um caminhão em alta velocidade, reforçando a mensagem.

CRIANDO UM ENSAIO TEMÁTICO

Agora que você viu como a construção de uma foto é feita através de recursos técnicos que influenciam, por exemplo, a sensação de movimento ou velocidade, e de recursos estéticos que incluem a composição dos elementos dentro da imagem e detalhes que influenciam a interpretação da mensagem e despertam sentimentos ou sensações, vamos tentar pôr isso em prática.

CRIANDO UM ENSAIO TEMÁTICO

Uma forma de desenvolver nossa capacidade de storytelling é a interpretação de histórias reais ou ficcionais. Fotograficamente podemos criar a representação de uma história oral ou escrita e ampliar a experiência do expectador. Como exemplo vou contar resumidamente a história da francesa Joana D´Arc e depois mostrar como fiz sua representação fotográfica.

A HISTÓRIA DE JOANA D´ARC

Joana d'Arc era uma camponesa que vivia na França no começo do século XV. Acreditava, através de vozes e visões, que Deus a havia escolhido para levar a França à vitória em sua longa guerra com a Inglaterra. Sem nenhum treinamento militar, Joana convenceu o príncipe Carlos de Valois a permitir que ela liderasse um exército francês para a cidade sitiada de Orleans, onde alcançou uma importante vitória sobre os ingleses e seus aliados franceses, os borgonheses, permitindo que o Carlos fosse coroado rei. Depois de ver a coroação de Carlos VII, Joana continuou a lutar e foi capturada pelas forças anglo-borgonhesas em 1930. Foi julgada por feitiçaria e heresia, e queimada na fogueira em 1431, aos dezenove anos.

Ela cresceu em Domrémy, uma vila no nordeste da França, filha de um fazendeiro e de sua esposa devotamente católica. Ela não foi ensinada a ler ou escrever, mas sua mãe incutiu nela um profundo amor pela Igreja Católica e seus ensinamentos.

Por volta dos doze anos, Joana d'Arc começou a ouvir vozes e a ter visões, que interpretava como sinais de Deus. A Donzela de Orleans, como ficou conhecida, afirmou que uma luz brilhante muitas vezes acompanhava as visões e que ela ouvia as vozes mais distintamente quando sinos soavam. Deus deu a ela a missão de salvar a França, expulsando seus inimigos, os ingleses, e de instalar Carlos como seu legítimo rei. Como parte dessa missão divina, Joana fez voto de castidade.

Em maio de 1428, Joana cortou o cabelo e vestiu roupas masculinas para fazer a jornada de onze dias pelo território inimigo até Chinon, local do palácio do príncipe herdeiro.

Joana prometeu a Carlos que o veria coroado rei em Reims, o local tradicional da investidura real francesa, e pediu-lhe que lhe desse um exército para liderar até Orleans, então sitiada pelos ingleses. Contra o conselho de seus conselheiros, o rei atendeu ao seu pedido, e ela partiu para defender o cerco de Orleans pelos ingleses em março de 1429. Vestida com armadura, Joana liderou vários ataques franceses, expulsando os anglo-borgonheses e forçando sua retirada através do rio Loire, iniciando uma campanha que levou Carlos ao trono.

Na primavera de 1430, ela defendia a cidade de Compiègne, onde acabou sendo capturada pelos borgonheses, que a levaram cativa ao castelo de Bouvreuil e depois para Rouen. No julgamento que se seguiu, Joana foi julgada por de cerca de setenta acusações contra ela, incluindo feitiçaria, heresia e vestir-se como um homem.

Ela permaneceu em cativeiro por um ano e, sob ameaça de morte, cedeu e assinou uma confissão negando que tivesse recebido orientação divina. Vários dias depois, no entanto, ela desafiou as ordens novamente, vestindo roupas masculinas, e as autoridades pronunciaram sua sentença de morte.

Na manhã de 30 de maio de 1431, aos dezenove anos, Joana foi levada ao antigo mercado de Rouen e queimada na fogueira. Com as chamas começando a arder, Joana pediu para que alguém elevasse uma cruz à altura de seus olhos e assim ela teve essa visão em seus últimos momentos. Enquanto o fogo se espalhava, ela pronunciou suas últimas palavras: "Jesus! Jesus! Jesus", repetindo o nome de Cristo várias vezes antes de sua morte Em 1920, ela foi canonizada como Santa e é celebrada no dia 30 de maio.

A PRODUÇÃO DO ENSAIO DE JOANA D´ARC

A ideia de fazer um ensaio sobre Joana D´arc surgiu como parte de um projeto que tenho para homenagear mulheres incríveis da história. A premissa era fazer a caracterização de época da modelo que seria Joana em quatro cenas da sua história.

1. **O chamado:** quando ela recebe as mensagens de Deus;
2. **A Guerreira:** quando parte para as batalhas;
3. **A prisão:** seu tormento na prisão;
4. **A fogueira:** sua morte.

Para o **chamado** ela seria caracterizada como uma camponesa. Para a **guerreira** ela usaria uma armadura e espada. Para as cenas da **prisão** e da **fogueira** usaria uma bata.

PRÉ-PRODUÇÃO

Depois de ter sido feito um levantamento histórico e pictográfico das representações de Joana D´arc ao longo da história, encontrei algumas referências nas quais me inspirei para criar minha própria versão.

Para a roupa de camponesa eu tinha as peças no guarda-roupa do meu estúdio de fotografia. Eram peças independentes que combinadas serviram perfeitamente ao seu objetivo.

A armadura e espada eu já tinha. É, cada um com sua loucura, eu tenho uma coleção de peças medievais, o que tornou o ensaio possível com essa caracterização real.

Para a bata, depois de assistir a vários filmes sobre Joana e fazer uma pesquisa na internet, encontrei um modelo que achei adequado. Comprei um tecido de linho cru e com fotos e um molde pedi para uma costureira fazer a peça com as medidas da modelo.

A bata ficou perfeita. Eu iria fazer um cinto usando uma corda, mas acabei achando um pequeno cinto de couro que ficou perfeito.

A segunda etapa foi envelhecer a bata. Para isso coloquei-a na água quente com chá preto. Depois ela foi torcida para ficar com aparência amarrotada. A etapa final do envelhecimento foi usar uma lixa para desgastar o tecido.

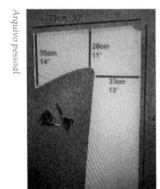

Arquivo pessoal

A MODELO

A modelo do ensaio foi procurada inicialmente junto a sites e agências, mas acabei tendo uma indicação de outra modelo que já havia trabalhado comigo. A atriz e modelo escolhida, Mila Rusti (no Instagram @milarust), tinha estatura e feições perfeitas para o ensaio e ela, por coincidência, a tinha o desejo de um dia fazer uma peça de teatro ou ensaio sobre Joana D´arc.

A CARACTERIZAÇÃO

A caracterização da modelo para as quatro fotos foi discutida com o Beto França (no Instagram @betofrancamakeup), um dos mais talentosos maquiadores do país. Depois de discutirmos e serem feitas pesquisas de referência, ficou decidido assim:

Na foto do **chamado** ela teria uma maquiagem natural realçando os traços da atriz sem transparecer uma maquiagem de embelezamento, para correção da pele e para uma resposta melhor à iluminação.

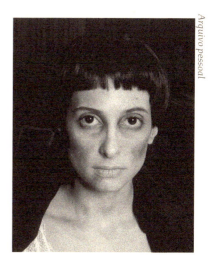

Para a **guerreira** ela teria marcas da batalha, incluindo cicatrizes e ferimentos, trazendo sujidade para a pele e transparecendo cansaço e suor da pele.

Para a cena da **prisão** ela teria seus cabelos cortados através do uso de uma peruca específica. Maquiagem de efeito para retratar uma pele maltratada, realçando as olheiras e pontos de abatimento na estrutura óssea.

Já para a cena da fogueira ela foi deixada careca e cabelos ralos foram acrescentados para mostrar o seu decaimento físico naquele ano de prisão. Foi aplicada uma careca falsa e cabelos rudemente cortados, além de realçada a pele abatida e o emagrecimento.

Com relação aos elementos cênicos optamos por uma abordagem minimalista. As quatro fotos seriam feitas com um fundo escuro de forma que a modelo recebesse total atenção do espectador.

1. O chamado teria uma luz sobre a modelo;

2. A guerreira teria a armadura e espada;

3. A prisão teria um banquinho e um crucifixo;

4. A fogueira teria um tronco e as cordas que a amarrariam;

5. O fogo da cena final seria adicionado na pós-produção.

O ensaio levou perto de doze horas para ser feito. Foram mais ou menos duas horas para cada caracterização da modelo e uma hora de fotografia.

Foram 430 fotos criadas para apenas quatro serem selecionadas. Não foi fácil a escolha. Para cada cena, diversas variações foram tentadas para que pudéssemos ter maior flexibilidade de escolha.

A EDIÇÃO

Para a edição optei por um clima sóbrio e com um toque barroco, seguindo o estilo de pintura de Caravaggio, reconhecível por seu realismo e intenso uso da técnica claro-escuro, usando apenas uma fonte de luz para trabalhar o volume das formas.

Nas próximas páginas você vê o resultado desse trabalho. As fotos originais em cores você pode encontrar em meu site **www.ramalho.com.br** ou no Instagram **@joeramalho.**

Arquivo pessoal

Arquivo pessoal

Arquivo pessoal

Espero que a descrição do processo de criação dessas quatro imagens possa ter deixado claro o quão meticulosa deve ser a produção de uma narrativa fotográfica. É claro que isso vai depender do resultado, meio onde será exibido e público que será expectador da narrativa. Um editorial para a revista Vogue envolve muito mais recursos do que uma postagem para um blog pessoal, mas o princípio sempre será o mesmo quando nos referimos a narrativa fotográfica.

PROPOSIÇÃO DE ATIVIDADE

Você conheceu um pouco da história de Joana D´Arc através da minha visão. Para ampliar sua experiência, experimente assistir um filme ou série sobre essa personagem histórica. Com isso sua capacidade de comparar diferentes abordagens para um mesmo tema lhe ajudará a ampliar suas opções de narrativa.

Em canais de streaming você encontra a série Joan of Arcadia exibida originalmente entre 2003 e 2005.

Aproveite também para assistir no YouTube A Paixão de Joana D´Arc, um filme de 1928 considerado um dos melhores do cinema mudo.

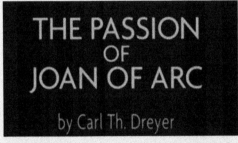

HTTPS://ARCHIVE.ORG/DETAILS/PASSION-OF-JOAN-OF-ARC-RENDERED

UM ENSAIO PARA CONTAR UMA HISTÓRIA

Você não precisa ter um estúdio, ser um fotógrafo profissional e ter uma mega câmera para recontar ou contar uma história. Sua criatividade e um celular são as ferramentas básicas de que você precisa. Fazer uma releitura fotográfica de um clássico pode ser bem mais fácil do que imagina. Dúvida?

CAPÍTULO 15 - STORYTELLING FOTOGRÁFICO

Vamos lembrar uma das histórias que quase todos já ouviram quando eram crianças, a da Branca de Neve.

Uma rainha muito bonita e vaidosa tem um espelho mágico que sempre confirma ser ela a mais bela do reino. Um dia o espelho diz que a sua enteada, Branca de Neve, agora uma moça, é a mais linda. Possuída por inveja e maldade, a rainha mandar matar sua enteada, mas o carrasco enviado para assassiná-la a deixa partir e ela é abrigada em uma cabana na floresta pelos sete anões. Ao descobrir que ela estava viva, a rainha se disfarça e vai atrás da moça, entregando-lhe uma maçã envenenada, que faz com que ela caia em um sono profundo até o dia em que um beijo do amor verdadeiro a faça despertar.

Com base nisso vamos fazer uma releitura moderna da essência da história.

Um ensaio fotográfico dessa história poderia ser realístico, reproduzindo figurinos e cenários da história original ou fazer uma modernização, adaptando-a ao mundo cotidiano. Se optar pela modernização da história, você pode transformar personagens e objetos. Por exemplo, o cavalo de um príncipe pode virar uma moto, o oráculo, um celular, e assim por diante.

Nessa releitura temos a rainha em frente ao espelho inconformada de não ser a mais bela. Na sequência ela se disfarça, entrega a maçã enfeitiçada, que depois de mordida faz Branca de Neve adormecer. O príncipe a encontra e a beija, quebrando o feitiço. O ensaio contou apenas com as três personagens e como cenário um parque e um espelho em uma parede de um banheiro. Ah, e a maçã! (Como maçã é versátil, não?)

fonte - Freepik

- 225 -

STORYTELING: CATIVANDO COM A NARRATIVA

Adina Voicu – Pixabay

- 226 -

CRIANDO COMPOSIÇÕES FOTOGRÁFICAS

Uma foto pode ser uma montagem composta de diversas fotos reunidas em uma só e, eventualmente, com a adição de elementos que completam a sua mensagem.

Por exemplo, a rainha má da nossa história da Branca de Neve poderia ter uma foto extra, encaixando-se entre a primeira e segunda fotos do ensaio, mostrando-a na floresta com a maçã sendo enfeitiçada e dois lobos acompanhando-a. A rainha foi fotografada sozinha e o fundo, lobos e efeito sobre a maçã, adicionados no Photoshop.

A criatividade possibilitada por uma fotografia é praticamente ilimitada. Quase tudo que você pensar pode ser convertido em uma imagem. É claro que aí precisamos ter conhecimentos gráficos, visuais e técnicos para produzir algo sofisticado. Contudo isso não é um impeditivo, pois você pode delegar a criação da sua ideia a um profissional especializado se estiver além das suas habilidades.

Um engenheiro que cria uma máquina é o autor da ideia, mas utilizou diversos profissionais para desenhar, produzir peças individuais seguindo suas especificações e fazer a montagem e testes da máquina.

Você como storyteller deve ter em mente que suas ideias podem ser implantadas com a ajuda de terceiros.

DESAPARECENDO

A fotografia chamada Fading Away (Desaparecendo), do fotógrafo inglês Henry Peach Robinson, produzida em 1858, causou muita repercussão à época de seu lançamento. É uma imagem forte.

Uma jovem e pálida moça está em seus momentos finais de vida. Ela é rodeada por membros da família. Ao seu lado direito, possivelmente sua irmã com uma expressão de angústia a observa. Ao seu lado direito está sua mãe, sentada com um livro no colo, o que indica que esta ali há muito tempo zelando pela filha. Junto à janela a figura paterna olha pela janela buscando uma esperança e escondendo, talvez, algumas lágrimas pela inevitável morte da filha querida.

A foto gerou revolta de muitos leitores, pois consideravam a foto invasiva em um momento tão doloroso para a família. Já outros a consideravam um registro único daquele momento, trazendo a todos uma reflexão sobre nossa existência.

E para você? Qual sentimento a foto lhe despertou? Ela foi invasiva ou documental? Essa é uma questão muito pessoal. Quando a vi pela primeira vez pude sentir o clima muito triste da cena e a dor de cada um dos membros da família.

Achei que o fotógrafo foi extremamente sensível ao captar aquela imagem. Mais surpreso eu fiquei ao saber que esta foto foi uma montagem produzida através da superposição de quatro negativos.

Cada personagem foi fotografada em um momento distinto. A senhora, a filha e a irmã em fotos individuais com um fundo marrom. Finalmente o pai foi fotografado junto à janela e depois as imagens das demais personagens sobrepostas.

O resultado foi magnífico estética e tecnicamente falando. Só para relembrar foi em 1858! #nofilter #semphotoshop

O fotógrafo planejou meticulosamente a foto. Ele tinha mentalmente a foto pronta. Precisava apenas criá-la fisicamente. Aqui ele não tirou uma foto. Ele, como um pintor, adicionou elementos a uma tela imaginária.

Isso é o que você deve fazer como um contador de histórias fotográficas.

USANDO BANCOS DE IMAGENS

Você pode não ter habilidades como fotógrafo. Fotografia não é definitivamente a sua praia. Tudo bem. Isso não te impedirá de criar uma narrativa fotográfica.

Você pode contratar um fotógrafo para realizar as fotos da narrativa como opção ou fazer uso de bancos de imagem que vendem fotos de todos os tipos e sobre todos os assuntos imagináveis, ou quase.

A maioria das imagens que você pode obter de sites de imagens de banco de imagens são livres de royalties (*royalty free*), o que significa que você pode usá-las em qualquer lugar sem ter que dar crédito a ninguém. Contudo isso não quer dizer que elas são gratuitas. Você paga pelo seu uso uma única vez.

O processo é simples, entra no site, faz uma pesquisa com a palavra-chave do assunto que deseja e vasculha as fotos exibidas com aquele tema.

Uma vez encontrada, você paga o valor solicitado e tem a licença de uso da imagem.

Existem também bancos de imagens que oferecem imagens livres de royalties e que também são gratuitas. Em alguns casos você baixa a imagem e a usa onde quiser sem ter que dar crédito a ninguém. Outros sites permitem que você use livremente, sem pagar nada, desde que dê o crédito na imagem indicando seu autor ou site onde foi obtida.

O uso de bancos de imagens facilita a produção de narrativas fotográficas para quem não acesso ou facilidade para criar suas próprias imagens. Várias imagens usadas nesse livro foram obtidas em algum desses sites. Eu, como fotógrafo, poderia ter feito a maioria delas, mas o tempo que eu levaria para criá-las não compensava.

Tome apenas o cuidado e tenha o respeito de dar os devidos créditos quando assim for solicitado pelo site.

SITES COM IMAGENS GRATUITAS

http://www.pexels.com/

http://www.unsplash.com/

http://www.stocksnap.io/

http://www.pixabay.com/

http://www.freepik.com

https://pxhere.com

https://www.pond5.com/pt/free

https://www.rawpixel.com

SITES COM IMAGENS PAGAS

http://www.shutterstock.com/

https://stock.adobe.com/

https://www.bigstockphoto.com/

https://www.dreamstime.com/

https://www.gettyimages.com

https://www.pond5.com

CONSELHOS PARA SE LEMBRAR AO PLANEJAR UMA NARRATIVA FOTOGRÁFICA

Se a sua narrativa envolve uma sequência de fotos, crie um roteiro escrito da história (como o resumo da Branca de Neve). Para cada foto, detalhe o seu conteúdo, o que ela deve mostrar, qual mensagem deve ser transmitida e quais materiais e personagens são necessários.

Lembre-se de que uma história tem que ter começo, meio e fim e que as fotos devem mostrar uma progressão dos eventos — uma deve se conectar à outra.

Fornecer um contexto textual antes de mostrar as fotos é uma opção muito boa, contudo garantir que suas fotos sejam suficientes para contar sua própria história é melhor ainda. Quem eventualmente nunca ouviu, leu ou assistiu a um filme d'A Branca de Neve teria alguma dificuldade para ligar a imagem da rainha com a próxima foto, onde ela aparece transformada para entregar a maçã.

Contudo, a partir daquele momento, qualquer pessoa entenderá que uma moça ganhou uma maçã e, depois de mordê-la desmaiou ou morreu, e que depois de receber um beijo acordou ou ressuscitou.

MENOS É MAIS

Usar o menor número de fotos possível é melhor do que usar fotos em excesso. Use o suficiente para que a história seja entendida e desconsidere passagens que se forem tiradas não alteram a narrativa visual.

CENÁRIO

Optar por um fundo neutro coloca o foco totalmente nos personagens ou objetos em primeiro plano e funciona muito bem para diversos tipos de história. Contudo, se a foto for criada em uma locação, tome muito cuidado para que elementos secundários não tirem a atenção do personagem principal.

Deixe espaço para o abstrato e para a imaginação. O expectador pode completar o cenário mentalmente.

PROPOSIÇÃO DE ATIVIDADE PRIORITÁRIA

1 Comece a praticar a leitura de fotos para identificar se ela conta uma história ou apenas é um registro fotográfico. Quando olhar uma foto tente responder as seguintes perguntas:

- Que história você está vendo?

- Onde acontece a história?

- Quando a foto foi tirada?

- Quem é o protagonista?

- Quem são os outros personagens?

- O que chamou inicialmente sua atenção na foto?

- Qual é a emoção inicial ou sentimento você viveu?

Para algumas fotos você terá respostas para todas as perguntas e para outras não conseguira responder a várias delas. A foto que tiver mais repostas certamente lhe impactou mais.

CAPÍTULO 15 - STORYTELLING FOTOGRÁFICO

2   Usando os bancos de imagens gratuitos, ache uma foto que transmita as seguintes mensagens:

- Tempo é dinheiro - *time is money*;

- Vivendo com pressa - *in hurry*;

- Estresse - *stress*;

- Fazendo planos – *making plans*;

- Fazendo escolhas – *making choices*;

- Sucesso – *success*;

- Fracasso – *failure*;

3   Agora você terá que pedir ajuda para sua mãe, avó, tios. É uma missão familiar. Procure por fotos que representam momentos que foram marcantes em sua vida, sejam eles alegres ou tristes, independentemente de quando ocorreram. Tente criar uma sequência de fotos que mostre você do nascimento até o começo da vida adulta (vamos estipular aqui algo em torno dos vinte anos). Tente selecionar pelo menos de três a cinco fotos. Ei, eu sei que são as fotos que você mais detesta. Anote em seu caderno de anotações a história de cada uma daquelas fotos escrevendo até dez linhas de texto para cada. A próxima tarefa vai depender da sua idade atual. Ache fotos que mostrem o passar dos anos, com uma foto de cada cinco anos ou uma década da sua vida.

Se você desistir dessa tarefa, ficarei muito triste. A maioria das pessoas não gosta de se ver em fotos. Eu também. Parece que nunca estamos felizes com o que vemos, mas isso é normal. Nós estamos acostumados com nossa imagem no espelho, mas quando vemos fotos tiradas de nós, temos o olhar de outras pessoas.

Quando faço ensaios fotográficos pessoais, muitas vezes ouço da pessoa, após ver suas fotos comentários como: "Mas essa não sou eu" reagindo positivamente ou "nossa como estou... (adjetivos negativos)". Em ambos os casos a foto funciona para a pessoa fazer uma reflexão sobre si mesmo e até tomar decisões sobre seu modo de vida.

Contudo, se você executar essa tarefa, vai poder olhar para a sua história. Essas fotos vão despertar mais lembranças do que as trazidas pelas imagens e vão permitir que você possa rever sua história e fazer algumas reflexões.

Eu gostaria de que para cada foto escolhida você escrevesse algumas linhas sobre as lembranças que elas trouxeram. Coragem. Diga onde você estava, com quem, quando foi tirada e algo que você lembra daquele dia.

Algumas fotos você pode não lembrar muito, pois era muito jovem, mas alguém pode te contar e com isso você resgatar mais sobre sua história.

Para te incentivar eu vou mostrar três fotos da minha vida.

FOTO DO BAMBI

Essa foto foi feita em um estúdio alguns dias depois de eu ter derrubado uma chaleira de água fervendo em cima de mim. A chaleira estava sobre o fogão sendo aquecida quando a puxei e ela entornou. Segundo minha família quase toda a pele do meu peito descolou. Nessa foto estou totalmente enfaixado debaixo da roupa. Felizmente não ficaram marcas. (Minha mãe guarda aquele Bambi até hoje!)

FOTO DA BATIDA EM INTERLAGOS

Desde muito pequeno sempre sonhei em ser piloto de corridas. Entre os 17 e os 24 anos fui bandeirinha (fiscal de pista) no autódromo de Interlagos em São Paulo. Ali o meu sonho parecia estar cada vez mais perto. Um dia, um carro se acidentou na curva na qual eu era responsável pela sinalização. Bandeira amarela foi dada. No final da corrida o carro seria rebocado.

Eu aproveitei a chance para entrar no carro e tirar uma foto. Seria minha primeira vez dentro de um monoposto. Ali meu sonho acabou. Eu não cabia no carro. Com 1,90m descobri que a maioria dos carros eram feitos para pessoas de estatura mediana. Fui até uma escola de pilotagem e comprovei que eu não tinha tamanho para ser piloto de monoposto. Aceitei a realidade e deixei outros sonhos tomarem o lugar daquele.

FOTO HIMALAIA

Arquivo pessoal

Eu andava muito de bicicleta quando era criança, até os dezoito anos. Gradativamente fui deixando de pedalar envolvido pelos estudos e trabalho. E assim foi até os 41 anos, levando uma vida sedentária até que um amigo me convidou a fazer o Caminho de Santiago de Compostela. Depois de hesitar, pois não pedalava regularmente há mais de 25 anos, aceitei o desafio e reincorporei a bike ao meu estilo de vida. Minha vida mudou completamente. A paixão de pedalar foi avassaladora. Comecei a fazer viagens de travessia. A mais difícil delas foi atravessar os Himalaias, entre Lhasa, no Tibet, até Katmandu, no Nepal, em um percurso de 1100 Km entre 4000 e 5300m de altitude, chegando inclusive ao acampamento base do Monte Everest.

Se quiser conhecer como é viajar o mundo em uma bicicleta, escrevi um livro sobre o caminho de Santiago e outro contando sete dessas viagens de bike pelo mundo: Sete Roteiros de Aventuras: Viajando pelo Mundo (ISBN-13: 978-8575551912).

Pronto, agora é a sua vez. Lembra-se do compromisso que você fez no inicio do livro e vá atrás das suas fotos.

CONSIDERAÇÕES FINAIS

Pretendi com este capítulo mostrar que uma boa foto começa muito antes do clique. Quanto mais você pensar, organizar e planejar um clique, melhor será o resultado da história que ele contará.

CAPÍTULO 16
STORYTELLING COM VÍDEO

CAPÍTULO 16 - STORYTELLING COM VÍDEO

Se produzidos corretamente, vídeos podem transmitir uma informação ou história e torná-la mais fácil de entender em um tempo muito menor do que outros meios.

Em uma era de escassez de atenção, aperfeiçoar a mensagem no menor tempo possível é crucial para que ela tenha o efeito desejado. Este capítulo foca na parte conceitual do processo de criação de um vídeo. Você pode usar esse conteúdo para a criação de um vídeo pessoal para seu canal de YouTube, um relato de viagem e até para o desenvolvimento de um curta metragem. Antes disso, vou lembrar algumas características que tornam

Cottonbro - Pexels

o vídeo uma escolha que traz mais retenção e ampliação da mensagem que será transmitida do que outros meios.

O VÍDEO EXIBE COMUNICAÇÃO NÃO VERBAL

Um conteúdo em texto depende da escolha de palavras adequadas, correta pontuação e estruturação gramatical. Descrever a aparência e estado de espírito de uma pessoa pode levar várias linhas e algumas dezenas de segundos para estabelecer a imagem para a audiência. Em três segundos de vídeo você tem uma leitura completa do visual e estado de espírito da pessoa devido a linguagem corporal dela.

O VÍDEO É UM CATALIZADOR DOS OUTROS MEIOS

Um vídeo pode incluir sons, textos e elementos visuais, ampliando sua força de comunicação com o reforço dos outros meios embutidos.

MOVIMENTO ATRAI A ATENÇÃO DAS PESSOAS

Se você olhar para a página de um site que contenha ao mesmo tempo um texto, um gráfico estático e um vídeo sendo executado, sua atenção irá diretamente para o vídeo, pois nosso cérebro é orientado a buscar por mudanças.

MENSAGENS EM VÍDEO SÃO RETIDAS MUITO MAIS FACILMENTE

Você já passou pela experiência de terminar a leitura de uma página de livro e perceber que você não se lembra de quase nada do que acabou de ler? Isso se chama regressão e é o habito de reler o que você acabou de ler para garantir que você entendeu corretamente o conteúdo.

Os vídeos praticamente eliminam a regressão em mensagens curtas.

Possivelmente você se lembra de anúncios da TV de quando era criança e até sabe cantar a música que eventualmente tocavam. Dificilmente você se lembrará do texto de um anúncio daquela época.

A JORNADA DA CRIAÇÃO DE UM VÍDEO

Se você tem um celular é bem possível que gravar vídeos faça parte do seu cotidiano. Você atualiza suas redes sociais na forma de um diário com fatos interessantes sobre o que está fazendo, alimenta o story do Instagram ou do Facebook de forma descompromissada e, quando viaja, compartilha seu destino nas redes sociais.

Nesse estágio você é um registrador de imagens, mas talvez não um contador de histórias.

Se você quer criar vídeos mais cativantes e que contem uma história, é necessário seguir uma série de etapas que aumentarão as chances de o seu vídeo ser compartilhado ou ser positivamente avaliado. A seguir são descritas doze etapas da produção de um vídeo que podem ser aplicadas desde em um vídeo informal até uma produção de cinema.

Nem todas as etapas são aplicadas em função do tipo de vídeo que se está produzindo, mas ela deve servir pelo menos como uma lista de checagem do processo.

Em um vídeo espontâneo você simplesmente saca o celular ou câmera e começa a gravar a cena. Não cria uma história previamente. Registra aquele momento legal em uma balada ou a reunião com a família e os amigos. Por exemplo, em uma festa de aniversário você filma o aniversariante, os convidados, as brincadeiras e depois posta em suas redes sociais. Tudo feito de forma espontânea. Agora, se você quer fazer um vídeo contando a história do aniversariante, a coisa muda. Você precisará de outros elementos para suportar a narrativa daquela vida, incluindo fotos e vídeos antigos, ou uma declaração de familiares e amigos para tornar o vídeo atraente.

A seguir vamos descrever resumidamente essas etapas da jornada de criação e depois veremos um exemplo prático de como eu a usei para criar um vídeo de curta-metragem em Veneza.

As nove primeiras etapas fazem parte do que chamamos de pré-produção, ou seja, tudo que acontece antes da gravação da primeira cena.

A etapa seguinte é a produção, onde as imagens são efetivamente captadas, e a última etapa é a pós-produção, em que as imagens, sons e narrativas são integradas com uma trilha sonora, organizadas e editadas para reproduzir o roteiro.

Esses conceitos podem parecer muito hollywoodianos, mas eu garanto que podem ser usados para criar um lindo filme de um dia da vida do seu filho, a apresentação de um conceito e até a venda de um produto ou um serviço.

1 • BRAINSTORM OU A FAÍSCA MÁGICA

A ideia do conteúdo de um vídeo pode aparecer em sua mente como uma faísca mágica. Uma combinação de eventos prévios levou aquela ideia a surgir em sua mente de forma espontânea. Outras vezes, recebemos a incumbência de criar um vídeo sobre um assunto específico. Nesse caso podemos fazer uma elucubração mental, ou *brainstorm*, onde compartilhamos com outras pessoas tudo o que vem à nossa mente sobre um assunto colocado em pauta, afunilando as ideias até que o conteúdo fique claro.

Andrea Piacquadio - Pexels

2 • ROTEIRO – SCRIPT

Escreva um script ou roteiro que conta a história, incluindo os eventuais diálogos e ações dos personagens assim como a descrição das cenas que serão filmadas e instruções específicas de como devem ser gravadas. Faça primeiro um resumo da história que quer contar. A partir dali desenvolva os detalhes considerando o uso das estruturas que já vimos nos capítulos anteriores, se elas forem apropriadas.

3 · MONTE UMA EQUIPE

Um vídeo que conta uma história exige três etapas:

1. A criação de um roteiro;
2. A captação das imagens;
3. A edição do vídeo.

Você pode fazer tudo sozinho, dependendo do tipo de história que vai contar. Por exemplo, um blog de viagem feito com o celular. Você (se) grava, narra e edita o vídeo para colocar em uma rede social. Contudo, em muitas outras histórias, você precisará de ajuda para conseguir fazer algo com um nível de qualidade adequado à audiência ou às exigências do roteiro. Tudo vai depender do seu objetivo e dos recursos disponíveis.

4 · STORYBOARD

Criar um *storyboard* é montar uma descrição visual das filmagens que você precisará fazer para facilitar o entendimento da história. É a primeira forma visual do roteiro. Consiste em uma sequência de desenhos ou imagens com o esboço das diversas cenas da história que será gravada. É como se fosse uma história em quadrinhos do vídeo, que facilitará o entendimento e planejamento das gravações.

5 · SHOT LIST – PLANO DE FILMAGEM

É uma lista detalhada do que você precisa durante as filmagens. É um complemento ao *storyboard*. Para cada cena que será filmada detalhamos os requerimentos necessários, incluindo pessoal, equipamento, locação, acessórios e outras informações relevantes. Quando você está fazendo tudo sozinho, uma *shot list* é uma grande ajuda, pois evita que você esqueça itens importantes a serem filmados.

O *storyboard* nos diz o que queremos fazer e a *shot list,* como fazer. Ela é importante, pois um filme dificilmente é gravado sequencialmente ou por uma única equipe. A *shot list* permite que as cenas sejam em qualquer ordem. Você tem ali tudo o que precisa saber para fazer a gravação. O plano de filmagem pode ser feito em formato de tabela ou lista.

6 · ESCOLHA DE LOCAÇÃO

Você precisa definir os locais de gravação para saber que tipo de iluminação e captação de som irá usar. Pesquisar se é necessário autorização para filmar no local, restrições de filmagem e outros detalhes. Por exemplo, alguns parques não permitem gravações sem autorização ou pagamento de alguma taxa.

7 · FIGURINO E MAQUIAGEM

Os atores utilizarão roupas específicas? Elas precisam ser escolhidas previamente. Se a gravação de uma cena se estender por mais de um dia, é preciso dar continuidade à aparência do personagem garantindo o mesmo figurino em todas as gravações. Maquiagem e correção de pele são essenciais para a qualidade da imagem.

8 · CENÁRIO

Em alguns casos o local de gravação terá de ser montado ou criado. Pense em uma entrevista e onde ela será feita, por exemplo. Será em uma sala de reunião ou em um ambiente dentro de um estúdio?

9 · ENSAIO

Antes de gravar uma cena com atores ou personagens, você deve fazer um ensaio para realizar eventuais ajustes na gravação e encurtar o tempo gasto na captação da cena.

10 · GRAVAÇÃO

Com tudo pronto é hora de dizer ação e começar a gravar as cenas. Em muitos casos mais de uma câmera será necessária. Nesse caso, munido do storyboard e da shot list, seguimos as instruções para a captação das imagens.

11. EDIÇÃO

Aqui você recortará os vídeos gravados, colocando-os na ordem correta e adicionando música, efeitos sonoros, legendas e outros elementos necessários. Isso pode ser feito no computador ou no celular com aplicativos específicos.

12. DISTRIBUIÇÃO

Agora o vídeo deverá ser enviado ao seu destino, como uma mídia social ou servidor de streaming para ser visto pela audiência.

UMA MÁSCARA PARA O PASSADO

Vou descrever a seguir todo o processo de criação e produção do vídeo "Uma máscara para o passado", que utilizou a jornada de criação descrita nesse capítulo.

A FAÍSCA MÁGICA

Fui contratado para produzir um vídeo sobre um hotel em Veneza e estaria na cidade justamente na época do carnaval. Como teria uns dias livres, tive a ideia de aproveitá-los para criar um pequeno curta-metragem de até cinco minutos contando uma história que me ocorreu enquanto eu pesquisava material para a produção do hotel. Não houve um *brainstorm* para pensar em uma ideia para o filme, ela se formou automaticamente, inspirada no material que eu pesquisava, e que incluiu bailes de máscaras, histórias da cidade, personagens típicos e moradores ilustres.

Vendo algumas imagens de pessoas fantasiadas com trajes de época andando pelas ruas de Veneza, achei que tinha um cenário perfeito.

> "Uma moça nos dias de hoje que anda pelas ruas da cidade é perseguida por um homem misterioso com máscara e capa, recebe uma máscara e ao colocá-la é transportada ao passado, onde encontra aquele homem e, depois de receber uma rosa, volta ao presente achando que tudo foi um sonho."

Arquivo pessoal

O ROTEIRO

Baseado nesse lampejo de ideia, desenvolvi uma história que pudesse ser contada em menos de cinco minutos e que reproduzo a seguir:

Uma garota anda pelas ruas de Veneza olhando vitrines e lojas para passar o tempo e tem a sensação de que está sendo observada.

Ela vê um homem misterioso que por diversas vezes mostra uma máscara dourada e desaparece. Inicialmente ela pensa em alcançar o homem e o confrontar, mas acaba ficando receosa e com medo.

Ela decide correr para longe e acabar com aquela perseguição, o que consegue pouco depois, mas fica intrigada e continua pensando no homem e naquela máscara. Passando em frente a uma loja de máscaras ela vê exatamente a máscara que lhe era mostrada pelo mascarado. Então decide entrar na loja e perguntar sobre aquele tipo de máscara.

O vendedor, após receber um ok do homem misterioso, que aparece do lado de fora da loja, entrega a máscara em uma caixa de madeira e pede que ela a abra mais tarde.

Totalmente curiosa e ansiosa, corre até o hotel onde está hospedada e depois de alguma relutância abre a caixa. Depois a observa intrigada a máscara intrigada e decide colocá-la.

Nesse momento algo acontece. Ela começa a se sentir entorpecida e entra em um turbilhão de imagens que passam rapidamente por ela cada vez mais rápido até que param de repente e ela se vê nas ruas de Veneza vestida com um longo vestido dourado.

Sem entender o que aconteceu, anda pelas ruas e praças de Veneza atordoada com a situação. Observa as pessoas e é observada por elas.

Ela não sabe onde está indo, mas sabe a direção para a qual deve caminhar. Ela chega até um dos ancoradouros de Veneza e enxerga o homem misterioso que a aguarda.

Incrédula, ela vai até ele e depois de tocar sua mão na dele recebe uma rosa negra.

Quando a toca, entra em um novo turbilhão que começa com uma dança com o mascarado e a faz adormecer após uma alucinante viagem de imagens.

Quando desperta está no quarto do hotel. Atordoada, olha para os lados e não encontra nem a rosa, nem caixa com a máscara.

Ela está triste e não entende se aquilo foi uma alucinação ou realmente aconteceu. Ela deixa o hotel e anda pelas ruas, pensativa e relembrando o que passou, o perfume da rosa, a dança, as pessoas que a observavam. Quando já acreditava que foi tudo um sonho, olha para a mureta do canal por qual passava e encontra a rosa negra que havia recebido. Naquele momento ela tem certeza de que aquele encontro foi real e faria sempre parte dela sem saber que era observada à distância pelo homem mascarado.

A EQUIPE

Com minha loucura instalada, agora tinha que tornar aquele roteiro uma realidade. Eu estava viajando para Veneza com um camera man para as filmagens do hotel. Precisava encontrar os dois personagens do filme: a moça e o mascarado. Através do site Model Mayhem, que funciona como um catálogo de modelos e fotógrafos, entrei em contato com diversas modelos da região de Veneza propondo o projeto. Consegui três interessadas, fechando parceria com uma delas. Precisaria de uma maquiadora para a caracterização da modelo. Isso foi resolvido mais facilmente, pois minha esposa atua como a maquiadora em nosso estúdio. O mascarado você descobrirá depois como eu consegui.

LOCAÇÃO

As ruas eram o cenário principal do filme. Não havia necessidade de autorização para o tipo de filmagem que faríamos. Consegui autorização do hotel para a cena da abertura da caixa da máscara e encontrei uma loja, onde compramos a própria máscara, cujo dono se empolgou com a ideia e se ofereceu para ajudar nas filmagens cedendo o espaço e até sua atuação. Pronto, as locações estavam acertadas.

FIGURINO E MAQUIAGEM

Como parte da pré-produção pesquisei diversas empresas de Veneza especializadas em locação de fantasias de época e consegui uma parceria com o Atelier Tiepolo, que além de alugar fantasias, organiza um dos bailes de máscaras mais concorridos da cidade. O vestido da protagonista estava garantido. A maquiagem de época foi pesquisada previamente para termos tudo preparado adequadamente.

STORYBOARD

Com o roteiro pronto, rascunhei o storyboard e pedi ao amigo ilustrador Sandro Hojo (@hojossaurus) para desenhá-lo profissionalmente.

SHOT LIST

Com o roteiro na mão e resolvidas as questões de equipe, locação e figurino, criei, junto com o Devian de Zutter — o camera man — a lista de filmagem. Seriam doze cenas que teriam que ser captadas ao longo de um único dia.

CAPÍTULO 16 - STORYTELLING COM VÍDEO

SEQ	CENA	PLANOS
1	Uma garota anda pelas ruas de Veneza olhando vitrines casualmente e tem a sensação de que está sendo observada.	**PLANO A:** Plano aberto. Locação estratégica identificando Veneza. Garota caminhando e encostada em alguma das pontes. Expressão de tranquilidade e admiração pelo cenário. 60FPS. **PLANO B:** Garota caminha entre as estreitas ruas admirando algumas vitrines de roupas clássicas (detalhes de seu olhar, cabelo solto deixando o vento levemente cobrir parte de seu rosto). 60 FPS. **PLANO C:** Seu olhar troca para uma expressão mais séria, olhando para o lado e, logo, para trás. 60FPS.
2	Ela vê um homem misterioso que mostra uma máscara e se esconde. **Opção B:** O homem deixa a máscara em algum local depois de mostrá-la.	**PLANO D:** Lente em tele. Câmera solta. Homem aparece em algum ponto estratégico. **PLANO E:** Homem deixa a máscara e, com um olhar misterioso, (ou postura, se estiver com máscara) deixa o lugar.
3	Ela tenta alcançar o homem e quando chega ao local os dois desaparecem.	**PLANO F:** Ela começa a caminhar em direção ao homem, acelera seu passo e com uma leve corrida chega ao lugar e percebe que a máscara não está mais no lugar. **PLANO G:** Ela volta o olhar para a direção que o homem saiu, porém sem vê-lo.
4	Ela fica intrigada e continua andando pensando no homem misterioso e naquela máscara. Então decide entrar em uma loja e perguntar sobre aquele tipo de máscara.	**PLANO H:** Ela volta vai até uma loja de máscaras onde vê aquela máscara e fala com o vendedor (sem áudio de diálogo, apenas takes da suposta conversa)
5	O vendedor, após receber um ok do homem misterioso, que aparece do lado de fora da loja, entrega a máscara em uma caixa de madeira e pede que ela a abra mais tarde.	**PLANO I:** Close da entrega do pacote das mãos do vendedor para as da garota. **PLANO J:** Ela faz menção que vai abrir o pacote, mas o vendedor gentilmente interfere e com um leve sorriso sugere que ela abra mais tarde.
6	Ela corre até o hotel onde está hospedada e depois de alguma relutância abre a caixa. Depois a observa intrigada e decide colocá-la.	**PLANO K:** Garota caminha em passo acelerado pelo saguão do hotel com uma expressão de curiosidade (câmera em *steady cam* caminhando de frente com a modelo). **PLANO L:** Chega ao seu quarto. Detalhe do pacote sendo aberto (apenas uma caixa com uma fita, sem papel). **PLANO M:** Com uma expressão de receio, ela coloca a máscara em seu rosto.
7	Nesse momento algo acontece. Ela entra em um turbilhão de imagens que passam rapidamente por ela cada vez mais e se vê nas ruas de Veneza vestida com um longo vestido dourado.	**PLANO N:** Trilha sonora troca para mais agitada. *Hyperlapse OUT* (nesse momento uma mescla de imagens que iremos captar durante o carnaval e o baile, mas de forma muito rápida).

STORYTELING: CATIVANDO COM A NARRATIVA

8	Sem entender o que aconteceu, anda pelas ruas e praças de Veneza atordoada com a situação. Observa as pessoas e é observada por elas.	**PLANO O:** Andando pela ruas de Veneza, câmera perseguindo, e também em paralelo, ela olha as pessoas com o mesmo tipo de roupa e é observada.
9	Ela chega até um dos ancoradouros de Veneza e enxerga o homem misterioso que a aguarda.	**PLANO P:** Trilha troca novamente. Cena da expressão em primeira pessoa de ambos. **Plano P1:** Sobre os ombros
10	Quando a toca ela começa entra em um novo turbilhão que começa com uma dança com o mascarado e a faz adormecer após uma alucinante viagem de imagens.	**PLANO Q:** *Hyperlapse IN.*
11	Quando desperta está no quarto do hotel. Atordoada olha para os lados e não encontra nem a rosa e nem caixa com a máscara.	**PLANO R:** Olhar para a caixa em cima na cama que não está mais no lugar.
12	Ela deixa o hotel e anda pelas ruas, pensativa e relembrando o que passou. Olha para a mureta do canal por qual passava e encontra a rosa negra que havia recebido. Naquele momento ela tem certeza de que aquele encontro foi real	**PLANO U:** Plano médio. Câmera em frente a modelo. **Plano U1:** Close-up do rosto. Rosa pode estar em um parapeito de uma ponte. Seu olhar troca para satisfação e sedução. (Pode subir um drone nesse momento revelando a cidade)

ENSAIOS

Os ensaios de cada cena foram feitos ao se chegar em cada local da locação. Veneza no carnaval é um caos e lotada. Gastamos muito tempo para encontrar espaços com pouca distração.

GRAVAÇÃO

Foi um grande desafio devido ao excessivo número de turistas que poderiam atrapalhar as gravações das cenas do passado. Um iphone na mão de alguém no século XIX não iria combinar não é?

Gastamos muito tempo para encontrar espaços com pouca distração. Em fevereiro, época da filmagem, e ainda inverno na Europa, o dia mais curto atrapalhou muito nosso cronograma. Tivemos que deixar de gravar diversas cenas de apoio, pois haveria uma mistura de cenas noturnas no meio das cenas diurnas para completar algumas sequências. O ideal para essa gravação seria termos duas câmeras filmando cada cena, mas nossas limitações fizeram com que apenas uma fosse utilizada.

EDIÇÃO

De volta ao Brasil, começamos o processo de edição fazendo uma pré-seleção das imagens que atendiam ao roteiro. Imaginamos usar como trilha sonora Vivaldi e uma das Quatro Estações, visto que o compositor era de Veneza.

Depois de montar a primeira versão, começamos o ajuste fino. A falta de imagens de apoio (b-roll) nos obrigou a encurtar ou mudar a dinâmica de algumas cenas. Essa fase é um verdadeiro quebra-cabeça. Nossa primeira versão usando Vivaldi como trilha não ficou legal. Tínhamos a espinha dorsal da história, mas precisávamos melhorar. Substituímos algumas imagens em diversas cenas, alguma inversão na ordem de exibição e buscamos músicas que se adequassem à dinâmica que queríamos dar ao filme.

Foi sofrido, mas chegamos ao ponto que gostamos e que era possível com toda as limitações para captar as imagens durante o carnaval de Veneza e em apenas um dia de filmagem.

DISTRIBUIÇÃO

O vídeo final foi colocado no canal do youtube e instagram. O resultado você pode conferir no link abaixo(Lá você pode deixar seu comentário ou pergunta):

UMA MÁSCARA PARA O PASSADO

https://youtu.be/7iRg_HGqtKY

Como é impossível garantir que uma rede social exista indefinitivamente, caso esses links deixem de funcionar, busque pelas palavras-chaves "Uma máscara para o passado" e o meu nome. Certamente você o encontrará em um local alternativo.

IMAGENS DE COBERTURA (B-ROLL)

Quando você produz uma história em vídeo é necessário filmar material extra para completar cenas e possibilitar alternativas de edição.

Imagine uma entrevista em que após uma pergunta, a pessoa começa a sua resposta. Durante a sua fala, você pode cortar a imagem do entrevistado e mostrar cenas sobre o assunto que ele está comentando.

Você tem uma cena onde a pessoa caminha pela rua. Além da imagem da pessoa é importante que se tenha outras gravações que mostrem ângulos e detalhes daquele ambiente para que possam ser inseridos e dar mais dinamismo à cena.

Essas imagens extras são chamadas de imagens de cobertura ou b-roll. Esse termo em inglês é traduzido para rolo B. Na época dos filmes em película, as imagens principais eram gravadas no rolo "A" e as imagens adicionais no rolo "B", daí o seu nome.

Sempre que filmar, procure se lembrar de fazer essas gravações adicionais para poder aumentar suas opções de edição.

A sua vida é repleta de imagens de cobertura que você não percebe.

COMENTÁRIOS SOBRE A PRODUÇÃO DO VÍDEO

Mesmo tendo planejado e estruturado todo o processo de produção do filme, uma história é um ser vivo em constante mutação.

Um roteiro pode mudar entre o papel e a filmagem em função de variáveis externas como clima, problemas na locação ou amadurecimento da ideia.

Em Star Wars, George Lucas, incialmente não pretendia matar Kenobi na luta contra Vader. Ainda no planeta Tatooine, Luke tem uma cena completa com seu amigo e piloto dos rebeldes, Roy, que foi filmada, mas na edição final retirada do filme.

A produção do nosso pequeno vídeo não foi diferente. Nossa ideia inicial era que o homem misterioso mostrasse e deixasse a máscara em lugares de Veneza depois de mostrá-la para a protagonista que, curiosa, tentava pegar o objeto, embora este sempre desaparecesse no último momento. Devido à superlotação de Veneza, resolvemos simplificar essas cenas fazendo com que o misterioso e a máscara aparecessem e desaparecessem ao mesmo tempo.

Por um mal entendido causado por mim, o *storyboard* foi desenhado com homem misterioso vestindo roupas atuais e não uma máscara e capa.

A combinação de superlotação da cidade e dias curtos de inverno impactou fortemente e de forma negativa a quantidade de material filmado.

AJUSTES ON-DEMAND

Eu imaginei as cenas com uma rosa negra, mas na hora de comprar não encontrei no tamanho que precisava e acabei optando pela rosa branca.

Não existia a caixa da rosa na ideia inicial, mas andando por Milão, antes de chegar em Veneza, encontrei a caixa que você vê no filme.

Filmar com apenas uma câmera nos obrigava a repetir uma cena diversas vezes em posições diferentes, o que nos tomou ainda mais tempo. Os lugares mais vazios da cidade exigiam caminhadas de meia hora e mais tempo nos consumia.

Antes de chegar à Veneza havia tentado fechar alguma locação de loja, mas devido ao carnaval ninguém quis se comprometer em ceder espaço ou tempo. Algumas lojas deixaram a possibilidade em aberto, mas dependeria do movimento e horário das filmagens.

Teríamos que adaptar o roteiro em função do que conseguíssemos lá em Veneza.

A máscara que usaríamos na filmagem seria comprada lá, sem nenhuma escolha prévia de modelo. No fim, a loja em que compramos e seu proprietário acabaram fazendo parte da filmagem, tornando tudo mais realista.

No final das contas tínhamos um material para a edição. Não era o ideal, mas foi suficiente para gerar o vídeo que foi produzido.

PROPOSIÇÃO DE ATIVIDADE PRIORITÁRIA

1 Assista ao vídeo "Uma Máscara Para o Passado";

2 Compare-o com o roteiro mostrado aqui no capítulo e anote as principais diferenças que encontrou;

3 Se eu te convidasse para me ajudar a reescrever o roteiro, o que você mudaria?;

4 Responda nos comentários do vídeo no YouTube, assim poderei ver sua resposta e outros leitores também poderão fazer comentários adicionais.

CONSIDERAÇÕES FINAIS

Você não precisa executar os doze passos da produção de um vídeo para tirar uma selfie, mas se você quiser contar uma história de trinta segundos, tenha certeza de que a mensagem ficara muito melhor se você fizer um checklist com tudo que é necessário para que o material captado faça sentido, e principalmente, seja engajante.

CAPÍTULO 17
STORYTELLING COM CELULAR

CAPÍTULO 17 - STORYTELLING COM CELULAR

Storytelling com celular ou Mobile *Storytelling*, pode ajudar a contar sua história usando uma ferramenta que você já tem no bolso. É a ferramenta de narrativa mais poderosa que já existiu.

Vivemos no mundo do TikTok, em que os usuários assistem centenas de vídeos todos os dias e não se lembram do que viram ontem.

Em uma época onde temos a **economia de atenção**, criar vídeos que mantenham o interesse requer mais do que uma dancinha. É preciso ter uma boa história e um visual cativante.

janrye – Pixabay

Em 2022, com um pouco de habilidade, você pode produzir vídeos de alta qualidade com o celular. Você faz a captura, edição e distribuição a partir do próprio dispositivo, uma facilidade nunca antes atingida. Até certo ponto, o celular é autossuficiente para fazer todo o processo de produção de um vídeo. Porém (sempre tem um porém), existem situações nas quais você precisará ter alguns acessórios para produzir um vídeo melhor. Falaremos disso mais adiante.

Neste capítulo vou compartilhar informações que dizem respeito aos aspectos físicos da captura de vídeos e fotos, ou seja, quais recursos físicos e técnicos impactam a captura das imagens que você usará para criar uma história.

Não é preciso ter um modelo topo de linha, tampouco usar programas complicados e caros para editar. É possível encontrar editores de vídeos gratuitos de alta qualidade e opções com preços que não custam um rim.

É obvio que quanto mais recursos técnicos (entenda-se a resolução de captação e a qualidade das lentes e câmera) melhor será a qualidade técnica do vídeo.

Os smartphones agora são estúdios de produção móveis que fornecem aos criadores uma plataforma para criar, editar e distribuir conteúdo. Seja você um podcaster, vlogger, cineasta, jornalista, ou simplesmente alguém querendo contar uma história, os smartphones permitem que você grave em qualquer lugar, imediatamente.

De uma postagem descompromissada na sua rede social até a produção de um filme cinematográfico ou documentário, o celular está ao seu lado e pronto para ser a ferramenta de captação das imagens através de fotos ou vídeo.

UMA MARAVILHA, MAS NÃO FAZ MILAGRE

O nível de qualidade do que você produzirá com um celular, particularmente pensando em um filme, é proporcional aos recursos extras que são usados em conjunto com ele.

Dá para se fazer um curta ou longa metragem com um celular com a mesma qualidade de um filme de Hollywood? A resposta é sim, desde que você conte com todos os recursos adicionais financeiros, humanos e técnicos usados por filmes do tipo.

Quer ter uma ideia de quantas pessoas trabalham em um filme de Hollywood?[1]

FILME	PESSOAS ENVOLVIDAS
• Homem de Ferro 3	3310
• Avatar	2984
• Os Vingadores da Marvel	2718
• O Hobbit – Jornada inesperada	2709

De acordo com o site Stephen Follows, a média de pessoas nas equipes dos filmes produzidos entre 1994 e 2013 era de 588 pessoas.

Em média, os melhores filmes das últimas duas décadas tiveram cada um 3,5 roteiristas, 7 produtores, 55 pessoas no departamento de arte, 32 em som, 55 em câmera/elétrica e 156 em efeitos visuais.

Portanto, é necessário que você defina previamente o padrão de imagem que quer produzir, e consequentemente, obter os recursos necessários para criá-la.

---

1 Dados obtidos em junho de 2022 em:
https://stephenfollows.com/how-many-people-work-on-a-hollywood-film.

CAPÍTULO 17 - STORYTELLING COM CELULAR

Mas não desanime, com poucos recursos e criatividade na captação e edição podemos criar imagens cativantes para nossas histórias.

A BANDA DE UM SÓ HOMEM

Quando assumimos o papel de criadores de histórias usando um celular, assumimos, quase sempre, um papel similar aos artistas de músicas de rua, que tocam inúmeros instrumentos simultaneamente dando origem ao termo banda de um só homem. Esse artista toca violão, sopra gaita, bate no bumbo, toca o prato e outros instrumentos conectados a ele. Ele é o diretor, o arranjador e o músico ao mesmo tempo.

Como contadores de histórias usando o celular acabamos assumindo naturalmente o papel de escritor, roteirista, câmera, iluminador, diretor, editor e distribuidor das histórias.

O celular pode ser usado para realizar a tarefa de todos esses profissionais.

Sinceramente, o ideal é sempre trabalhar em equipe. Quando distribuímos tarefas para especialistas o que é produzido será inevitavelmente melhor do que aquilo feito por uma só pessoa, não importando o quão competente ela seja.

Mas eu sempre sigo a filosofia de que "existe o ótimo, o bom e o que dá para se fazer".

Dentro da realidade e recursos disponíveis temos que fazer o nosso melhor.

One Man Band (2005). Dirigido por Andrew Jimenes: Produzido por Osnat Shurer e Pixar Animation Studios: Distribuído por Buena Vista Movies

O filme animado One Man Band, dos studios Pixar e que recomendo a você assistir no YouTube, é um exemplo interessante. Nele, dois artistas de rua tocando seus instrumentos disputam uma moedinha de uma menina que entra na praça onde eles estão.

Essa animação, além de divertida, tem uma mensagem importante para você: como a atenção das pessoas é disputada nos dias de hoje!

A sua história disputa a atenção das pessoas com infindáveis concorrentes, portanto tudo tem que ser planejado para ela se destacar.

EXPECTATIVAS DE QUEM ASSISTE

Quando você coloca um filme produzido com celular em suas redes sociais, as pessoas não estão esperando uma qualidade maior do que a que elas mesmas postam. Todo mundo está acostumado com cenas de um amigo mostrando seu gato, sua viagem, seu look do dia, seu almoço, todos filmados de forma espontânea.

Nós, como contadores de história, não podemos nos contentar com esse padrão. Nossas histórias devem se destacar visualmente quando o nosso produto é um vídeo.

Neste capítulo, nossa intenção é trazer elementos que irão contribuir para que a sua história seja captada com o celular da melhor forma possível, considerando tudo o que você já viu nos capítulos anteriores.

O filme Uma Máscara Para o Passado, que mostrei no capítulo sobre *storytelling* em vídeo, foi filmado com uma câmera fotográfica DSLR, e com um celular, mas poderia ter sido feito somente com um celular. Todas as doze etapas da produção continuariam as mesmas, apenas o dispositivo usado para captar e editar as imagens mudaria.

5 PONTOS-CHAVE PARA UM BOM VÍDEO COM O CELULAR

Precisamos de um conjunto de elementos e recursos técnicos para que um filme tenha qualidade e seja atrativo. A captação de imagem é fundamental e com um celular podemos destacar alguns desses quesitos.

1 **Controle manual da filmagem;**
2 **Qualidade de áudio;**
3 **Edição;**
4 **Criatividade.**

O principal obstáculo que você enfrentará quando começar a filmar seriamente com um celular é perceber que sua criatividade e visão cinematográfica são muito maiores do que a sua habilidade como captador de imagens.

A habilidade só virá com treinamento e prática, mas sua criatividade é essencial para a história visual que será contada. Por isso é muito importante assistir a filmes feitos com smartphones e ver o que foi feito. Isso vai te inspirar e desafiar a chegar até lá. Vasculhe o YouTube atrás de vídeos feitos com celular para se inspirar.

PRÁTICA É FUNDAMENTAL

Filmar bem com um celular exige muita prática. Não adianta você conhecer toda a teoria de filmagem se você não conseguir captar imagens boas. Isso depende das características da câmera do aparelho e da manipulação delicada e planejada dos movimentos que fará com ele.

A leveza e tamanho do celular são dois dos principais inimigos de uma boa gravação. Os movimentos de câmera precisam ser lentos e estáveis e isso é difícil de conseguir sem muito treino.

O que mais vemos são movimentos bruscos, trepidação da imagem e outros defeitos causados pela manipulação, digamos, bruta do aparelho.

Quase todos os vídeos feitos por alguém caminhando possuem um sobe e desce causado pelos passos não é verdade? Estabilizar a imagem é fundamental e muito difícil de conseguir sem muito treino ou ajuda de algum equipamento adicional.

Quantas vezes uma imagem fica entrando e saindo de foco quando a câmera é movida, pois o aplicativo está no modo de foco automático e tenta focar no que ele acha ser o melhor ponto?

E aquelas outras cenas em que ela escurece e clareia, contra a sua vontade, em função da luz ambiente do cenário que é captado? Isso acontece porque o aplicativo, no modo automático, tenta compensar a falta ou excesso de luz da cena.

CONTROLES MANUAIS

Quem tem que filmar e decidir como é o visual de uma cena é você e não o celular. Filmar em modo automático é deixar que o aparelho tome as decisões (nem sempre adequadas) por você sobre foco, exposição e ambientação da imagem. Muitos aparelhos possuem aplicativos nativos que oferecem controles manuais para fotografar ou filmar. Se o seu não possui é fundamental usar algum que tenha essas características. A seguir destaco alguns que são populares em 2022.

As telas mostradas a seguir são do celular Samsung Note 10 Lite que possui um modo de captura de vídeo padrão (automático) e outro profissional, permitindo ajustar manualmente abertura, diafragma, balanço de branco e foco.

Outra coisa importante. Quase tudo que é bom tem um preço. Alguns desses aplicativos são pagos e valem cada centavo. Investir alguns reais em um aplicativo fará toda a diferença na qualidade da sua história.

APLICATIVOS DE FILMAGEM

Use um aplicativo de captura de vídeo que ofereça recursos manuais. Eles permitem travar a exposição (quantidade de luz) e o foco, evitando os problemas descritos há pouco. Aplicativos aparecem e desaparecem do mercado. Os bons aplicativos normalmente são pagos e valem cada centavo.

Alguns oferecem versões gratuitas com alguma limitação.

Se o seu celular possuir aplicativo com controles manuais, recomendo usá-lo. Caso não tenha, escolher um pago é altamente recomendável.

Em 2020 o programa mais bem avaliado era o Filmic Pro, disponível para Android e IOS. No caso do Android ele possui um aplicativo de compatibilidade que você pode baixar e ver se é compatível com o seu modelo de celular.

1. **Filmic Pro – Android e iOS;**
2. **Mavis – apenas para iOS;**
3. **MoviePro – apenas para iOS;**
4. **Open Camera – Android.**

Tela do App Filmic Pro

ESTABILIZAÇÃO DE IMAGEM

Não existe certo ou errado, você pode filmar tudo na mão e conseguir imagens magníficas, mas o uso de um suporte para o celular vai ajudar muito a qualidade dos seus vídeos. Tripés, monopés, paus de selfie, empunhaduras (grip) e gimbals precisam fazer parte do seu arsenal de ferramentas.

As empunhaduras são suportes em que você encaixa o celular e consegue manipulá-lo apenas com uma mão. Elas têm um botão de disparo que facilita tirar fotos ou vídeos. A segurança contra a queda do celular aumenta bastante. Possuem rosca na parte inferior que permite fixá-la em um tripé.

Os gimbals são aparelhos que estabilizam o celular absorvendo os movimentos, reduzindo as trepidações da imagem. É o melhor investimento que você pode fazer para garantir uma imagem melhor.

As gaiolas permitem que você manipule o celular com muito mais conforto e segurança. Elas possuem encaixes para você adicionar iluminação e microfones, aumentando assim a qualidade de captação das imagens.

EDITORES DE VÍDEO

Além de aplicativos para captura você precisa ter um aplicativo para fazer a edição do vídeo. A seguir alguns dos mais populares para Android e iOS.

1 **Luma fusion** IOS;

2 **FilmoraGO** Android e iOS;

3 **VLLO** android;

4 **Kinemaster** android;

5 **Quik** android;

6 **Viva Video;**

7 **Splice** Android e iOS (gratuito);

8 **Uncut** Android;

9 **CapCut.**

Atualmente uso no Android o VLLO como principal editor pois, é muito completo para editar. Ainda uso o Inshot, Uncut, CapCut e Splice. Cada um tem alguma característica interessante que uso em função do que vou editar.

Mas você não precisa editar o vídeo no celular. Pode transferir os arquivos para um HD externo ou diretamente para um computador e usar um programa de edição por lá, caso já tem prática nesses programas. É muito mais confortável graças ao tamanho da tela e teclado.

PROGRAMAS E APLICATIVOS PARA EDIÇÃO EM COMPUTADOR

Se você optar por editar no computador, aqui vão algumas sugestões gratuitas ou de custo acessível e que podem ser usadas no lugar dos softwares mais populares nessa área como o Adobe Premiere Pro e o Final Cut.

1 **https://www.openshot.org/:**
disponível para Linux, Mac e Windows. É gratuito.

2 **https://www.blackmagicdesign.com/products/davinciresolve/:**
gratuito e uma das alternativas mais interessantes do mercado.

3 **https://fxhome.com/product/hitfilm-express:**
gratuito para Windows e com uma interface similar ao Adobe Premiere.

4 **https://www.videostudiopro.com/en/products/videostudio/pro/:**
software pago com muitos recursos e valor bastante acessível (por volta de sessenta dólares).

ANATOMIA DE UM VÍDEO

Quando você assiste a um vídeo, pode pensar que ele tem apenas a imagem em movimento e o som. Pode ser assim em alguns casos. Se você

CAPÍTULO 17 - STORYTELLING COM CELULAR

gravar um vídeo no seu celular fazendo uma selfie e contando algo, é exatamente isso. Contudo, um filme pode ser editado e receber mais camadas de som, vídeo, e gráficos e efeitos sonoros.

Podemos ter o áudio do diálogo, a trilha sonora ou música de fundo, um efeito sonoro, uma narração (voice-over). Podemos ter uma legenda explicativa, um título ou outro texto sobre a imagem. Veja só a próxima imagem que mostra o programa de edição VLLO mostrando uma cena do filme e na parte de baixo da imagem, as diversas camadas que podem ser adicionadas.

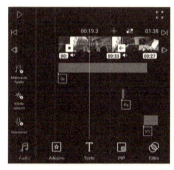
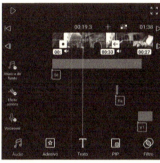

o App Vllo permite adicionar diversas camadas de som e imagens a um vídeo.

Visualmente podemos ter um gráfico, um texto, uma legenda, uma camada de vídeo para criar uma vinheta (aquelas bordas escuras) e outros vídeos sobrepostos, tudo acontecendo no mesmo instante. Além disso podemos adicionar efeitos sonoros, música e narração.

Pense em Star Wars, onde o personagem é, em boa parte das cenas, gravado em um estúdio com fundo verde e depois tudo que você ouve ou vê é adicionado na edição.

Calma, não se assuste. Podemos, e devemos, começar de forma simples. Contudo, antes de apertarmos um botão para gravar temos que tomar algumas decisões importantes com relação ao formato que vamos escolher para captar as imagens.

VERTICAL OU HORIZONTAL? EIS A QUESTÃO

Historicamente filmamos e fotografamos na horizontal, no que se chama modo paisagem (*Landscape*). O celular trouxe uma nova realidade impulsionada pelas mídias sociais, particularmente Instagram e TikTok, onde o modo vertical, chamado de retrato (*portrait*), se tornou muito popular.

A maioria do consumo de vídeo via internet é feita através de um celular, e nele assistir na orientação vertical parece estar sendo mais natural do que na horizontal, pois seguramos o telefone de forma vertical como padrão. Contudo ainda existe muita divergência sobre a melhor orientação de captação de imagem.

Criar fotos e vídeos no celular nos coloca uma primeira pergunta que precisa ser muito bem respondida, pois terá um impacto no visual da história e na sua exibição em diferentes dispositivos.

Um dilema que se estabelece é a decisão sobre qual formato usar. Uma foto ou vídeo vertical exibido em um monitor ou TV ocupará apenas uma pequena parte da tela, deixando as laterais vazias.

Já uma imagem horizontal, ao ser exibida em um celular na vertical, irá produzir o mesmo efeito, deixando sua parte superior e inferior sem conteúdo.

É claro que podemos girar o celular e ver a imagem na horizontal, mas nem todos os aplicativos permitem essa rotação do vídeo, como é o caso do Instagram (no momento da escrita deste livro ele não permite).

Recortar o vídeo horizontal é uma prática comum para aproveitar o mesmo original, mas nem sempre dá muito certo.

Essa não é a situação ideal e muitas vezes temos que editar a imagem, fazendo um redimensionamento, corte ou complemento e, mesmo assim, o resultado pode não ser bom. Essa cena do canal de Veneza tem seis segundos de duração onde a lancha aparece o tempo inteiro. Ao ser recortada para o formato vertical, a lancha aparece apenas por dois segundos, ficando uma imagem incoerente e vazia a maior parte do tempo.

Se um vídeo precisar ser exibido nos dois formatos uma solução é fazer a gravação na horizontal, prevendo a área que será usada na vertical quando o vídeo for recortado.

Quando um plano é gravado tendo como destino sua exibição em tela, tirar essa largura da sua composição prejudicará muitas das suas ideias e intenções visuais. Por exemplo, se você quiser um plano geral que estabeleça o ambiente e o local, muitos detalhes serão perdidos na vertical e seu plano não contará mais a história que você queria que ele contasse.

Você pode ver que no exemplo da moça caminhando, o plano aberto horizontal nos dá muito mais informação sobre o local onde ela está, mas o plano foi gravado considerando que ele seria posteriormente recortado.

Em resumo, tentar aproveitar um vídeo horizontal e transformá-lo em vertical pode criar uma imagem que não é tão boa tanto na vertical quanto na horizontal, mas se isso for inevitável, ative as linhas de grade da câmera para poder ter uma referência da área central e tentar manter os assuntos importantes ali.

OS FORMATOS DE IMAGEM MAIS UTILIZADOS

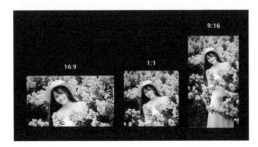

A proporção da tela (*aspect ratio*) é a relação entre altura e largura de uma imagem ou vídeo. Entre os três formatos de imagem mais utilizados considerando TV e mídias sociais temos o horizontal (16:9), o vertical (9:16) e o quadrado (1x1).

Se você for compartilhar um vídeo no Facebook, ele pode acomodar proporções de 16:9, 9:16, 4:5, 2:3 ou 1:1. No IGTV, precisa ser 9:16 ou 16:9.

UMA FILMAGEM E DIVERSOS DESTINOS

O ideal é você filmar na posição correta para cada formato. Se for possível, tire a mesma foto na vertical e horizontal. É rápido de se fazer e abre opções de destino para aquela imagem. Em vídeo fica mais difícil, dependendo da situação em que você estiver filmando, mas se for possível, filme nos dois formatos.

Se for necessário usar uma mesma imagem em diversos formatos, veja algumas dicas que tornarão melhorarão o aproveitamento de uma única captação. Isso vale para foto ou vídeo.

CAPTURE A IMAGEM NA MAIOR RESOLUÇÃO POSSÍVEL

Por exemplo, se o seu celular capta vídeo em 4K (2840x2160 pixels), use-o, pois se o tamanho do formato final a ser usado for Full-HD (1920x1080) ou menor, você poderá colocar dentro desse quadro apenas a parte importante da imagem com resolução maior. Isso permite que você a recorte sem perder a qualidade.

EVITE IMAGENS CUJO ASSUNTO PRINCIPAL TOME TODO O QUADRO

Isso evita que você perca elementos próximos às bordas. Em muitos casos é impossível fazer o recorte sem prejuízo do conteúdo. Veja o exemplo a seguir, onde a foto horizontal, ao ser recortada, permite mostrar apenas duas ou três das cinco pessoas.

ENQUADRE PENSANDO NOS RECORTES

Se você precisar usar toda a largura ou altura do quadro na sua composição, pense como e onde seriam os cortes. A imagem abaixo foi captada na vertical, mas pensando onde seriam os cortes, mesmo com as moças tomando toda a altura e quase toda a largura, os recortes mostraram a mesma mensagem.

DEIXE ESPAÇO ENTRE O ASSUNTO PRINCIPAL E AS BORDAS

A mesma imagem mostrada no exemplo anterior, ao ser enquadrada de uma forma diferente, permitiu o recorte nos dois formatos com todas as pessoas dentro dela.

Agora que você tem o formato de captura escolhido e um aplicativo de captura instalado é hora de pensar no áudio do seu vídeo.

ÁUDIO

À medida que você evolui como *filmmaker*, verá que uma cena possui no mínimo três ou quatro camadas de som, mas pode chegar a dezenas.

1. **O diálogo;**
2. **O som ambiente;**
3. **Uma trilha sonora;**
4. **Efeitos sonoros.**

CAPTANDO DIÁLOGOS

A gravação do diálogo de um plano feito através de um celular pode ser muito desafiadora. O microfone do aparelho é bom para situações em que o personagem esteja muito próximo.

Quando a distância aumenta, e principalmente em ambientes ao ar livre, o problema se agrava com sons que você não controla, como vento, barulho urbano causado por veículos, pessoas ou animais. Nessa situação, você precisa utilizar microfones externos, que podem ser com fio ou sem fio, conectados ao celular.

Os microfones externos com fio são ideais para gravações onde o personagem está próximo. Sua vantagem é que ele elimina muito do som ambiente, pois está a poucos centímetros do rosto da pessoa. Você encontra modelos com cabos de 1,5 a 6 m.

Você também pode usar um microfone direcional acoplado ao celular, que capta o som que está em frente e reduz os sons laterais.

Os microfones sem fio, que eram astronomicamente caros no passado, tornaram-se acessíveis e permitiram que o personagem estivesse, muitas vezes, a dezenas de metros do aparelho.

Um microfone sem fio usb permite que o personagem se afaste muitos metros do celular sem perder a qualidade do áudio gravado.

Esses modelos podem usar tecnologia bluetooth ou por radiofrequência. Esse tipo de microfone funciona com um transmissor, que é o próprio microfone, e um receptor, que fica acoplado ao celular e que recebe o áudio do transmissor.

O uso desse tipo de microfone vai depender das características do aplicativo de gravação do celular. Mesmo dentro de um mesmo fabricante existirão aparelhos que suportam o uso e outros não.

GRAVE O SOM AMBIENTE

Pode ser que o som captado diretamente pelo celular durante a gravação de um plano esteja ok, mas é muito recomendável que sejam gravados sons do ambiente daquela cena para usar na edição.

Depois de gravar uma cena que eventualmente tenha falas, grave uns dois minutos só do som ambiente. Muitas vezes durante a edição aparece um ruído ou som indesejado que vai comprometer a qualidade e até inutilizar a gravação por completo. Som de vento no microfone é um problema frequente e que pode arruinar uma gravação. Se for necessário, você pode regravar as falas separadamente e usar aquele som ambiente como fundo.

EFEITOS SONOROS

Um simples efeito sonoro pode mudar completamente uma cena. Esses efeitos são adicionados normalmente na edição do vídeo para aumentar o suspense ou ação.

TRILHA SONORA

Uma música de fundo ou trilha sonora acrescenta um nível muito mais profissional ao seu vídeo. Contudo é necessário gastar um bom tempo selecionando uma música compatível com a sequência exibida e que não dispute com as conversas a atenção dos ouvidos dos expectadores.

Música é um dos maiores causadores de problemas de direitos autorais na internet. Procure usar músicas gratuitas disponíveis em sites especializados ou compre a música que mais se adequa ao seu projeto.

Não vale a pena ter seu vídeo banido ou sua conta de mídia social fechada por esse tipo de problema. Veja três sites em que você pode obter músicas gratuitas. Existem muitos disponíveis.

FREE MUSIC ARCHIVE:

HTTPS://FREEMUSICARCHIVE.ORG/HOME

Todas as músicas são gratuitas, mas nem todas podem ser usadas em vídeos, podcasts, curtas-metragens ou projetos comerciais. Você precisa entender e concordar com as condições específicas de licença Creative Commons (CC) e/ou Domínio Público. Como isso funciona? Quase todas as músicas do Free Music Archive são protegidas por direitos autorais. No entanto, cada música tem uma licença adicional explicando como você pode compartilhar ou até mesmo reutilizar a música sem infringir os direitos autorais. Veja o que se aplica à música que escolher.

POND 5:

HTTPS://WWW.POND5.COM/PT/FREE/MUSIC

Esse site oferece músicas pagas, mas tem uma boa oferta de músicas gratuitas.

PIXABAY:

HTTPS://PIXABAY.COM/MUSIC/

Esse site além de imagens e vídeos também oferece músicas gratuitas. Veja os termos para créditos das músicas.

CONSIDERAÇÕES FINAIS

Até agora filmar com o celular era uma tarefa automática para você, não era? Se algo te chamava a atenção, bastava pegar o dispositivo, apontar na direção do assunto e pressionar o botão de gravação. Narrar algo sobre o que estava acontecendo e pronto. Sua produção para postar nas redes sociais estava pronta.

Espero que agora, a cada vez que apertar o botão de gravar, considere a essência do *storytelling*. Alguns segundos de planejamento podem mudar completamente o resultado de um vídeo informal.

CAPÍTULO 18
STORYTELLING NAS MÍDIAS SOCIAIS

CAPÍTULO 18 - STORYTELLING NAS MÍDIAS SOCIAIS

Neste capítulo, vamos abordar alguns temas relacionados à criação específica de histórias para mídias sociais, considerando suas peculiaridades. Vamos focar no Instagram e considerar a criação de uma narrativa com fins profissionais ou comerciais, mas é claro que você pode usar esses conceitos para os seus vídeos ou postagens pessoais. Primeiro vamos considerar a produção de uma narrativa em vídeo, que cada vez mais é a opção escolhida para engajar um número maior de pessoas.

Você já teve, nos capítulos anteriores, os ensinamentos relativos às etapas de produção de um vídeo e de fotografias. Não vamos entrar nesses detalhes aqui, apenas adequar seu uso para as características desses meios.

Esse capítulo não é dedicado ao marketing dos vídeos e mensagens nas mídias sociais. Você deve se aprofundar também nesse tema com uma leitura específica.

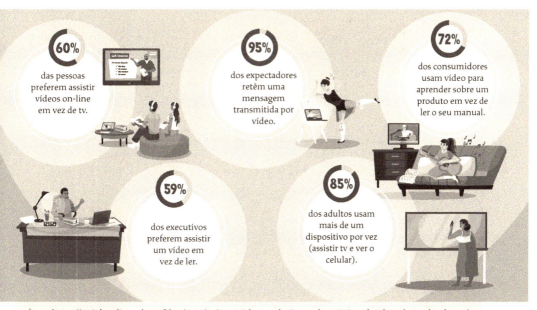

fonte: https://socialmediaweek.org/blog/2019/10/2020-video-marketing-and-statistics-what-brands-need-to-know/

Pense um pouco sobre as diferenças entre os vídeos que assiste nas redes sociais e aqueles que são feitos para a televisão ou cinema. Embora a informação seja a mesma, o fato de podermos consumir a qualquer hora e com muito mais frequência no celular nos faz rever o estilo e a estrutura da narrativa.

FORMAS DE ASSISTIR UM VÍDEO

	NO CINEMA (LOCAL FIXO)	**NO DISPOSITIVO MÓVEL** (PARADO OU SE LOCOMOVENDO)
1	Dedicamos um tempo exclusivo para assistir (cinema).	Compartilhamos o tempo do vídeo com outras tarefas.
2	Executamos apenas uma tarefa: assistir.	Somos multitarefas, assistimos ao vídeo enquanto estamos executando outras atividades (até perigosas e incompatíveis, como caminhar e dirigir).
3	A audiência ao nosso redor vê a mesma coisa.	Nossa atenção é diluída.
4	Temos uma atenção maior ao conteúdo.	Apenas você vê o vídeo.

No cinema, dedicamos em média duas horas ininterruptas para o filme. Um documentário na TV aberta costuma ter uma hora. Você não tem como parar o filme no cinema ou a transmissão da TV aberta. Nas mídias sociais você pode parar a transmissão quando for necessário.

Quando assiste um telejornal na TV você notará que uma edição de uma hora é formada por, por exemplo, dez notícias narradas pelo apresentador com o suporte de algum auxílio gráfico com duração de até dois minutos, três matérias gravadas previamente e que podem ter dois ou três minutos de duração e algumas entrevistas ao vivo que podem levar um tempo maior.

No caso da TV, alocamos uma hora do nosso tempo para assistir um número x de notícias, que desconhecemos até que elas sejam anunciadas. Se soubermos que naquela edição vão abordar um tema que nos interessa temos que assistir do início até o momento em que aquela notícia for exibida, o que pode acontecer aos cinco minutos ou aos 55 minutos do programa. Nas mídias sociais recebemos uma notícia específica através de cada postagem, não temos que esperar por ela.

Ao produzir uma história para as redes sociais em vídeo, você precisa respeitar essas diferenças para que seu conteúdo seja inteiramente consumido.

VIDEOS NATIVOS E NÃO NATIVOS

Quando você faz o upload de um vídeo do celular ou computador diretamente para uma rede social, ele é executado direta e automaticamente no feed ou story. Quando você compartilha um vídeo de uma plataforma em outra, verá uma miniatura da imagem do vídeo com um link para o vídeo original. Por exemplo, se você cria um post no Facebook com um vídeo do YouTube, quem clicar sobre ele vai assistir o vídeo no YouTube.

Isso pode ser bom para aumentar as visualizações no YouTube, mas você perde engajamento no Facebook, além de correr o risco de algumas pessoas não clicarem para não sair do aplicativo que estão.

A GUERRA PELA ATENÇÃO

No Facebook e no Instagram acessamos o conteúdo rolando a tela (*scroll*).

Os dois ou no máximo três segundos iniciais do vídeo são determinantes e decisivos para que o usuário pare de rolar a tela e fique mais algum tempo para decidir se continuará ou não a assisti-lo.

Se você conseguiu essa primeira e decisiva atenção, precisa considerar o seguinte: os vídeos, como padrão, são reproduzidos sem áudio, que pode ser ativado pelo espectador, por isso o visual inicial tem que ser cativante.

Um estudo da Verizon Media mostrou que:

92% dos consumidores assistem vídeos com som desligado;

50% contam com o uso da leitura de legendas.

Quando as legendas estão disponíveis, 37% dos espectadores disseram que são incentivados a ligar o som porque os vídeos parecem mais interessantes e 29% disseram que, mesmo com o som desligado, conseguiram entender melhor o vídeo por causa da legenda. Tudo é uma questão de escolha e que terá um impacto maior no consumo do seu vídeo.

Veja mais detalhes em:
https://www.nexttv.com/news/mobile-videos-often-watched-without-audio-study-finds

OS TRÊS SEGUNDOS MÁGICOS

Considerando a mecânica de uso dessas duas redes sociais, os três segundos iniciais são os segundos mágicos onde você terá que garantir a atenção inicial. Precisamos fornecer elementos para segurar a atenção do usuário. Para conseguir você precisa usar recursos visuais e textuais, separados ou em conjunto. Considere três elementos:

1 A imagem;

2 O texto;

3 A legenda.

A IMAGEM

Precisa ser impactante, bonita, com estética ou que gere curiosidade. Tudo que se mexe chama mais atenção do que algo estático. Portanto, se for possível, use algum tipo de animação nesses segundos iniciais acrescentando movimento a um texto ou à foto. No caso de um vídeo, se for possível crie uma abertura chamativa antes de exibir o vídeo em si. Pense em um trailer de três segundos, por exemplo.

O TEXTO

Deve funcionar como um anzol, pescando o usuário através de uma pergunta que será respondida ou detalhando o tema do vídeo.

LEGENDA

É um texto explicativo adicional à cena, para facilitar o seu entendimento, ou a transcrição da fala dos personagens do vídeo. Se nos três segundos iniciais não existe um texto embutido na imagem, o uso de uma legenda cumpre a missão de dar mais informações para ajudar na decisão de continuar a assistir. O início do vídeo a seguir possui uma legenda para dizer o que será mostrado. Nesse exemplo ela faz uma pergunta: "Quer conhecer um hotel palácio no Grand Canal de Veneza?"

Assista o vídeo em: https://youtu.be/zXQI6IcurRk

GC é uma abreviatura de Gerador de Caractere. No jornalismo ou em documentários são créditos em forma de texto que aparecem na tela, normalmente no terço inferior, mostrando o nome e outras informações do entrevistado, nome do repórter, local onde ocorre a cena ou outra informação que complete a informação que está sendo exibida.

Legenda é outro termo similar e associado com a função GC, mas é mais empregado com o texto traduzido dos diálogos de filmes em outro idioma. Quando você assiste a um filme estrangeiro no cinema ou em um canal de streaming, normalmente aparece a legenda das falas na parte inferior. Aproveite para assistir esse incrível episódio paralelo da saga Star Wars que produzi totalmente em casa durante o *lockdown*. Eu resolvi aproveitar o tempo para aprender alguns recursos de edição de vídeo e fazer algo divertido para mim. É o melhor trash movie de 2020! Tudo que você vê no filme foi feito sem sair de casa. Que a força esteja com você!

Assista o vídeo em: https://youtu.be/7rxfLoqtEZU

EXEMPLOS DE VÍDEOS NAS REDES

OS CASTELOS DO JAPÃO

Esse vídeo é um slideshow que começa com uma bela imagem ao entardecer mostrando um lindo castelo e um texto que nos leva a querer descobrir mais sobre o país.

Vídeo disponível em https://fb.watch/dD46VaqLFu/.

Ao usar um texto-legenda é muito importante considerar o tempo que se leva para lê-lo e adicionar mais um ou dois segundos que serão dedicados para contemplar a imagem. Um erro muito comum é não dar esse espaço, pois durante a leitura do texto não focamos na imagem.

DINHEIRO É TUDO (OU QUASE)

Neste vídeo, um artesão criando uma escultura é exibido enquanto o chamativo texto convida você a ganhar 500 mil reais com o seu talento.

APELE

Às vezes a imagem inicial não é tão cativante, mas o vídeo é bacana. Um texto acrescido de uma carinha pode convidar o espectador a ficar ali e já dar o tom do vídeo, que nesse caso é engraçado.

DICAS PARA CRIAR TEXTOS E LEGENDAS

Se o vídeo possuir legendas das falas dos personagens, você deve se preocupar com o sincronismo delas com a cena. Elas não podem entrar antes e nem ficarem após o término das falas.

Se o texto exibido não estiver associado com diálogos considere o seguinte:

1. **Palavras Curtas:** busque usar palavras curtas para diminuir o tempo de leitura. Use o dicionário de sinônimos sempre que possível para achar alternativas;

2. **Ortografia:** nada mais desagradável e que cause desconfiança ou crítica do que palavras erradas em um texto;

3. **Use frases curtas e objetivas:** tente ficar abaixo de dez palavras por frase e evite, quando possível, linhas múltiplas;

4 **Evite gírias ou palavras muito regionais:** isso pode tornar o texto mais difícil de ser entendido por pessoas que não conhecem os termos;

5 **Deixe espaço (tempo) entre um texto e outro:** entre um texto e o próximo deixe alguns instantes para que o usuário possa assimilar aquela informação;

6 **Ritmo:** a melhor forma de saber quanto tempo deixar um texto é fazer sua leitura em voz alta e no ritmo normal de leitura. Marque e use esse tempo, acrescido de alguns instantes extras para a transição para o próximo texto ou cena (se houver).

DEFININDO O TOM DA SUA NARRATIVA

O tom da narrativa deve ser apropriado à audiência que você pretende atingir. Ele pode ser:

1 **Cômico ou satírico**, onde o tema é abordado de forma descontraída e irreverente;

2 **Editorial**, onde existe uma opinião, qualificação e avaliação;

3 **Emocional e íntimo**, onde buscamos aproximar a mensagem das emoções e sentimentos mais profundos das pessoas.

EMOÇÃO

Lembre-se de que se você quer manter alguém interessado em uma história tem que trabalhar a emoção e sentimento.

Como as mídias sociais oferecem duração curta, explorar rapidamente as emoções é muito importante, mas dependendo do tema abordado, temos que manter um tom objetivo e não emocional.

ESTÉTICA NARRATIVA

Diz respeito ao aspecto visual da narrativa, sua aparência e estilo de imagem. A estética pode ser previamente definida para uma reportagem ou documentário, mantendo uma consistência ao longo de sua exibição. Em outros casos ela depende do tipo de material que será exibido. Por exemplo, vídeos no estilo vídeo-cassetada não possuem nenhuma estética predefinida e têm a característica amadora na captação das imagens.

CAPÍTULO 18 - STORYTELLING NAS MÍDIAS SOCIAIS

Em geral, os usuários de mídias sociais são bem generosos na aceitação da qualidade de vídeos desse tipo, pois são descontraídos e espontâneos, feitos por pessoas comuns. Isso muda de figura quando o vídeo é feito por uma grande emissora ou um portal de notícias. Aqui, uma vírgula errada em uma legenda já é motivo para pesadas críticas.

TIPOS DE NARRATIVAS EM VÍDEO PARA REDES SOCIAIS

A maioria dos vídeos que vemos nas redes sociais acaba se encaixando em quatro categorias. Podem ser:

1 **Um vídeo-notícia;**

2 **Um mini documentário/reportagem;**

3 **Uma ficção;**

4 **Uma peça publicitária.**

Mesmo sem saber, os seus vídeos pessoais também se encaixam nessas categorias. Quando você posta um vídeo ou foto de um prato que está para saborear em um restaurante, isso é uma reportagem. Quando você viaja e mostra o lugar que está isso é um mini documentário. Quando você filma uma briga, acidente de carro, isso é uma vídeo-notícia.

Conhecendo melhor esses formatos, você pode tornar os seus vídeos pessoais mais atraentes e que engajem mais pessoas.

VÍDEO-NOTÍCIA

Narra um fato informativo de forma direta e simplificada. Sua origem costuma ser espontânea, através do registro de um fato inesperado, ou premeditada, quando você sabe que algo pode acontecer naquele momento e merece ser registrado. Pode ser:

1 **Narrativo:** com auxílio de textos sobre imagem;

2 **Declaração/Entrevista:** personagens contam a história ou opinam sobre o tema;

3 **Misto:** usando as duas formas juntas;

4 **Duração:** de um a dois minutos.

MINIDOCUMENTÁRIOS E REPORTAGENS

1 Narra uma história com mais profundidade e pressupõe a criação de um roteiro e pré-produção incluindo pesquisa sobre o tema;

2 Necessitam roteiro e script mais detalhados;

3 Duração: de três a dez minutos.

FICÇÃO

1 Narra uma história ficcional;

2 Precisam contemplar todo o processo de criação que você aprendeu até aqui;

3 Duração: no Instagram e no Facebook, manter abaixo dos cinco minutos aumenta a chance de ser assistido até o final, mas não é mandatório se a história exige mais tempo.

PEÇA PUBLICITÁRIA

Uma peça publicitária tem como finalidade principal vender um produto/serviço ou ideia. Sua duração precisa ser bem curta. Peças publicitárias são quase sempre vistas como algo que atrapalha a visualização do que realmente interessa, portanto, ser curto e objetivo é fundamental. Cinco a trinta segundos é a faixa de duração que encontramos com maior frequência.

O TOM DA NARRATIVA

A definição do tom, emoção e estética precisa ser previamente pensada e vai depender fundamentalmente de três pontos:

1 O tema;

2 A intenção da comunicação;

3 O público-alvo.

Por ocasião da escrita desse capítulo, o presidente norte-americano Joe Biden levou um tombo pedalando sua bicicleta. Vi as mesmas imagens sendo exibidas em mídias sociais de portais de notícias com sobriedade e de forma objetiva e descritiva, informando a causa do acidente (um dos pés ficou preso no pedal quando ele parou e se desequilibrou ao tentar soltá-lo) e que não ouve sequelas maiores do que alguns arranhões. Alguns sites postaram o vídeo ou imagens com opiniões tendenciosas que questionavam a competência do presidente dirigir uma nação se não conseguia nem conduzir uma bicicleta e enquanto outros simplesmente satirizaram o fato.

Print de tela. Busca do google em 20/06/2022

CONSIDERAÇÕES FINAIS

Uma mesma mídia social é usada de forma completamente diferente por cada pessoa. Você pode ter uma conta pessoal ou comercial/profissional onde pode usar diferentes abordagens para transmitir uma informação ou contar uma história.

Não importa qual seja a sua abordagem, incorporar os conceitos deste capítulo na sua produção pode tornar o resultado mais engajador e gratificante para quem o vê sem alterar o seu estilo pessoal. O importante é que sua história extraia o máximo das características de uma mídia social.

CAPÍTULO 19

STORYTELLING NO INSTAGRAM: CARROSSEL

CAPÍTULO 19 - STORYTELLING NO INSTAGRAM: CARROSSEL

Quando postamos uma foto no Instagram, os conceitos abordados no capítulo de *storytelling* com fotografias podem e devem ser usados para a criação daquela imagem individual.

O Instagram também oferece uma possibilidade muito interessante de narrativa visual, que é o conceito de carrossel. Assim como em um carrossel de parque de diversões, onde os cavalos passam à nossa frente sequencialmente, ele permite que você crie um post com até dez vídeos ou imagens exibidos sequencialmente, à medida que você rola a tela para a esquerda ou direita. É possível ainda mesclar imagens e vídeos em um mesmo carrossel.

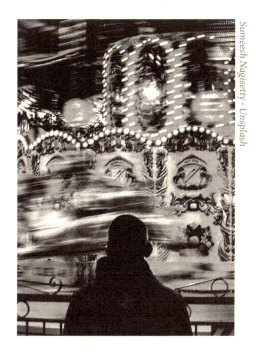
Sumeesh Nagisetty - Unsplash

Os carrosséis são muito mais engajadores do que um post convencional, pois permitem adicionar mais informações e contar uma história em diversas etapas, o que uma foto individual não consegue.

fonte - Freepik

Com uma imagem inicial cativante, a tentação de rolar a tela e querer saber mais é muito grande.

CARACTERÍSTICAS DE UM CARROSSEL

Um carrossel é identificado na grade de posts por um ícone de dois quadrados sobrepostos na parte superior direita da miniatura.

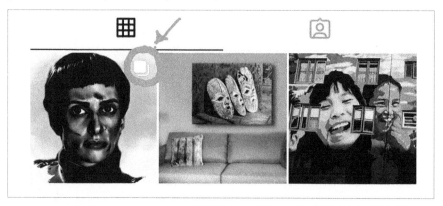

Quando o post é aberto, o ícone se transforma em um par de números no formato x/y onde X é a posição do slide e Y a quantidade de imagens do carrossel. Além disso, você terá uma referência visual da posição da imagem dentro do carrossel através dos pontinhos que indicam cada imagem e que ficam entre a imagem e o texto da legenda do post.

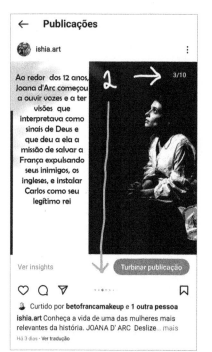

Considerando um carrossel composto apenas por imagens, são dez imagens separadas, mas você poderá planejar previamente o layout de cada uma e criar, conceitualmente, uma única imagem no formato de uma faixa horizontal, de forma que cada foto se junte à próxima e elementos visuais ultrapassem a largura padrão de uma imagem quadrada (1080x1080), ampliando assim a experiência do usuário.

Veja o exemplo a seguir: quatro imagens compõem o carrossel, sendo que uma foto do primeiro slide se espalha para o segundo e uma do terceiro passa para o quarto. Na prática, ao rolar a tela (*swipe*) horizontalmente, aparecerá uma imagem contínua.

CAPÍTULO 19 - STORYTELLING NO INSTAGRAM: CARROSSEL

fonte - Freepik

Ao colocar elementos, como uma foto, entre duas imagens você já atrai o usuário para rolar a tela para poder ver toda a foto.

Devido à natureza interativa dos carrosséis, os usuários passam mais tempo olhando para eles, em média, do que para as postagens tradicionais do feed. Isso permite que o algoritmo do Instagram saiba que seu público-alvo acha seu conteúdo interessante e valioso e pode levar mais pessoas a ver suas postagens em seus feeds.

APLICAÇÕES DE CARROSSEL

Um carrossel é uma ferramenta incrível para expandir as possibilidades de compartilhar uma história, mas ele também pode ser usado para:

1. Criação de tutoriais do tipo "Como Fazer/ *How To*";
2. Transformações do tipo Antes e Depois (*before/after*);
3. Concentrar em um único post diferentes ângulos de um produto;
4. Exibir fotos panorâmicas;
5. Exibir um assunto com mais conteúdo e informações com suporte de mais espaço narrativo.

Você pode usar esse conceito para exibir uma foto panorâmica que se espalha por diversos slides.

Outro exemplo de carrossel com imagem contínua e que pode mostrar os efeitos de um produto ou maquiagem antes e depois:

Podemos criar cada imagem individualmente, mas o ideal, nesse caso, é criar uma imagem contínua e depois fatiá-la. Dessa forma a criação visual fica mais precisa, e também mais rápida.

FORMATO DE IMAGENS E VÍDEOS DO CARROSSEL

Você pode usar três diferentes formatos de imagem para um carrossel. Contudo, se quiser ter o efeito de continuidade entre as imagens, com a imagem ocupando 100% da área disponível, terá que usar obrigatoriamente a largura e altura de 1080 pixels. As demais medidas deixarão um branco nas laterais ou bordas superiores e inferiores.

TAMANHOS PARA FOTOS :

Paisagem-Landscape: 1080 x 566 pixels

Retrato-Portrait: 1080 x 1350 pixels (4:5)

Quadrado-Square: 1080 x 1080 pixels (1:1)

TAMANHOS PARA VÍDEOS:

Duração: 3 a 60 segundos

Formato do vídeo: MP4 ou .MOV

Formato: paisagem (16:9), quadrado (1:1), vertical (4:5)

Um carrossel pode ser formado por imagens e vídeos intercalados aumentando assim o seu poder narrativo.

DICAS PARA CRIAR UM CARROSSEL DE SUCESSO

Não importa se você está criando um carrossel para vender um produto ou serviço, para contar a história de uma viagem, um fato histórico ou ensinando a fazer uma receita culinária, tenha em mente o seguinte:

1   **Consiga a atenção na primeira imagem;**

2   **Induza o usuário a rolar a tela;**

3   **Crie a história sequencialmente;**

4   **Explore múltiplos ângulos.**

CRIAÇÃO DE UM KIT TEMÁTICO

Ao criar suas histórias em formato de carrossel, procure ter uma linguagem visual uniforme criando ou coletando elementos que façam sentido com o tema e conversem entre si.

Crie pastas com esses elementos para sua utilização na montagem dos carrosséis de post ou stories. Por exemplo, as duas próximas figuras mostram um kit de elementos para um site com temas femininos.

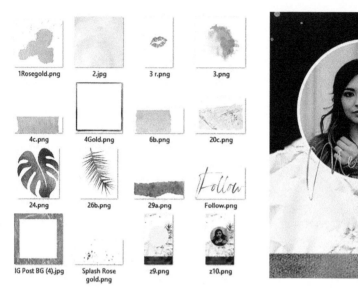

Se for criar um carrossel sobre um assunto pontual, que não necessite manter o mesmo visual das postagens do site, faça uma pesquisa buscando levantar elementos visuais e objetos que podem ser acrescentados à narrativa.

CARROSSEL NUMERADO

O recurso de carrossel é excelente para contar uma história linear e sequencial. Podemos fazer o uso de numeração dos slides para criar essa sequência. Veja só o exemplo abaixo onde cada slide enumera uma etapa do tutorial sobre como tornar uma casa mais confortável.

Esse gabarito (template) estava disponível gratuitamente quando da escrita desse livro.

https://freedesignresources.net/instagram-carousel-post-templates/

No próximo exemplo, duas versões para um tutorial sobre tratamento de pele, também disponível para download gratuito.

https://freedesignresources.net/free-instagram-gradient-carousel/

Aproveito para deixar a indicação de um carrossel numerado vertical para uso em stories:

https://freedesignresources.net/verona-free-insta-story-template/

CRIANDO UM CARROSSEL NA PRÁTICA

Como exemplo vou criar uma versão narrativa usando as fotos do ensaio de Joana D´Arc exibidas no capítulo de *storytelling* com fotografias.

Aqui vamos acrescentar mais alguns elementos à história e aproveitar a possibilidade de dez slides dentro do carrossel.

A imagem exibida a seguir é a história de Joana D´Arc, que irei mostrar no passo a passo e que você pode conferir no meu Instagram @joeramalho, mas que exibo aqui apenas como referência para as próximas etapas que serão mostradas.

Além das quatro fotos do ensaio original, adicionei uma nova: Joana nos campos de sua vila.

Criei uma arte de abertura transformando uma foto em pintura para o slide inicial. Um texto convidando para conhecer a história de Joana é exibido também. Pesquisei na internet e achei uma pintura do encontro dela com o rei Carlos, o estandarte que ela levava nas batalhas, o brasão que lhe foi dado pelo rei e a torre da cidade de Rouen onde ela ficou presa.

Você pode criar um carrossel usando qualquer programa de edição. O segredo é criar as imagens dentro do tamanho padrão da postagem (ou story) do Instagram.

Seguindo minha própria recomendação, vou criar uma imagem contínua e depois fatiá-la.

Considerando a largura de 1080x1080 pixels do post quadrado do Instagram, precisamos criar uma imagem que tenha a altura de 1080 e a largura multiplicada pela quantidade de quadros que serão exibidos. Se fossem seis slides, 1080x6 = 6480. Se fossem dez slides, 1080x10 =10800. Em nosso exemplo vamos criar um carrossel com dez imagens.

Vou mostrar o exemplo utilizando o programa Photoshop, que possui uma ferramenta muito prática para fatiar imagens grandes.

Se usar um programa que não fatie automaticamente uma imagem, salve manualmente cada imagem recortando-a da imagem principal.

Usando o Photoshop como exemplo, você tem que criar uma nova imagem informando após ativar o comando File>New dimensões da imagem que será criada na caixa de diálogo exibida.

Em seguida, para facilitar a visualização vamos exibir as linhas de régua como referência. Para tal pressionamos CTRL+R. Para ter certeza de que ela está mostrando o tamanho em pixels selecionamos o menu EDIT, depois Preferências e Unidades e Réguas.

CAPÍTULO 19 - STORYTELLING NO INSTAGRAM: CARROSSEL

Depois nos certificamos de que estar selecionado Pixels no campo Rulers (régua).

As versões desde 2014 permitem criar várias guias de uma só vez. Para fazer isso selecione Exibir > Guias > Novo layout de guia ou View > Guides > New guide layout.

Informe o número de colunas que deseja criar. Em nosso exemplo serão dez. Ao clicar em OK as linhas de guia são inseridas. Elas servirão, ao final, para que a imagem seja recortada em dez partes, exatamente nessas linhas, e durante a montagem para você ter a referência onde serão os cortes para poder fazer sua diagramação com mais precisão.

Terminada a montagem, você deve clicar na ferramenta *Crop* com o botão esquerdo e selecionar *Slice Tool*. Em seguida, selecione o botão *Slices from guides* que aparece abaixo do menu superior.

Em versões mais modernas do Photoshop a ferramenta pode estar anexada em outra ferramenta, mas o funcionamento é similar.

Você notará que cada imagem tem uma marcação adicional no canto esquerdo superior indicando que ali será feito o corte da imagem.

Selecione o menu *File > Save for Web*. Se aparecer uma mensagem sobre o tamanho do arquivo, dê OK para continuar. Em versões mais modernas use *File > Export > Save for Web*.

Na caixa de diálogo que aparecer pressione o botão Save.

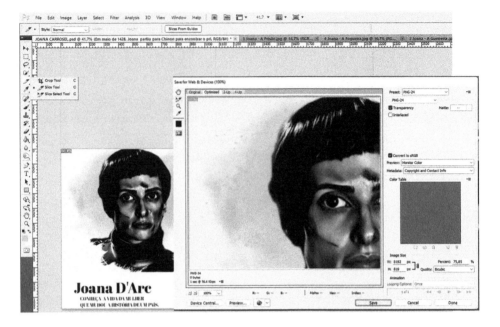

Em seguida certifique-se de que a opção *All slices* esteja selecionada no campo *Slice*, na parte de baixo da caixa de diálogo, e pressione o botão Salvar.

O Photoshop irá criar uma pasta chamada Images sob a pasta que você escolher como destino contendo todas as imagens individuais. Com as dez imagens criadas, podemos criar a postagem em formato de carrossel inserindo as dez imagens na ordem apropriada.

CAPÍTULO 19 - STORYTELLING NO INSTAGRAM: CARROSSEL

Ao redor dos 12 anos, Joana d'Arc começou a ouvir vozes e a ter visões que interpretava como sinais de Deus e que deu a ela a missão de salvar a França expulsando seus inimigos, os ingleses, e instalar Carlos como seu legítimo rei

Em maio de 1428, Joana foi até Chinon para encontrar o príncipe herdeiro Carlos para contar sobre suas visões.

Contra o conselho de seus conselheiros o rei atendeu ao seu pedido e ela partiu para defender o cerco de Orléans pelos ingleses em março de 1429.

O estandarte de Joana usado durante as batalhas

Com sua armadura Joana liderou vários ataques expulsando os anglo-borgonheses forçando sua retirada e iniciando uma campanha que levou Carlos VII ao trono.

Joana recebeu do rei Carlos VII um título de nobreza e um brasão formado por uma espada encimada por uma coroa e ladeada por duas flores-de-lis.

Na primavera de 1430, enquanto defendia a cidade de Compiégne foi capturada pelos borgonheses que a levaram para Rouen.

Joana foi julgada por de cerca de 70 acusações contra ela, incluindo feitiçaria, heresia e vestir-se como um homem.

Ela permaneceu em cativeiro por um ano e sob ameaça de morte Joana cedeu e assinou uma confissão negando que ela tivesse recebido orientação divina.

Vários dias depois, no entanto, ela desafiou as ordens novamente vestindo roupas masculinas, e as autoridades pronunciaram sua sentença de morte.

- 289 -

Na manhã de 30 de maio de 1431, aos 19 anos, Joana foi levada ao antigo mercado de Rouen e queimada na fogueira.

Enquanto o fogo era se espalhava, ela pronunciou suas últimas palavras: "Jesus! Jesus! Jesus!", repetindo várias vezes antes de sua morte.

Em 1920 ela foi canonizada como Santa.

CRIANDO UM VÍDEO PARA A PRIMEIRA IMAGEM DO CARROSSEL

Para aumentar a chance de que nossa história seja lida, vamos transformar a primeira imagem em um vídeo com animação. Isso pode ser feito em programas de edição de vídeo no computador ou em aplicativos no celular. Nesse caso usei um aplicativo que se chama Story Lab. Ele permite criar stories e posts animados. Escolhi um modelo pronto em que tive apenas que substituir a imagem e o texto.

Uma vez criado, eu o usei no lugar da primeira imagem.

O resultado da animação não consigo mostrar aqui no livro, mas você pode ver nas minhas contas do Instagram a seguir: @cativandocomanarrativa, @joeramalho ou @ramalhostudio. Aproveite para deixar o seu comentário lá ou alguma dúvida que tenha.

UTILIZANDO APLICATIVOS E GABARITOS

Para ganhar tempo na produção visual das suas histórias para Instagram, seja no formato de post ou stories, sugiro usar gabaritos (templates) prontos. Eles custam muito pouco, por volta de cinco dólares, e valem a pena o tempo que você economiza, além de oferecerem visuais bem mais atraentes caso você, assim como eu, não for um designer gráfico.

ALGUNS SITES QUE OFERECEM MODELOS GRATUITOS:

1 https://psdrepo.com

2 https://freedesignresources.net

3 https://www.vecteezy.com

APLICATIVOS PARA CELULAR

Esses aplicativos possuem uma versão gratuita e outra paga cuja aquisição recomendo, pois não são caros e oferecem um grande custo-benefício para a criação de conteúdo para o Instagram.

1 StoryLab.   2 StoryArt.   3 StoryMakers.   4 Mostory.

PROPOSIÇÃO DE ATIVIDADE PRIORITÁRIA

1 **Escolha um destino ou lugar ao qual gostaria de viajar, mas que ainda não foi.**

Você criará um carrossel com no mínimo seis slides mostrando esse lugar. Pesquise na internet informações sobre o destino. Use os bancos de imagem/vídeo que mencionamos nos capítulos anteriores para obter imagens para o carrossel. Pesquise nos sites de templates gratuitos mencionados um modelo para usar como base a adaptá-lo para sua história. Você tem a opção de usar os arquivos que são editáveis pelo Photoshop ou escolher os aplicativos para celular que permitem fazer tudo por lá.

2 **A história do seu bairro/cidade.**

Crie um carrossel que conte uma breve história do seu bairro/cidade, com um resumo história da origem e como o bairro é atualmente. Esse material deve contar com:

Material histórico colhido na internet sobre suas origens;

Fotos e vídeos que você captará com seu celular mostrando detalhes do bairro atual.

Essa é uma oportunidade para você usar os conceitos apresentados. Não deixe de me enviar um link do que você produzir. Utilize o e-mail ramalhoescritor@gmail.com.

CAPÍTULO 20
UM DIA NA VIDA

CAPÍTULO 20 - UM DIA NA VIDA

Claudia Wollesen — Pixabay

Nossa vida é como uma enorme teia de aranha que é construída diariamente. Cada dia, um novo fio é tecido, que se junta com outros e vai aumentando. Pessoas fazem parte da nossa teia e nós fazemos parte das teias delas.

Tudo que vivemos e as pessoas que cruzaram nossos caminhos estão registrados ali, naqueles fios, nós e intersecções. Um nó da nossa teia pode ser o mesmo nó da teia de outra pessoa.

Nas intersecções dos fios encontramos pessoas, vivemos fatos e momentos que passam a fazer parte da nossa consciência ou inconsciência. Em algum momento tudo pode vir à tona.

O tempo é linear para nós, um dia após o outro, os fatos, pessoas e acontecimentos são transferidos para essa teia multidimensional. De repente uma história pode surgir quando um evento ocorre e funciona como um gatilho, resgatando algo que está registrado lá. Vou mostrar um exemplo real dessa incrível teia invisível que envolve nossas vidas.

Assista abaixo, ao vídeo da música *A Day in Life*:

Assista: https://www.thebeatles.com/day-life-0

Link com legendas em português: https://youtu.be/k-llrUpar4o

- 293 -

UMA HISTÓRIA DOS ANOS 1960 (UMA TIMELINE)

OUTUBRO 1966

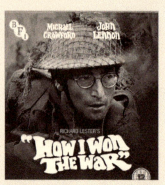

Durante o outono de 1966, John Lennon, vocalista dos Beatles, participou de um filme chamado *How I won the War*, focado na Segunda Grande Guerra, no estilo comédia negra, em que fazia o papel de um soldado. Nesse filme, Lennon usou os óculos redondos que se tornariam seu ícone. Durante sua estadia na Espanha, onde aconteceram as gravações, ele compôs a música *Strawberry Fields Forever* depois de ver um portão de ferro que o trouxe a memória de infância de uma casa do exército da salvação, chamada *Strawberry Fields*.

Voltando à Inglaterra depois das filmagens, ele se juntou aos demais Beatles e partiram para a produção de um dos álbuns mais famosos da Banda, *Sgt. Pepper's Lonely Hearts Club Band*.

JANEIRO DE 1967

John Lennon era ávido leitor de jornais e revistas. No dia 17 de janeiro de 1967, estava lendo o *Daily Mail* quando viu uma notícia sobre a audiência de custódia final dos filhos de seu conhecido, Tara Browne, e uma foto muito forte do acidente como chamariz para a matéria de capa.

our roads

THERE are 4,000 holes in the road in Blackburn, Lancashire, or one twenty-sixth of a hole per person, according to a council survey.

If Blackburn is typical there are two million holes in Britain's roads and 300,000 in London.

Na página 7 do mesmo jornal, uma pequena notícia falava do mau estado de conservação das ruas da vila de Blackburn, no condado de Lancashire, que que contabilizaram 4 mil buracos. John deixou o jornal de lado, colocou-o em cima do piano e continuou a buscar alguns acordes para uma música que estava compondo.

- 294 -

CAPÍTULO 20 - UM DIA NA VIDA

▶ DEZEMBRO DE 1966

Em 17 de dezembro de 1966, aos 21 anos de idade, Tara Browne, dirigindo seu Lotus Elan em alta velocidade pelas ruas de Londres, não viu um semáforo vermelho e colidiu com um caminhão. Ele morreu em consequência de seus ferimentos no dia seguinte. Tara Browne era um estilista irlandês que nasceu em berço de ouro. Herdeiro da  Cervejaria Guinness e filho de um membro do parlamento britânico (*House of Lords*) que controlava os atos do governo, mas não conseguia controlar a vida de playboy do filho. Browne era amigo das maiores celebridades da época, inclusive dos Beatles.

Após sua morte, sua ex-esposa lançou uma batalha legal pública pela custódia de seus dois filhos contra a mãe de Tara Browne, que ficou com a guarda temporária das crianças.

▶ MAIO DE 1967

Foi lançada a música *A Day in Life* que fazia parte do álbum *Sgt. Pepper's Lonely Hearts Club Band*, considerado por décadas o disco mais relevante da história da música pela revista Rolling Stone e que representa a essência da revolução cultural e social dos anos 1960.

Você precisa escutar a música agora, antes de continuar a leitura. O link abaixo é do site oficial dos Beatles. Você terá acesso a ela e à maioria das músicas e clipes da banda, mas a encontrará também no YouTube com legendas em português.

STORYTELING: CATIVANDO COM A NARRATIVA

Veja a letra original da música em inglês e a sua tradução para o português:

A DAY IN THE LIFE

Autores: John Lenon-Paul McCartney

Produtor: George Martin

I read the news today oh boy	Eu li as notícias hoje, caramba (oh boy)
About a lucky man who made the grade	Sobre um sortudo que se saiu bem
And though the news was rather sad	E apesar de as notícias serem tristes
Well I just had to laugh	Eu tive que rir
I saw the photograph	Eu vi a foto
He blew his mind out in a car	Ele estourou a cabeça em um carro
He didn't notice that the lights had changed	Ele não percebeu que o sinal tinha mudado
A crowd of people stood and stared	Um grupo de pessoas parou e olhou
They'd seen his face before	Elas já tinham visto seu rosto antes
Nobody was really sure if he was from the	Ninguém tinha certeza se ele era da
House of Lords.	Casa dos Lordes
I saw a film today oh boy	Eu vi um filme hoje, caramba (oh boy)
The English Army had just won the war	O Exército Inglês havia ganhado a guerra
A crowd of people turned away	Um grupo de pessoas se retirou
But I just had to look	Mas eu tive que olhar
Having read the book, I'd love to turn you on...	Tendo lido o livro, eu adoraria te deixar ligado
Woke up, fell out of bed,	Acordei, caí da cama
Dragged a comb across my head	Passei um pente pela cabeça
Found my way downstairs and drank a cup,	Encontrei meu caminho para baixo e bebi uma xícara
And looking up I noticed I was late.	E olhando para cima percebi que estava atrasado
Found my coat and grabbed my hat	Achei meu casaco e peguei meu chapéu
Made the bus in seconds flat	Cheguei ao ônibus em segundos.
Found my way upstairs and had a smoke,	Encontrei meu caminho para cima e fumei
And Somebody spoke and I went into a dream	E alguém falou e eu entrei em um sonho
I read the news today oh boy	Eu li as notícias hoje, caramba (oh boy)
Four thousand holes in Blackburn, Lancashire	Quatro mil buracos em Blackburn, Lancashire
And though the holes were rather small	E apesar de os buracos serem pequenos
They had to count them all	Eles tiveram que contar todos
Now they know how many holes it takes	Agora eles sabem quantos buracos são necessários
To fill the Albert Hall	Para encher o Albert Hall
I'd love to turn you on.	Eu adoraria te deixar ligado

A HISTÓRIA CONTADA A PARTIR DAS EXPERIÊNCIAS PESSOAIS

A música *A Day in Life* foi gravada entre 19 de janeiro e 22 de fevereiro daquele ano, 1967. Ela foi inspirada naqueles dois artigos de jornal que John havia lido alguns dias antes, na experiência de John no filme de guerra e uma passagem da juventude de Paul quando ele tinha que correr para pegar o ônibus, acrescentadas com alguns devaneios poéticos.

A música tem duas partes que terminam com uma orquestra com quarenta integrantes e de forma contundente e orgástica, com a frase "Eu gostaria de te deixar ligado", em inglês, *"I'd love to turn you on"*. A música foi banida da BBC por considerarem que a frase fazia uma alusão às drogas que rolavam soltas àquela época.

Essa música, assim como muitas outras, teve origem em experiências pessoais e recebeu a adição poética ficcional dos autores.

Ela é um exemplo real de como expandir nosso conhecimento através da leitura e consumo de histórias, reais ou ficcionais, é extremamente importante para quem pretende ser um criador e contador de histórias. Se John não tivesse lido o jornal naquele dia é muito possível que essa música não existisse e todos nós perderíamos essa incrível viagem que ela nos proporciona.

Quantos livros e filmes não foram escritos baseado puramente em experiências pessoais ou inspirados nessas experiências adicionadas de muita imaginação?

Todo dia podemos acrescentar algo novo em nossa experiência de vida, pessoal ou profissional, que ficará lá guardada em nossa memória consciente ou inconsciente aguardando o momento certo para ser resgatada e contada.

A VIDA EM UM DIA – 2010

Uma coisa é certa: até que a nave alienígena chegue, aperte o botão e destrua esse planeta, todo os dias o Sol vai nascer e morrer, a lua aparecer e você viverá sua vida cotidiana. Mas não é só você que vai fazer isso, outros quase 8 bilhões de humanos farão a mesma coisa.

Filme Life in a Day - reprodução

Talvez você nunca tenha parado para pensar o que acontece ao redor do mundo quando está escovando os dentes ou preparando-se para tomar o café. Mas algumas pessoas pararam e resolveram mostrar isso em um filme.

Em 2010, o YouTube, em parceria com o diretor e produtor de cinema Ridley Scott, fizeram um projeto chamado *Life in a Day*, em que pediram para que usuários do mundo inteiro enviassem vídeos de seu cotidiano. O convite fazia três perguntas: o que você ama? O que te amedronta? O que gostaria de mudar no mundo?

Tudo teria que ser gravado no dia 24 de julho de 2010. A ideia atraiu 80 mil envios de vídeo vindos de 192 países e mais de 4500 horas de vídeo. Os vídeos selecionados para a montagem final tiveram seus autores creditados como codiretores do filme junto a Kevin Macdonald, o diretor principal.

O resultado foi um filme de 94 minutos que você pode assistir no link mostrado na sequência.

O que ficou claro é que por mais diferentes que sejam as culturas, línguas, raças, religiões espalhadas ao redor do planeta, uma coisa é comum: a vida cotidiana. O desejo de compartilhar a banalidade do dia a dia, um gesto de amor, a resiliência, o sofrimento e a solidariedade.

Somos tão diferentes e tão iguais. A desigualdade é global, mas nossas vidas e necessidades emocionais não diferem em nada. Se você não teve a oportunidade de viajar pelo mundo, esse filme será uma incrível viagem de conhecimento e reconhecimento.

Convido você a assisti-lo agora. Esse filme não é uma ficção, é um documentário que celebra a vida e o que nos conecta como humanos. O filme tem legenda em português.

Assista: https://youtu.be/JaFVr_cJJIY

Se você quiser saber como foi a história por trás desse projeto, o link abaixo mostra uma entrevista com os criadores do projeto.

https://blog.youtube/intl/pt-br/news-and-events/a-vida-em-um-dia-2020-a-historia-por-tras-do-filme/

PROPOSIÇÃO DE ATIVIDADE PRIORITÁRIA

Agora que você assistiu ao filme, responda no seu caderno de anotações:

1 O que você achou do vídeo?

2 Você se identificou com algo?

3 Alguma cena te emocionou?

4 Foi alegria ou tristeza?

Depois de assistir ao filme, pense no seu cotidiano. Como é a sua vida hoje? Ela é muito diferente do que você viu? Finalmente:

1 O que você ama?

2 O que te dá medo?

FINALIZANDO

Como contadores de histórias, antes de buscar ajuda no Google temos que fazer uma pesquisa em nossa memória. É bem provável que tenhamos inspirações guardadas e que poderão vir à tona para serem contadas ou iniciarem um novo processo criativo. Quando usamos uma experiência própria para criar uma ficção temos muito mais poder narrativo, pois vivenciamos aqueles momentos. Nossa pele, olhos, ouvidos e olfato têm um registro real que pode ser descrito por um personagem ficcional com muito mais realidade.

No próximo capítulo vamos fazer uso de nossas memórias para construir uma história incrível.

CAPÍTULO 21
UM DIA NA MINHA VIDA

CAPÍTULO 21 - UM DIA NA MINHA VIDA

Você acabou de ver no capítulo anterior como é um dia na vida ao redor do planeta. O individual que formou o coletivo humano em 24 horas e que nos mostrou pontos em comum entre todos os humanos que apareceram no filme.

VÍDEOS DE REFERÊNCIA SOBRE UM DIA NA MINHA VIDA

Mas como seria um filme de um dia inteiro na vida de apenas uma pessoa?

Fiz uma busca na internet atrás do tema Um Dia Na Minha Vida. Selecionei alguns vídeos para que você assista antes de prosseguir a leitura do capítulo. São vídeos pessoais e que mostram a rotina de uma única pessoa, diferentemente do vídeo *Life in a Day*, que mostrou um dia na vida do mundo.

Esses vídeos servem como uma referência do que é feito por pessoas comuns, e que nos propiciam exemplos de boas e más formas de mostrar nossa rotina diária. Atente-se à qualidade das imagens, o estilo no qual o vídeo foi criado. Alguns possuem narrativas, outros possuem conversas do protagonista com a audiência, alguns possuem legendas pensando em pessoas com alguma limitação auditiva ou simplesmente para permitir que você assista ao vídeo sem som.

Separei também algumas animações sobre o tema e que possuem algo a mais do que só contar uma história diária. Procurei selecionar vídeos curtos, mas há alguns mais longos para você ver o impacto do tempo sobre a história e a audiência.

Assista aos vídeos no seu ritmo e se puder faça alguma anotação sobre o que achou de bom ou ruim sobre cada um deles.

Routine: animação que mostra a rotina maçante de um homem que vê o tédio se tornar um monstro.
https://youtu.be/BRLmzQH-Hd4

 Quem nunca se enganou um dia?
https://youtu.be/e9Phe85upRI

 Apenas relatando o que acontece ao longo do dia. Isso cativa?
https://youtu.be/vo35HQHtnrs

 Um exemplo (não muito bom) de dizer em vez de mostrar.
https://youtu.be/PrxBZrmtoIs

 Um pouco (ou muito) humor não faz mal a ninguém.
https://youtu.be/~h6oABjtLs

 Um dia bem documentado, filmado e editado sem uma única palavra dita.
https://youtu.be/e6n5mwQBj1c

Quantas abordagens diferentes, não?

AGORA É A SUA VEZ: COMO É O SEU DIA?

Chegou o momento em que você vai praticar muito do que vimos aqui no livro. Você vai contar como é um dia na sua vida criando um pequeno vídeo.

Pânico, desespero, negação. Se esses sentimentos tomaram conta do seu ser é bom você respirar fundo e se tranquilizar. Sua pessoa está totalmente pronta para essa tarefa.

Isso será feito em quatro etapas.

1. Escrevendo um roteiro sobre seu dia;
2. Criando uma lista de cenas para serem gravadas;
3. Gravando as cenas;
4. Editando o vídeo.

ESCREVENDO UM ROTEIRO

Escreva, usando um editor de texto no computador ou celular, um típico dia da sua vida. Do despertar até o adormecer ao final de sua jornada diária. Nem todos os dias são iguais, mas existe um padrão que pode ser escolhido. Um dia você pode ir para a academia e outro não, um dia você faz um curso on-line, um dia você vai ao cinema. Escolha o que te mais agradar. Escreva em primeira pessoa.

Use o estilo de um diário pessoal narrando os fatos na sequência cronológica. Escreva espontaneamente. Deixe suas lembranças diárias virem naturalmente. O importante aqui é ter o registro geral do seu dia a dia. Não restrinja sua criatividade, mas do ponto de vista do tamanho do texto evite ultrapassar duas páginas. Não seja objetivo demais, senão em um parágrafo o seu dia está contado. Evite algo como: "Eu acordo as seis da manhã, tomo banho, me troco, saio as 6:30, pego o ônibus, chego no trabalho as 8h. Almoço num restaurante próximo entre as 12 e 13h. Volto, tomo um café e trabalho até as 18h. Chego em casa as 19h30 ou 20h. Fico nas mídias sociais até as 22h e vou dormir." Por outro lado, não precisa descrever cada minuto do dia.

CRIANDO UMA LISTA DE CENAS

Com esse texto em mãos vamos analisar o conteúdo e definir as cenas que precisaram ser gravadas e os planos que fazem parte dela.

Exemplo de cenas que podem ser criadas e seus possíveis planos.

SEQ	CENA	PLANOS
1	Acordando.	Despertador tocando, desligando o despertador, virando na cama e enrolando por uns minutos, desligar o modo soneca do despertador.
2	Ritual matutino.	Levantar, higiene pessoal, vestir-se, preparar café, ler/assistir notícias.
3	Usando transporte pessoal (carro/bicicleta).	Entrando no veículo. Ritual de partida (cinto de segurança/ colocando capacete). Cenas do caminho em primeira pessoa. Cenas do veículo passando (alguém gravando ou com uso de tripé).

STORYTELING: CATIVANDO COM A NARRATIVA

SEQ	CENA	PLANOS
4	No Trabalho/Escola.	Entrando no edifício. Corredores. Sentando no posto de trabalho/estudo. Algumas cenas do trabalho/estudo (ponto de vista pessoal e de terceiros). Hora do almoço. Indo para restaurante/refeitório. Escolhendo prato (primeira e terceira pessoa). Conversando com colegas. Saindo da escola/trabalho.
VOLTANDO		
5	Indo para algum lugar que não a casa (se for o caso do seu dia a dia) por exemplo bar/cinema/ escola noturna/encontro com amigos.	Cenas daquela atividade.
CHEGANDO EM CASA		
6	Ritual de fim.	Usando o mesmo conceito do ritual de início, descrever as cenas e planos do seu fim de dia. Assistindo TV/ lendo livro/ Jantando/prepa-rando jantar/ higiene pessoal/deitando.
7	Cena final.	A luz se apagando.

Nossa, parece que não tem fim a quantidade de situações que vivemos no dia a dia e que nem percebemos pois estamos quase sempre no modo automático.

Faça agora a sua tabela, como a do exemplo mostrado, considerando a sua realidade. Ela tem que ter as cenas e planos fiéis à sua realidade.

GRAVANDO AS CENAS

Sair da nossa zona de conforto não é, literalmente, confortável!

Este é um desafio que você vai superar e se orgulhar ao final. Lembre-se: não vamos inscrever esse filme em um festival de cinema. Ele é um treinamento pessoal. Ao final você poderá publicá-lo nas suas redes sociais ou não. Eu gostaria muito de vê-lo, mas o mais importante é o seu treino de *storytelling*.

Durante todo o livro eu busquei mostrar que o consumo de histórias nos ajuda a ampliar nossa visão e nossa capacidade de entender como as pessoas são. O filme *Life in a Day*, que espero que você tenha assistido, tinha duas finalidades: mostrar diferentes realidades, muitas similaridades, e que vídeos feitos por pessoas como você foram usados em um projeto mundial.

Muito bem, passado o choque daqueles que inicialmente rejeitaram a ideia, e para alegria de outros que já estão querendo começar a filmar o seu filme, vamos com calma: temos mais alguns pontos a serem discutidos.

CONSELHOS ANTES DE INICIAR ESSE PROJETO

Apesar de estarmos criando um filme, Um dia na minha vida, ele não precisa e nem deve ser feito em um dia.

PRATIQUE ANTES

Antes de fazer sua captação de imagens oficial faça duas coisas:

1 Com a sua tabela de cenas e planos (reparou que ela é um *shot list*?) tire uma foto de cada plano de uma cena que você colocou na tabela ao invés de filmá-la. Com isso você terá produzido um *storyboard* do seu filme, onde pode organizar melhor as cenas e de graça já tem uma história fotográfica do seu cotidiano;

2 Faça um treinamento em filmar vídeos curtos desses planos de no mínimo cinco segundos e não mais do que dez ou quinze segundos. Faça isso rotineiramente alguns dias.

Ao final desse período você terá se habituado com as características do seu celular, como ele reage à luz, trepidação durante o andar, velocidade dos seus movimentos e identificará dificuldades que alguns lugares podem trazer para a captação de imagens, permitindo assim que você repense como será feito isso.

Manipule o celular com a suavidade de uma gueixa na cerimônia do chá e não como um guerreiro viking desferindo um golpe impiedoso com seu machado.

Os editores do filme *Life in a Day* disseram que o maior motivo para não aproveitamento de vídeos foram vídeos tremidos ou com imagens que passavam como um raio, tão abrupto era o movimento da câmera.

Teste os recursos de focar e desfocar, macro fotografia (fotos com o celular muito próximo do objeto)

Sugestões de cenas para você praticar:

1 Café da manhã.

2 Escolhendo sua roupa do dia.

3 Sua rotina de cuidados com a pele.

4 O que você fez para o almoço.

5 Um passeio à tarde.

6 Seu espaço de trabalho ou planejador.

7 Um livro que você pega para ler.

8 Uma área da sua casa que você limpou.

9 Um restaurante local ou parque.

1 Flores em sua casa.

2 O pôr do sol.

3 Fazendo sua cama.

4 Seus animais de estimação.

5 Entrando no transporte público/ carro.

6 Usando o computador no serviço.

7 Filmando a paisagem de dentro do transporte público/carro (se dirigir não filme).

8 Filme o caminho a frente, pela janela e se puder, o caminho para trás.

ANTES DE COMEÇAR A GRAVAR

Faça mais de uma tomada de um plano.

Você teve um capítulo inteiramente dedicado à linguagem do vídeo cinematográfico. Agora é hora de você usar aquele conhecimento e pensar em cenas multidimensionais. Nada de fazer apenas aquela filmagem básica, onde só o seu ponto de vista (primeira pessoa) está sendo mostrado. Coloque o telefone em um tripé ou apoie-o em alguma superfície para filmar você passando, vindo, indo. Use o conhecimento adquirido.

Grave pelo menos duas vezes o mesmo plano. Garanta sempre duas imagens, pois nunca se sabe se uma saiu tremida, com a luz muito ruim ou ainda com uma buzina ou latido de cachorro atrapalhando o que você eventualmente falou.

O ideal é você envolver mais alguém na filmagem para ajudar nessas cenas em terceira pessoa. Se o seu aplicativo de gravação de imagem permitir travar a exposição e foco, faça isso para evitar mudanças súbitas de iluminação e foco que tornam a imagem muito pobre e amadora.

GRAVE PENSANDO NA EDIÇÃO

Um erro comum que limita muito a edição de um filme é gravar somente o que quer se mostrar sem deixar espaço para transições e recortes. Você aperta o botão REC de gravação e já começa a falar imediatamente ou mostrar a imagem.

Isso traz dois problemas. Às vezes a voz sai cortada. Espere pelo menos um ou dois segundos depois de iniciar a gravação para começar a falar. Se o vídeo não tem voz, mantenha esses dois segundos no início e final da gravação para dar espaço para transições. **Não grave vídeo com menos de cinco segundos de duração.**

EDITANDO SEU FILME

Agora o bicho pega! Calma, o bicho não é tão monstruoso como parece. Não vamos editar um filme com milhares de efeitos especiais, visuais e sonoros hollywoodianos. Nossa edição será simples e funcional e poderá ser feita com qualquer programa de edição disponível no seu celular. Eu já fiz algumas sugestões no capítulo de *storytelling* com celular. Vou usar como exemplo o programa Splice, que é gratuito e disponível para iOS e Android. Você pode baixá-lo na loja de aplicativo e também acessar o site do editor para conhecer mais detalhes sobre ele.

https://spliceapp.com/

O PROCESSO DE EDIÇÃO

Editar um vídeo consiste de seis etapas. Seguindo o seu roteiro, você irá selecionar os planos para montar as cenas na sequência cronológica da história. Em seguida, irá eliminar partes desnecessárias dos clips para ajustar o tempo do filme final. Adicionar, opcionalmente, transições, trilha sonora e efeitos. Em nosso projeto inicial vamos incluir apenas o essencial. Depois você poderá acrescentar novos elementos para torná-lo um trending topic das redes sociais.

O QUE FAREMOS EFETIVAMENTE NA EDIÇÃO:

1. Fazer uma seleção dos vídeos que serão utilizados (tomando como base nosso roteiro);
2. Carregar esses vídeos no programa de edição. Cada vídeo carregado é um clip;
3. Fazer recortes de partes desnecessárias dos clips;
4. Avaliar a história de forma linear comparada com o roteiro;
5. Fazer um ajuste fino dos vídeos e do tamanho final da história;
6. Finalizar a edição.

Nossa proposta é criar um vídeo de até dois minutos de duração para não se tornar cansativo. Não importa quantos minutos ou horas de gravação você tenha feito, o resultado deve ter essa duração máxima.

Você deve assistir aos vídeos no celular fazendo uma seleção inicial. Carregue as cenas que julgar essenciais. Temos agora que fazer uma seleção mais apurada das cenas essenciais para contar nosso cotidiano. Esse é o maior dilema de quem edita.

O BANHO

Como exemplo, vou pedir que você assista aos vídeos mostrados a seguir. É uma cena de uma moça tendo o seu momento de relaxamento em uma banheira. A primeira versão que montei tem por volta de três minutos. Depois você verá a mesma cena com um minuto, trinta segundos e finalmente quinze segundos.

Banho 3 minutos:
https://youtu.be/SFfAuDbCXMk

Banho 30 segundos:
https://youtu.be/dg4KtHQqaXk

Banho 1 minuto:
https://youtu.be/5BRRqi73B5k

Banho 15 segundos:
https://youtu.be/w7MqPB0A9ss

Do vídeo de três minutos para o de quinze foi muito sofrimento selecionar as cenas que seriam cortadas, mas ao final quem assistir o filme de 180 ou de quinze segundos vai receber a mesma mensagem.

AJUDA SEMPRE AJUDA

Pode ser que você já tenha prática e edite seus vídeos para as redes sociais, o que torna a edição mais fácil. Contudo se você não tem prática em edição, leve em conta que essa primeira versão do vídeo pode ser melhorada posteriormente com a inclusão de legendas, trilha sonora, título de abertura e outros recursos visuais disponíveis no aplicativo que utilizar.

Tenha certeza de que você pode pedir ajuda para seu sobrinho, filha ou um colega de trabalho/escola sobre como editar um vídeo e em dez minutos terá o conhecimento básico necessário.necessário.

Se for o caso, pratique carregando só quatro vídeos para treinar o recorte de cada um. Essa vai ser a tarefa principal que você terá que realizar. Depois de estar com confiança, faça o carregamento dos vídeos e inicie a edição.

UM MINI TUTORIAL SOBRE O SPLICE

Se você não tem prática em editar no celular, aqui vão algumas dicas. Se você já faz isso, pode pular esse tópico e continuar com seu programa de preferência.

Abra o aplicativo Splice e toque em Novo Projeto.

Selecione os vídeos que deseja inserir na linha do tempo. Para tal, ache a pasta onde eles foram gravados. No caso desse exemplo, estavam na pasta Pictures. Você pode clicar na seta para baixo que está ao lado do nome da pasta e selecionar outra.

Toque nos vídeos que quer usar na ordem em que devem aparecer. Eles poderão ser reorganizados posteriormente e aparecem na parte de baixo da tela enquanto você seleciona. Depois clique na seta para a direita para avançar.

Na tela seguinte escreva um nome para o título do projeto. Como padrão o aplicativo oferece a data atual.

Mantenha selecionada a opção de tamanho de tela do vídeo como YouTube Widescreen, pois os vídeos selecionados estão nesse formato. Se você gravou no formato vertical, use a opção Stories ou Story do Instagram. Selecione o que mais te convier em função do formato que foram gravados os vídeos e pressione o botão iniciar.

Os clipes aparecem na linha do tempo.

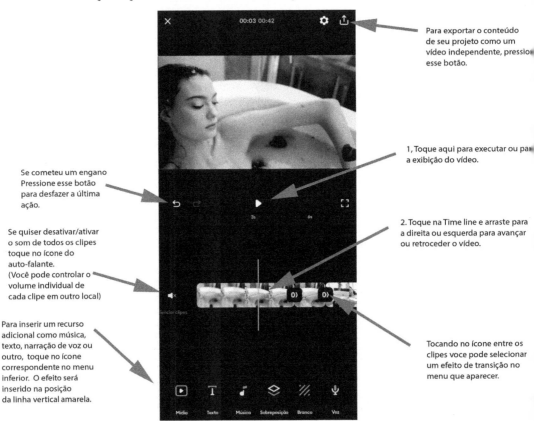

Para exportar o conteúdo de seu projeto como um vídeo independente, pressione esse botão.

1. Toque aqui para executar ou par a exibição do vídeo.

Se cometeu um engano Pressione esse botão para desfazer a última ação.

2. Toque na Time line e arraste para a direita ou esquerda para avançar ou retroceder o vídeo.

Se quiser desativar/ativar o som de todos os clipes toque no ícone do auto-falante. (Você pode controlar o volume individual de cada clipe em outro local)

Para inserir um recurso adicional como música, texto, narração de voz ou outro, toque no ícone correspondente no menu inferior. O efeito será inserido na posição da linha vertical amarela.

Tocando no ícone entre os clipes voce pode selecionar um efeito de transição no menu que aparecer.

Se você pressionar o botão Play (triângulo) no centro da tela, o vídeo será executado mostrando os clipes que estão na linha do tempo.

Se você tocar e arrastar a linha do tempo, você avança ou retrocede o tempo e a imagem que está sendo exibida. A linha amarela que aparece no centro da tela é o ponto exato que está sendo exibido.

Se você tocar com o indicador e o polegar e expandir, o tamanho físico da linha do tempo aumenta e permite ver com mais detalhes para poder fazer recortes ou ajustes mais precisos.

Para aplicar uma ação em um dos clipes da timeline você deve dar um toque nele. Você verá que o menu na parte de baixo muda refletindo possíveis ações e efeitos que podem ser aplicados somente àquele clipe.

Se você tocar novamente no clipe aparecerá um menu rápido com ações mais usadas. Se tocar mais uma vez no clipe esse menu desaparece.

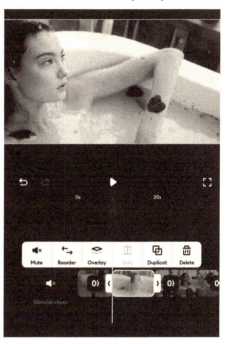

RECORTANDO PARTES DE UM CLIPE

Se você gravou os clipes deixando um tempo inicial e final extras, terá que remover o que não interessa. Existem duas formas para se fazer isso.

Usando o menu rápido: quase todas as ações aplicadas a um clipe acontecem no local onde está a linha vertical amarela. No caso de querer recortar o início de um clipe, mova a linha do tempo para que o ponto exato onde quer cortar esteja exibido sob a linha amarela vertical.

Toque uma vez no clipe para selecioná-lo. Toque uma segunda vez para exibir o menu rápido. Toque no botão Split e você verá que o vídeo será dividido em dois, a partir da linha amarela. Uma das duas partes estará selecionada (em azul). Se for a parte que você quer eliminar, toque nela e, no menu rápido, toque em Delete. Caso a parte que deseja selecionar seja a outra, toque nela para seleção, novamente para o menu rápido e na opção Delete.

Não é tão complicado assim. Com um pouco de prática você estará craque nesse tema. Lembre-se de que se cometeu um erro, pode pressionar o botão Undo, que possui o ícone da seta curvada para a esquerda.

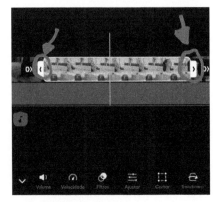

A segunda forma de diminuir um vídeo é através das alças de início e fim. Elas aparecem quando um vídeo estiver selecionado.

Se você tocar em uma delas, manter o dedo pressionado e arrastá-la em direção ao centro do clipe, você já estará escondendo a parte que desaparece quando arrasta e o clipe ficará com o tamanho que você desejar.

EXPORTANDO O VÍDEO

Os editores de vídeo em celular mantêm todos os elementos do seu vídeo em um container chamado Projeto (cujo nome você informou ao iniciar a edição). Para que tudo isso seja convertido em um único arquivo, é preciso exportar. No Splice isso pode ser feito através do botão com uma seta para cima no canto direito superior da tela.

Ao clicar sobre ele, uma nova tela aparece. Você deve selecionar a quantidade de quadros por segundo e a resolução do vídeo. Aceite os valores propostos ou altere o que for conveniente.

Contudo, pense no seguinte: se os vídeos foram gravados em resolução HD (720p), querer salvar com resolução maior, como Full HD ou 4k, vai aumentar o tamanho físico do arquivo e deteriorar a qualidade da imagem. Já o inverso, filmar em 4k e criar um vídeo em resolução HD, diminuirá o tamanho físico do arquivo, mas não afetará sua resolução.

AGORA É COM VOCÊ

Se você gravou os vídeos pedidos como atividade no capítulo de Narrativas Audiovisuais, chegou a hora de usá-los para praticar a edição de vídeo antes de usar os vídeos que captou nesse capítulo.

Sua missão é criar o vídeo com as captações de imagem que fez. Se quiser adicionar textos ou música através do aplicativo é muito fácil, mas não é obrigatório. Existem diversos tutoriais no próprio site do Splice que mostram como usar o programa.

Depois de terminar a edição, você precisa exportar o vídeo. Isso fará com que todos os elementos que você adicionou ao vídeo sejam mesclados em um único arquivo de vídeo com a extensão .mp4. Será esse arquivo que você poderá enviar para suas redes sociais.

FINALIZANDO

Este capítulo não tem nenhum tipo de exercício final, pois ele é o próprio exercício. Eu sinceramente espero que você tenha aceitado esse desafio. Ficarei muito contente se você mandar um link do seu vídeo para eu dar uma olhada, afinal de contas estamos juntos nessa história que pertence às nossas teias em comum há um bom tempo. Mande o link para ramalhoescritor@gmail.com.

Contar sobre você talvez seja a história mais importante que você pode criar. Ninguém te conhece melhor do que você mesmo, mas isso não quer dizer que você se vê como realmente é. Costumamos ter uma visão distorcida de nós mesmos. Muitas vezes nos vemos como mais do que parecemos e, na maioria delas, temos uma visão diminutiva de quem somos.

Esse filme talvez te faça refletir sobre quem é e, acima de tudo, usar isso para saber se vender. Isso mesmo, nós temos que ser ótimos contadores de histórias em quase todas as etapas da nossa vida, para que as pessoas enxerguem nossas capacidades e nosso potencial.

Se você não contar uma boa história na redação do vestibular, poderá não passar. Se não contar uma boa história sobre você na entrevista, certamente vai perder a vaga. E se não contar uma história melhor ainda para a pessoa na qual está de olho, não vai conquistá-la.

Na sua vida profissional, aquela apresentação para seus colegas de trabalho, diretoria, clientes, futuros clientes pode ser um passaporte para suas conquistas ou o apagar das luzes da suas expectativas futuras.

No próximo capítulo vamos falar de storytelling no ambiente profissional e como tudo o que você viu até agora poderá ser usado em seu favor.

CAPÍTULO 22
STORYTELLING CORPORATIVO

CAPÍTULO 22 - STORYTELLING CORPORATIVO

fonte - Freepik

CRIANDO APRESENTAÇÕES CATIVANTES

Se o seu cargo ou atividade exige que você faça apresentações em ambiente corporativo, você pode optar por diversos meios e formatos para criar o conteúdo e apresentá-lo para a audiência.

Assim como um vídeo precisa ser captado pensando na edição, o conteúdo de uma apresentação precisa ser desenvolvido pensando na forma como será mostrada, no local da sua exibição e na sua audiência. Isso tudo adicionalmente aos conceitos de *storytelling* que você aprendeu até aqui.

QUAL É A SUA AUDIÊNCIA?

Uma das regras básicas do *storytelling* é saber quem é a sua audiência. O sucesso de sua apresentação depende muito disso.

Seu público consiste em tomadores de decisão, acionistas, alta diretoria, funcionários em geral ou os quatro públicos ao mesmo tempo?

Qual é a idade média da audiência?

Dominam os termos técnicos eventualmente usados?

Isso influencia diretamente a linguagem que será usada, assim como imagens e as eventuais piadas que podem ser contadas.

QUAL SERÁ O AMBIENTE DA APRESENTAÇÃO?

É em um grande auditório? Uma sala de reuniões formal da empresa? Um ambiente mais descontraído?

O local físico afeta muito a forma como uma apresentação será feita e a sua dinâmica, assim como os recursos audiovisuais que serão usados.

Sua apresentação foi elaborada levando em conta as boas práticas do *storytelling* que você viu aqui no livro para criar o seu conteúdo. Espero que cada imagem, vídeo ou elemento tenha sido criado com o que compartilhamos até aqui.

Contudo, você pode criar uma ótima narrativa, mas se ela não funcionar no formato escolhido, você terá um resultado aquém do desejado.

APRESENTAÇÃO AO VIVO

Esse tipo de apresentação pode ser presencial, onde o apresentador se reúne em pessoa com os demais participantes, ou através de encontros virtuais e remotos. A dinâmica da apresentação muda em função dessas duas modalidades. Presencialmente você pode trabalhar melhor a linguagem corporal para ajudar na apresentação e criar mais dinamismo.

Já em apresentações remotas, que demandam um enquadramento mais fechado, as possibilidades são mais limitadas nesse sentido.

O pior é que você não consegue ter tanto controle sobre a audiência, que pode estar olhando para a câmera, mas ao mesmo tempo olhando mensagens do WhatsApp, e-mails e outras notícias na janela aberta ao lado daquela da apresentação.

Jodie Cook - Unsplash *Alena Darmel - Pexels*

O conteúdo da apresentação pode ser:

1   Uma apresentação de slides no estilo powerpoint;
2   Um relatório que será discutido sem apoio visual extra;
3   Um vídeo que será apresentado e comentado;
4   Uma combinação desses formatos.

Considerando o meio mais utilizado, uma apresentação de slides — que pode conter imagens, gráficos, fotos e vídeos como parte do seu conteúdo —, você precisa usar mecanismos para torná-la mais memorável, com um efeito positivo na audiência em termos do recebimento da mensagem.

Aqui não estou falando do conteúdo em si, mas da forma como ele pode ser fixado na mente das pessoas.

Agora chegou a hora de apresentá-la.

OS INIMIGOS DE UMA APRESENTAÇÃO CORPORATIVA

Você pode ter desenvolvido uma boa história para ser apresentada, mas o resultado que ela terá depende de vários fatores externos que precisam ser considerados.

Hostilidade da audiência: algumas pessoas podem ter ideias diferentes sobre os dados ou informações apresentadas e iniciar uma série de questionamentos que quebrarão a dinâmica da sua apresentação ou mesmo iniciarão algum confronto mais exacerbado.

Tempo disponível: o tempo que se tem para apresentar pode ser muito curto para todo o conteúdo que precisa ser mostrado.

Diversidade de conhecimentos da audiência: quando o público possui muita disparidade de conhecimento sobre o assunto apresentado, pode ser difícil nivelar o tom e profundidade do conteúdo. Ele pode ficar muito superficial para alguns e muito complexo para outros. Fazer uma apresentação mostrando os resultados da empresa para um grupo de gerentes é diferente de apresentar o mesmo conteúdo para toda a empresa.

Conteúdo redundante ou desnecessário: menos é mais. Muitos apresentadores pecam pelo excesso de informação contido em um slide.

Autobiografia enfadonha de apresentação: os momentos mais importantes para cativar a audiência são os momentos iniciais. Muitos apresentadores gastam esse momento para ficar apresentando o seu currículo profissional.

AÇÕES PARA DIMINUIR OS PONTOS NEGATIVOS

Você pode adotar algumas ações que irão eliminar ou diminuir os efeitos negativos que acabamos de mostrar.

AÇÃO: FAÇA UMA APRESENTAÇÃO SUCINTA SOBRE QUEM VOCÊ É

As pessoas estão ali pelo conteúdo e não por você. Informe apenas o seu nome, cargo e seu objetivo de estar ali.

"Sou Adriana da Silva, gerente de marketing e estou aqui para apresentar..."

Deixe que a audiência descubra quem você é ao longo da palestra. Você pode soltar informações em forma de pílulas. Fica muito mais simpático.

Deixe seus dados de contato ao final da palestra. Se você fez um bom trabalho as pessoas vão te procurar.

Se for o caso, deixe que alguém faça a sua introdução, se quiser que seja um pouco mais longa do que duas linhas. Assim você já começa focado no que interessa. Não seja lembrado como a pessoa que gastou metade da apresentação falando dela mesma.

AÇÃO: ENVIAR INFORMAÇÕES ANTECIPADAS PARA OS PARTICIPANTES

Você pode enviar um e-mail com um resumo da sua apresentação, indicando quais temas que serão abordados e antecipando algum conteúdo que não precisará ser detalhado durante a apresentação. Poderá enviar também links para que a audiência possa obter mais informações ou para nivelar o entendimento sobre o conteúdo.

Efeito 1: você não precisará se aprofundar naquelas informações que foram antecipadas e terá mais tempo para tópicos que exigem mais intervenção.

Efeito 2: diminuição de mal-entendidos. Um texto não carrega carga emocional ou antipatia. Quando a audiência é hostil, a rejeição à apresentação é concentrada no apresentador, não na informação. Passando por escrito os tópicos que podem gerar conflito, você evitará ou diminuirá a objeção ao apresentador. Você retira o elemento surpresa que dispara a reação da audiência. Por exemplo, falou-se alhos e alguém achava que tinha que ser bugalhos, iniciando uma reação negativa durante a apresentação.

AÇÃO: SIMPLIFICAR O CONTEÚDO

Alguns apresentadores tornam enfadonhas suas apresentações pelo excesso de informações que cada slide apresenta. Uma vez que a audiência perde o interesse, adeus.

Nunca crie um slide para ser lido! Isso é o pior que existe no mundo das apresentações, pois mostra claramente que o apresentador não está preparado. Se for para colocar quinze linhas de texto em um slide para serem lidas durante a apresentação é melhor mandar um e-mail.

Se um slide estiver muito carregado é sinal que seu conteúdo deve, no mínimo, ser dividido em mais slides.

AÇÃO: COMBINE A DINÂMICA DA APRESENTAÇÃO

Informe como você pretende fazer a apresentação. Diga o tempo que a palestra terá. Combine quando perguntas poderão ser feitas.

Efeito: evita que a palestra seja interrompida muitas vezes com perguntas. Prepara a audiência para o tempo que a palestra terá.

O STORYTELLING DA APRESENTAÇÃO

Independentemente do conteúdo, você precisa cativar a audiência na abertura. Ela tem que ser marcante o suficiente para que a mensagem principal esteja associada com ela, e de forma não convencional.

Para tal, você tem que definir o que é mais importante naquela apresentação e deixar isso estabelecido logo de início.

Lembre-se de que uma história precisa ter começo, meio e fim. Uma palestra também. Contudo, você pode usar, como no cinema, a técnica de começar pelo fim, mostrando a informação principal no começo e depois exibir flashbacks do que aconteceu até que aquele ponto do filme ou da informação apresentada.

Pense no seguinte cenário: sua apresentação vai mostrar como foi o resultado das vendas de um período e é um número percentual. Por exemplo, 21 %. Tome esse número e o associe com algo que não tem nada a ver com as vendas em si. Crie uma história com aquele número e ele não será esquecido.

Por exemplo, a cantora inglesa Adele lançou em 2011 seu álbum 21 que inclui a música Rolling in the Deep, um dos seus maiores sucessos.

álbum adele 21: selo xl - columbia (2011).
https://music.youtube.com/watch?v=xgQv47HpEqw

Que tal começar a apresentação mostrando um clipe dessa música ou deixando-a tocar em som ambiente um pouco antes de começar a apresentação. Então você dizer algo sobre a música e em momento oportuno fazer a ligação do número 21, nome do álbum, que é exatamente o crescimento das vendas naquele período. Por exemplo: "Eu gosto muito dessa música da cantora Adele, *Rolling in the Deep*. Ela faz parte do álbum 21 da cantora. Ele foi lançado quando ela tinha 21 anos. Veja que coisa interessante. Vinte e um, o número que representa o crescimento de nossas vendas no último trimestre".

Feito isso, garanto que nunca mais se esquecerão desse número. Sua missão será, na sequência, mostrar o que foi feito para que ele fosse atingido. Tudo ficará mais fácil.

IDENTIFIQUE A MENSAGEM PRINCIPAL PARA CRIAR O SHOW DA ABERTURA

Identificar corretamente a mensagem principal da palestra é fundamental para esse tipo de abertura. Veja só algumas situações e possíveis abordagens que podem ser usadas para endereçar aquela mensagem. Alguns temas:

TRABALHO EM EQUIPE

Se você vai fazer uma apresentação para reforçar a importância do trabalho em equipe, parceria, atingir um objetivo comum, onde o grupo trabalhando em harmonia e com foco pode conseguir muito mais, que tal usar alguns exemplos da natureza na abertura.

POR QUE OS PÁSSAROS VOAM NUMA FORMAÇÃO EM V?

É comum vermos grupos de pássaros voarem em formação da letra V. Isso não acontece por acaso. Esse tipo de disposição e espaçamento tem como finalidade ajudá-los a economizar energia durante o voo. Usando o efeito de pegar o vácuo do pássaro que está à frente, os que vão atrás enfrentam menor resistência do ar e usam menos energia du-

rante o voo. Em algum momento, o líder cede o seu lugar, revezando sua posição para poder economizar energia.

Um pássaro que vive na Nova Zelândia e migra para o Alasca o Bar-tailed Godwit, tem o recorde de voar 11.000 Km sem parar no trecho mais longo da travessia até o Alaska[1].

POR QUE OS PEIXES NADAM EM CARDUMES?

Aqui existem algumas possibilidades para explorar. Um dos motivos é a proteção. Um peixe sozinho é o alvo único de um predador. Há 100% de chance de ser escolhido para ser atacado. Se ele está em um cardume com 5 mil outros peixes, sua chance de ser o alvo principal é de 0,0002%. Um grupo maior aumenta as chances de identificar a presença do predador e a rápida movimentação do grupo pode confundi-lo.

---

1 httpps://www.birdlife.org

CRIATIVIDADE E NECESSIDADE

Se o tema gira em torno de ideias criativas e inspiração, a necessidade é uma das principais alavancas da criatividade.

Quem inventou o relógio de pulso masculino?

A pergunta não é tão difícil. Foi Santos Dumont durante seus experimentos de voo. No começo do século XX os relógios eram de bolso e ele não tinha como segurar o relógio com uma mão enquanto pilotava. Para cronometrar seus voos ele precisava ter o relógio a vista facilmente. Assim ele encomendou, em 1904, ao joalheiro Frances Louis Cartier, um modelo que pudesse ser preso no pulso.

Qualquer que seja o tema, o número ou a mensagem que você quer passar com sua história, essa abordagem na introdução vai funcionar.

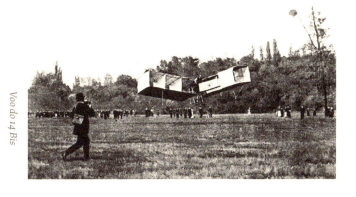

DICAS DE APRESENTAÇÃO

Falar em público é desafiador para qualquer um. O famoso frio na barriga é inevitável mesmo para os mais experientes. Esse é um processo muito pessoal, mas quanto mais você treinar, menores serão esses efeitos. Respira fundo e vai em frente.

O STORYTELLER ATOR

Você foi o storyteller criador. Agora é hora de entrar o contador de histórias ator. Cada pessoa tem suas próprias características. Timidez, extroversão, desembaraço. Você tem que entender quais características suas são boas e te ajudarão na apresentação ou quais são ruins e atrapalharão sua performance. Estas últimas devem ser trabalhadas para minimizarem seus efeitos negativos. Vou dar apenas dois conselhos:

1. Apresente usando suas características naturais. Não tente ser quem você não é na hora da apresentação. Fica muito claro para a plateia, principalmente dentro de uma empresa;

2. Ensaie previamente o que você vai apresentar e meça o tempo utilizado para fazer ajustes eventuais. Nada pior do que ter que correr com os slides pois o tempo esta se esgotando.

A não ser que você congele completamente no palco e tenha que ser retirado de lá pela equipe de produção, a audiência perdoará o seu nervosismo, mas nunca sua falta de conhecimento.

Você leu um capítulo no qual falamos da importância de despertar os cinco sentidos na audiência. Uma apresentação ao vivo é o palco mais propício para aplicar esse conhecimento, pois você pode usar gestos e linguagem corporal para amplificar o efeito das palavras.

Escolha palavras apropriadas para que os espectadores vivenciem o que elas representam.

SUA VOZ E ENTONAÇÃO E POSTURA

Algumas pessoas são eloquentes, firmes e possuem um ótimo controle da entonação da voz. Sabem aumentar ou diminuir o volume para mudar o tom e o impacto na história. Em um teatro, os atores são muito mais... teatrais. Gesticulam mais, falam mais alto e dramatizam mais seus movimentos do que aqueles que fazem cinema. Isso acontece pois o ator teatral precisa ter sua voz ouvida por todos do teatro e seus movimentos devem, igualmente, chamar a atenção de quem estiver em diferentes posições do teatro.

Acredite. Sua apresentação tem que ser teatral. Em uma sala com dez pessoas e principalmente, em um grande auditório.

Eu, por exemplo, tenho a característica natural de falar pausado e ser monofônico, ou seja, minha voz é calma e não muda muito de frequência e intensidade durante uma fala. Isso é bom em algumas situações, mas muito ruim em uma apresentação. Eu me policio constantemente para poder empostar melhor a voz quando apresento. Evito ficar parado, quando possível, para não relaxar e deixar a voz voltar ao meu natural.

Se possível, movimento-me pelo palco para poder olhar para um número maior de pessoas nos olhos. Muitas vezes podemos descuidar e dar muita atenção para um grupo de pessoas que estão mais próximas.

Preste atenção se você usa palavras ou sons de ligação repetitivos entre frases, por exemplo: ehhhh, uhmmm, ahhh. Às vezes isso é um mecanismo inconsciente que usamos para ganhar algum segundo para formular a próxima frase.

Eu tive um professor de matemática que, em uma aula de cinquenta minutos, falou 39 vezes "né" e 45 vezes "certo", segundo o que contabilizei. Aquilo me desconcentrava, e até irritava. Toda vez que ele falava "certo?", encerrando uma sentença, demorava uns dois segundos para continuar a explicação seguinte. Era o tempo que ele precisava para ordenar o que iria falar e o tempo exato para eu me distrair.

Não cometa esse erro!

DEIXE A AUDIÊNCIA EM PÉ

Será que se usarmos formas menos convencionais de apresentação, restringindo as possibilidades de desfoque da audiência, não conseguiremos passar uma mensagem mais rapidamente?

Imagine fazer uma apresentação para um pequeno grupo onde todos ficarão todos em pé e próximos. Esse tipo de apresentação é bastante indicado para apresentar/discutir o conteúdo de relatórios que possam ser colocados sobre uma mesa. Funciona também para uma apresentação de slides a um grupo pequeno.

Isso praticamente elimina a possibilidade de alguém ficar consultando o celular durante sua apresentação ou de fazer outra atividade paralela. Além disso, o desconforto de ficar em pé certamente vai incentivar a reunião a ser curta e objetiva.

Rodnae Productions - Pexels

CONSIDERAÇÕES FINAIS

Uma apresentação pública, seja ela para o mundo corporativo, acadêmico ou comercial, será sempre um desafio. Aqui o storyteller precisa desempenhar o papel do criador e do ator com maestria. Assim como cada dia da nossa vida é uma história em si, e essas histórias se tornam páginas do livro da nossa vida, cada slide de uma apresentação tem sua própria história — e como tal deve ser elaborado usando todos os conceitos que apresentamos.

Ao final, o público te agradecerá por ter feito dessa forma.

PROPOSTA DE ATIVIDADE

Pesquise no YouTube por vídeos sobre o tema que deseja ou precisa apresentar. Analise as técnicas que são utilizadas. Anote os pontos positivos e negativos do conteúdo e sobre o apresentador.

Use o que for positivo e descarte o que achou negativo. Essa prática de aprender com os acertos e erros de outros apresentadores vai ajudar muito na criação e apresentação de sua história.

CAPÍTULO 23
STORYTELLING PARA ENTREVISTAS PESSOAIS E PROFISSIONAIS

CAPÍTULO 23 - STORYTELLING PARA ENTREVISTAS PESSOAIS E PROFISSIONAIS

ENTÃO, FALE-ME SOBRE VOCÊ

Essa frase pode ser aquela que muda a sua vida para melhor ou para pior. Tudo depende de você.

Uma entrevista de emprego ou com um possível cliente interessado em seus serviços tem como objetivo principal entender se você é a pessoa adequada àquele cargo/atribuição. Ser um *storyteller* nesse momento, e não um respondedor de perguntas, pode fazer toda diferença na sua vida. Vamos ver algumas situações muito comuns que enfrentamos nessas horas.

Em algum momento um pedido ou pergunta sobre você, que te permite se expressar livremente, será feito. Essa é uma grande oportunidade de usar suas habilidades de *storyteller* para contar a sua história.

Mas a maioria das pessoas falha miseravelmente nesse momento.

Você enviou o currículo e esperou, esperou e finalmente recebeu um chamado para uma entrevista. Está sentado do outro lado da mesa e o seu futuro chefe ou recrutador sorri e diz:

— Me conte sobre você.

— Eu hum...

— Então, me fale sobre você.

— Bem, eu... eu ...

— Então, me fale sobre você.

— Éhhhhh...

Aí, você calmamente... entra em pânico. Você não sabe o que dizer e começa a gaguejar.

- 327 -

Duramente as palavras vão saindo e em algum momento você pensa "Puxa! Eu estraguei tudo! Por que eu disse aquilo? Caramba, esqueci de dizer tal coisa". Você nunca terá uma segunda chance para causar uma primeira impressão.

Assim como em qualquer narrativa, os primeiros instantes dessa história são fundamentais para manter o interesse de quem te ouve.

É bem possível que nos dois primeiros minutos o entrevistador dê um dislike mental na sua apresentação e continue a te ouvir apenas por educação. Você só saberá disso quando nunca mais receber um retorno da empresa.

VOCÊ CAUSA UMA BOA IMPRESSÃO?

Cottombro - Pexels

Quando nós criamos uma apresentação, fazemos uma pesquisa e um levantamento sobre o tema que será abordado. Buscamos informações e dados. Baseados nisso criamos a história que será apresentada considerando a sua audiência. O tema que será apresentado na entrevista é VOCÊ, portanto revise o seu histórico profissional e o tenha muito bem memorizado para sua apresentação.

No caso de uma entrevista, sua pesquisa deve envolver a história da empresa que está te entrevistando e as notícias sobre ela que aparecem na mídia para expandir seu poder de argumentação e conhecimento sobre o mercado no qual a empresa atua.

ENTENDENDO O QUE A AUDIÊNCIA (O ENTREVISTADOR) QUER

Quando a pessoa que te entrevista diz "fale sobre você", não está realmente perguntando sobre toda a sua história de vida. Não que saber sobre sua infância, sobre seus pais, o nome do seu cachorro. Não é sobre isso.

Muitas pessoas, porém, gastam um tempo precioso falando de coisas que não têm nada a ver com o que o entrevistador quer ouvir.

Traduza "fale sobre você" para "o que você está trazendo para a empresa?" ou "o que na sua história pode ser útil para a empresa?".

É isso que eles estão pedindo. Não gaste tempo falando os dados pessoais que eles já têm. Aborde diretamente sua formação escolar mais importante e sua vida profissional.

SEJA VOCÊ MESMO, MAS SEJA O SEU MELHOR EU

Transparência e honestidade na sua apresentação são fundamentais. Não tente vender uma imagem enganosa. Contudo, você precisa mostrar o que tem de melhor.

Você quer ser autêntico, mas isso não significa que deve compartilhar tudo. Uma entrevista é como um primeiro encontro com uma pessoa pela qual se interessa: você usa tênis e jeans, mas é provável que vá ao encontro com a pessoa com sua melhor roupa.

Um pavão não abre sua cauda todos os dias, mas quando quer se mostrar, dá um show. Esse é o espírito.

Veja uma situação hipotética (adaptado de um vídeo de Dan Lok): digamos que uma empresa está contratando alguém para um cargo de gerente de mídia social e na entrevista o candidato ouve: "Bem, então me fale sobre você".

Uma resposta típica poderia dizer nessa linha de apresentação: "Eu uso mídias sociais há muito tempo, então eu estou muito familiarizado com isso. Uns três anos atrás, pensei comigo mesmo: 'bem, talvez eu pudesse realmente ganhar a vida fazendo isso'. Então eu comecei a oferecer meus serviços e consegui alguns clientes aqui e ali, e trabalhei com algumas pessoas, uh, e então, agora, você sabe, estou planejando me casar e meu noivo me disse, você sabe, eu deveria conseguir um emprego estável. Então aqui estou, e estou procurando uma empresa que oferece bom potencial de crescimento, boa oportunidade de crescimento. E este lugar não é muito longe da minha casa".

O que está errado nessa história?

Tudo! Eu eu eu eu eu eu eu eu eu eu eu eu. Filtrando muito, a pessoa sabe que você trabalha com mídias sociais há três anos. O resto não serviu para nada. É tudo sobre essa pessoa, e nada sobre a pessoa e a empresa. Isso não é nada bom. O que você poderia dizer para que a história tenha um efeito positivo? Mostre sucesso, força e objetivo. Vejamos como isso pode ser feito no exemplo do cargo de mídias sociais.

Primeiro, mostre **sucesso.**

"Eu tenho trabalhado com mídias sociais nos últimos três anos e me especializei em ajudar empresas e empresários a aumentarem sua página de fãs no Facebook. Ajudei dezenas de clientes em mais de cinco indústrias diferentes. E, em média, tenho conseguido ajudar meus clientes aumentar o engajamento e número de seguidores de 50 a 500% em menos de seis meses. Se você quiser, posso detalhar alguns casos nos quais estou autorizado pelo cliente."

Com essa abordagem você está falando sobre seu sucesso, mas sem se gabar. Você não está se alongando, deixando exemplos específicos serem expostos ou não se a pessoa quiser ouvir naquele momento.

Segundo, mostre **força**. Você acabou de mostrar que seu trabalho tem êxito. Agora é hora de mostrar sua força. Seja enfático sem ser arrogante.

Por exemplo: "Minha verdadeira força é minha capacidade de entender verdadeiramente o que o público quer. Eu me orgulho da minha capacidade para criar conteúdo atraente e que o público dos clientes gosta e compartilha baseado nas estatísticas que tenho". Aqui você mostra segurança sobre suas capacidades e fatos reais que podem ser comprovados.

Terceiro, mostre **objetivos.** Diga como você quer aplicar seu histórico, sua força e capacidade na nova empresa. "O que procuro é uma empresa à qual eu possa agregar valor com meus conhecimentos e ajudar minha futura equipe atingir as metas e objetivos propostos. Espero também que a empresa me ofereça a possibilidade crescer e aumentar minhas habilidades nessa área. É isso que a empresa está procurando?".

Quando você termina com uma pergunta, inverte o jogo. Quem faz uma pergunta controla a conversa.

Agora você terá a oportunidade de ouvir o que a empresa espera e ajustar a continuação da sua história.

QUAIS SÃO SUAS FRAQUEZAS?

Junto com o pedido para contar sua história, certamente receberá uma pergunta para descrever suas fraquezas. Até o Super-Homem tem uma, a criptonita. Então nunca diga que não tem nenhuma. É uma mentira e significa que você não tem uma visão realista sobre si mesmo.

Sou *workaholic*. Sou perfeccionista.

Esses "defeitos" são excessivamente usados pelas pessoas que querem passar a mensagem de que, no fundo, aquele defeito é algo positivo. Os entrevistadores não suportam mais isso.

A chave para essa resposta é falar sobre uma capacidade e não sobre sua personalidade. Quando você foca suas fraquezas em termos de capacidades (skills) também pode e deve expor como está trabalhando para melhorar esse ponto negativo.

Vou falar de mim como exemplo. Eu sou uma pessoa com uma característica criativa acentuada. Isso me traz um problema quanto à dificuldade de me manter focado, priorizar ideias e me manter produtivo.

Ao longo de um projeto, muitas ideias me levam a outras e a outras, então preciso me policiar e focar naquela mais importante e me afastar das tentações. Estou lendo alguns livros sobre técnicas para manter o foco e executando exercícios recomendados por eles.

fonte – Pixabay

Com essa abordagem você reconhece uma fraqueza e mostra que está ciente dela e tomando providências para sanar seus efeitos ou eliminá-la.

TÉCNICAS DE STORYTELLING

Até aqui falei um pouco das posturas que encontramos durante uma entrevista e como algumas abordagens podem ser alteradas para transmitir uma imagem real e positiva sobre você aos olhos de quem te entrevista. Agora você precisa pôr isso em prática usando *storytelling*.

CRIE UM ROTEIRO PARA SUA ENTREVISTA

Isso quer dizer que você precisa escrever e ensaiar as suas falas. Muitas vezes, até que elas saiam naturalmente. Lembre-se: a última coisa que você quer é entrar em pânico e gaguejar.

CRIE UMA HISTÓRIA GERAL DE CINCO MINUTOS

Fale brevemente sobre sua formação escolar que seja relevante para o cargo.

Em seguida, diga que dará uma visão geral de sua vida profissional ao longo do tempo e depois poderá detalhar melhor algum ponto se for necessário.

Descreva a linha do tempo de sua carreira mencionando empresas, tempo de serviço e cargo que ocupou sem detalhar muito. Lembre-se que você tem cinco minutos.

CRIE MINI-HISTÓRIAS

Para detalhar suas atuações crie mini-historias que se ligam a outras se for contar detalhes de cada empresa.

Lembre-se de estabelecer:

1 **O ambiente inicial;**

2 **O conflito;**

3 **Sua jornada para superar o conflito;**

4 **Onde você chegou.**

A partir daquele ponto você começa uma nova história.

INÍCIO	MEIO	FIM
Trabalhei durante dois anos como **x** e senti que precisava aumentar meu conhecimento para continuar a crescer na empresa (incidente incitante).	Durante **x** tempo Fiz o curso/workshop/estágio (outras atividades relacionadas).	Consegui meu objetivo dentro da empresa e assumi o cargo de **y** ou então criei tal coisa que beneficiou a empresa com **x**. Não consegui meu objetivo, pois (explicação) e resolvi buscar uma nova colocação onde aqueles conhecimentos pudessem ser aproveitados com um horizonte de crescimento.

CAPÍTULO 23 - STORYTELLING PARA ENTREVISTAS PESSOAIS E PROFISSIONAIS

Na empresa **z** assumi a posição e tive como desafio maior **x**.

Ao longo de (**x** tempo) aumentei/implementei/modifiquei (**x**). Tive que superar a resistência/política interna/ limitação de verba/ (**x**) para conseguir (o resultado do esforço) uma vez atingido esse objetivo a empresa/o departamento/eu conseguimos (resultado da história).

Veja um possível exemplo:

No escritório de Design onde trabalhava recebi a incumbência de encontrar a razão da queda de vendas dos produtos da empresa e oferecer alguma solução para sua recuperação. (**início**)

Depois de analisar as linhas de produto existentes, fiz uma extensa pesquisa de mercado e identifiquei uma saturação de ofertas de produtos simiulares para duas linhas importantes de produtos. (**meio**)

Com base nas pesquisas, propus a criação de uma linha temática e ecológica com impacto zero de carbono. A ideia foi aceita e em seis meses essa linha de produtos foi responsável por um aumento real de 24% naquele segmento de produtos. (**fim**)

Com essa técnica de mini-histórias você cria a oportunidade de avaliar a atenção do entrevistador e optar por continuar dessa forma ou fazer ajustes necessários.

Thirdman - Pexels

PROPOSIÇÃO DE ATIVIDADE PRIORITÁRIA

Se você já tem um histórico profissional, olhe para seu currículo e crie as mini-historias para os cargos e experiências mais importantes da sua carreira.

Se teve vários empregos, faça para cada um deles. Se tiver uma longa carreira na mesma empresa, faça para os cargos que exerceu ao longo do tempo, ou para as etapas de uma mesma posição que ocupou por muito tempo.

CONSIDERAÇÕES FINAIS

Ao longo dos capítulos pedi intencionalmente que você fizesse anotações sobre episódios e fatos da sua vida. Se seguiu essas recomendações terá em mãos um registro precioso para ser organizado sobre a história da sua vida.

Isso é importante tanto para você refletir como chegou até onde está agora, em termos profissionais e pessoais, como para avaliar o que deseja daqui para frente com base no que escreveu sobre você. Trabalhe com essas informações e terá um material rico para poder contar a sua história e entender melhor como as histórias dos outros acontecem.

Como vimos no capítulo Um Dia Na Vida, nosso DNA é único no planeta, mas nossas vidas são muito parecidas com a de milhões de pessoas. Nossos desafios, dificuldades, dores e anseios existem dentro de cada ser humano.

Se você aceitar isso, saberá o que sensibiliza as pessoas de forma autêntica. Existem pessoas mais racionais, outras mais emocionais, pessoas com características completamente diferentes das suas. Mesmo assim, o inconsciente coletivo, aquele conhecimento herdado e embutido no nosso DNA, é comum a todos.

Trabalhe com isso e suas histórias serão inesquecíveis.

ATIVIDADE PRIORITÁRIA

16 perguntas para você entender melhor sua jornada profissional.

Responda às próximas perguntas para repassar sua história profissional e rever ou entender o porquê de seu atual estágio. Acima de tudo seja honesto com você mesmo ao respondê-las.

CAPÍTULO 23 - STORYTELLING PARA ENTREVISTAS PESSOAIS E PROFISSIONAIS

1 O que você queria ser quando crescesse?

2 Você se tornou aquele profissional que imaginava quando criança?

3 Se você fez um curso superior, qual foi o motivo dessa escolha?

4 Qual foi o momento profissional mais gratificante/feliz da sua jornada?

5 Qual foi o momento mais triste da sua jornada?

6 Se hoje pudesse escolher outra profissão qual seria ela e por quê?

7 Qual sua principal característica positiva como profissional da sua área?

8 Qual é o seu ponto fraco ou área que necessita melhorias?

9 O que fez você crescer ou estagnar em sua carreira?

10 Quem foi a pessoa mais importante em sua carreira (mentor ou inspirador)?

11 Qual foi o maior desafio profissional que você teve e como conseguiu realiza-lo?

12 Você é feliz com sua carreira e estagio atual dela?

13 Ela é muito diferente do que você imaginava?

14 Se hoje pudesse escolher outra profissão, qual seria ela e por quê?

15 Como você vê sua profissão no futuro? Ela será afetada pela tecnologia?

16 O que você tem que fazer para se manter competitivo nesse futuro?

CAPÍTULO 24
EXEMPLOS DE STORYTELLING

CAPÍTULO 24 - EXEMPLOS DE STORYTELLING

Chegamos ao final do nosso livro. Uma jornada e tanto que nos levou das origens da humanidade até os nossos dias em uma viagem pelo desenvolvimento humano e a importância crucial que as histórias tiveram nesse processo.

Da Epopeia de Gilgamesh até as viagens por outros mundos espalhados pelas galáxias. Das ternas histórias contadas por nossos pais para que adormecêssemos até aquela apresentação importante para a diretoria da sua empresa.

Contar histórias é o que nos torna mais humanos e nos aproxima do conceito de seres sociais, visto que queremos aprender, compartilhar e viver experiências com outras pessoas. Ser um contador de histórias exige muito esforço. Temos que sair de nossa zona de conforto e passarmos a ser coletores de histórias através da leitura, de experiências, de pesquisa e, acima de tudo, ter curiosidade.

Junte essa vontade com técnicas e estruturas que se comprovaram funcionais ao longo da história humana e acrescente um pouco de criatividade. Pronto, você tem a base de uma boa receita de história para ser criada e contada nos mais diversos meios de comunicação. Selecionei alguns exemplos que encontrei, ou me encontraram durante a escrita desse livro, e que gostaria de compartilhar com você.

GUCCI – EPILOGUE COLLECTION

Savoir Flair é um site de moda, beleza e cultura feminina com sede em Dubai. Eles criaram um editorial para a casa Gucci com a coleção Epilogue.

> O que exatamente é um "epílogo"? É a parte de um livro ou roteiro no final que relembra tudo o que aconteceu e resume tudo. Isso é exatamente o que o diretor criativo da Gucci, Alessandro Michele, pretendia com sua coleção Epilogue, que é a parte final de uma trilogia de coleções que desmontou a natureza da moda e a reconstruiu. Ao explorar a moda, a Gucci oferece ao indivíduo a chance de experimentar em um grande laboratório, experimentar diferentes identidades, diferentes modos de ser, diferentes visões do mundo. Na moda Gucci, você pode ser o que quiser. Ao reescrever a moda dessa maneira, as possibilidades de autoexpressão são infinitas, infinitas, implorando para serem exploradas. (Savoir Flair)

Aqui é contada uma história em quatro partes que mostra, segundo o site, a exploração dos reinos externos da imaginação da moda, onde a Savoir Flair criou um universo alternativo onde o que você vê não é o que você obtém.

> Na verdade, suspenda todas as crenças ao se aventurar em frente. Rompendo os limites da realidade, neste editorial *I Can't Believe My Eyes*, você realmente não pode confiar em sua primeira reação. Ao distorcer e brincar com a percepção, estamos criando a verdadeira magia da moda. (Savoir Flair)

Depois de envolver a audiência usando os recursos criativos e de multimídia disponíveis, ao final da história o expectador pode, literalmente, comprar a história através de um link para as peças usadas na história.

Você pode conferir esse caso no link mostrado a seguir.

I Can't Believe My Eyes

https://savoirflair.com/gucci-epilogue/

O SEGREDO DA SENHORA MUIR

Um bom exemplo de conteúdo como página web que contém texto, imagens, vídeos e arquivos de áudio no formato de podcast.

Ele conta a história da primeira treinadora de do time de Netball (esporte similar ao basquete) chamado Silver Ferns, da Nova Zelândia. Das quadras de Wellington às minas de ouro de Central Otago, revelando uma história de trabalho imigrante, pobreza, marginalização e uma jovem encontrando seu senso de identidade através do esporte voluntário.

CAPÍTULO 24 - EXEMPLOS DE STORYTELLING

The Mystery of Mrs Muir

https://interactives.stuff.co.nz/2020/11/silver-ferns-coach-history-mrs-muir/

OS JUDEUS DO LÍBANO

O site apresenta a história dos Judeus do Líbano através dos tempos. Com um esmero visual e conteúdo que inclui, imagens, gráficos animados, vídeos com depoimentos pessoais e imagens impactantes nos levam a percorrer os caminhos que trilharam o povo judeu nessa conturbada região do planeta.

Jews of Lebanon

https://www.arabnews.com/JewsOfLebanon

THE GOOD ITALIAN

Antes de falar sobre esse case, quero contar como ele chegou até mim. Em uma reunião com Eduardo Barbosa, diretor da operadora de viagens Flot, para a qual produzo videodocumentários, mostrei o filme Uma Máscara Para o Passado que tinha acabado de editar.

Após assisti-lo, ele olhou para mim e disse:

— Ramalho, gostei muito. O estilo me lembrou dos filmes de Giancarlo Giannini, O Bom Italiano. Você conhece?

— Não, pelo nome não — eu respondi.

Então ele pesquisou no celular e deu um play no filme *The Good Italian II*. Eu assisti encantado ao filme. Que história bonita, que fotografia incrível.

Eu confesso que não conhecia a marca Caruso. Discutindo sobre aquele filme, comentei "nossa, esse é um filme que pode ser sobre o hotel, sobre as roupas ou sobre a gastronomia. Tudo em volta da mensagem 'Perfeito'".

Eu gostaria que você assistisse a esse filme antes de continuar a ler o capítulo. Assim você tem o mesmo impacto que eu tive.

The Good Italian
https://youtu.be/XujO3CZn1Lo

Gostou? Por meio de uma narrativa visual cativante, bem como de uma atuação impecável, somos levados pelo conto que mistura fantasia com realidade por autênticas emoções e expectativas.

CAPÍTULO 24 - EXEMPLOS DE STORYTELLING

Agora vou te contar sobre esse e outros filmes que você poderá contemplar em **https://www.thegooditalian.it.**

Em 2015 a marca de moda masculina Caruso, com sede em Parma, lançou um curta-metragem para apresentar sua última coleção ao invés de fazê-lo em um dos shows de moda convencionais.

O Bom Italiano é estrelado por Giancarlo Giannini, que você pode reconhecer como René Mathis dos filmes *Casino Royale* e *Quantum of Solace*, da franquia James Bond. No primeiro filme da Caruso, ele é o dono de uma pequena propriedade no interior da Itália que milagrosamente atrai alguns ciclistas ingleses perdidos. Ali eles acham que la dolce vita não se limita às grandes cidades e atrações turísticas da Itália.

Filmado em locações em Soragna, uma pequena cidade no vale do rio Pó, essa história permite que Caruso mostre seus produtos de maneira natural e envolvente. Você só se dá conta que o filme é sobre vestuário depois de terminar de assisti-lo. Até lá você é envolvido na magia do *storytelling*.

Todas as roupas apresentadas no filme ficaram disponíveis para compra nas lojas Caruso em Milão e Nova York, bem como on-line, no *The Corner*.

O segundo capítulo, aquele que assisti inicialmente e que espero que você também, mostra o astro Giancarlo Giannini orquestrando o jantar perfeito. O protagonista do filme atravessa os terrenos labirínticos do histórico hotel *Four Seasons*, situado em um antigo convento no centro de Milão, onde reúne os ingredientes necessários e perfeitos — desde manjericão recém-colhido até o terno, perfeito — para impressionar sua hóspede que chegará para o jantar.

O terceiro, e infelizmente o último, filme da série, passa-se em Nápoles. A essência da história é que Vittorio Grigolo, um tenor italiano tanto no filme quanto na vida real, quer encontrar a paixão necessária para interpretar uma versão perfeita de uma famosa canção napolitana chamada *O Paese d'o Sole*. Então ele visita o Príncipe, apelido de Giancarlo nos filmes. Enquanto se barbeia ele lhe diz que, para isso, ele deve estar impregnado da essência de Nápoles.

Ele o leva a uma jornada por uma das cidades mais peculiares do mundo, usando muita alfaiataria italiana impecável e roupas casuais, sem você perceber, mostrando a gastronomia, povo e musicalidade da cidade até que ele capta a essência para cantar a música.

DEPECHE MODE SPIRITS IN THE FOREST

Um filme sobre a turnê de uma banda tem como padrão mostrar os bastidores dos shows e a vida dos seus membros durante suas viagens e períodos entre as apresentações. Bem, não é nada disso que você encontrará em *Spirits in the Forest*, da banda *Depeche Mode*.

Depeche Mode - "SPIRITS In The Forest" (trailer)
https://youtu.be/-ldu3SqE4II

Usando o melhor exemplo de *storytelling*, este é um filme sobre seis fãs do *Depeche Mode*, de várias partes do mundo, e o que a banda significa para eles, como eles a descobriram e que efeito isso teve em suas vidas. Suas histórias comoventes são intercaladas com cenas da última apresentação da *Global Spirit Tour* da banda, em Berlim, à qual todos participaram. Dirigido pelo cineasta Anton Corbijn, o filme mergulha nas histórias emocionantes de fãs especiais do *Depeche Mode*, que foram selecionados em um concurso promovido pela banda.

O filme combina performances musicais do show de Berlim (*"Forest Stage"*) com filmagens de documentários íntimos captados nas cidades natais dos fãs ao redor do planeta. O filme mostra o incrível poder da música em construir comunidades, permitir que as pessoas superem adversidades e criar/conexões além das fronteiras do mundo. idioma, localização, sexo, idade e circunstância.

O filme não começa no *backstage* do show, mas sim dentro de um apartamento em Ulan Bator, capital da Mongólia. É onde **Indra Amarjagal**, de 22 anos, mora com a avó e trabalha como guia turística. Seu padrasto costumava assistir aos shows do *Depeche Mode* em seu computador quando ela estava crescendo, e a música ficou com ela desde então.

Dicken é um pai divorciado de Bogotá que se uniu a seus filhos formando uma banda cover. Com os filhos morando em Miami, ele reflete sobre o papel importante que Depeche Mode teve em sua vida. **Christian** aprendeu inglês para traduzir as letras da banda para o resto de seus amigos que estavam crescendo na Romênia da era do Ditador Ceaușescu e da pesada atmosfera da União Soviética. **Carin** é uma francesa que sofreu amnésia total quando tinha 25 anos e confiou nas músicas do Depeche Mode para reconstituir seu mundo, pois eram as poucas lembrancças que tinha do seu passado. **Liz** é uma mulher negra mestiça em Los Angeles que sempre foi ridicularizada por seu desinteresse pelo hip-hop, mas encontrou consolo da tensão racial na sinceridade crua das letras de Dave Gahan. **Daniel**, que vive em Berlim, fala sobre como a banda permitiu que ele escapasse da vida em que estava preso em seu pais natal, o Brasil, enquanto lutava com expectativas e também com sua sexualidade.

Isso é *Storytelling*: Conectar pessoas através de emoções e sentimentos. A história de cada um é a historia de todos.

CONSIDERAÇÕES FINAIS

Lembra-se da teia que é criada com nossa história e com a história de outras pessoas? Pois bem, assistindo aos primeiros minutos desse vídeo voltei ao ano de 2016 quando estava viajando ao redor do mundo e passei por Ulan Bator. Lá, fotografando a praça central da cidade, conheci uma estudante de uns doze ou treze anos que junto com algumas coleguinhas ficaram curiosas comigo e com o camera man que me acompanhava. Ela veio conversar comigo e saber de onde eu era e o que fazia ali. Anu era o seu nome. Imaginei que ela deveria estar agora com a mesma idade da fã do *Depeche Mode* que vivia em Ulan Bator.

Não é que no dia seguinte, no meu Facebook apareceu uma atualização dela, alterando sua foto de capa? Aí me lembrei de que fiz algumas fotos dela e das amigas e ela pediu para me adicionar no seu Facebook para enviar as fotos. Enviei pelo Messenger as fotos. Depois daquilo nunca mais vi postagens dela, até o dia seguinte ao que assisti ao documentário. Como explicar essa coincidência? Bem, acho que isso é outra história...

Por isso encerro o livro com a expectativa de que muitas histórias serão criadas e contadas com o que nós pudemos compartilhar por aqui. Conte a sua história... e muitas outras. E se quiser compartilhar comigo vou adorar.

José Antônio Ramalho

CAPÍTULO 25
APÊNDICE A

CAPÍTULO 25 - APÊNDICE A

PRÁTICA:

Para completar as atividades pedidas ao final do Capítulo 8, página 117, leia o texto abaixo, que é o enredo original do filme O Garoto apenas depois de tê-lo assistido.

Sinopse de O Garoto exatamente como escrita pelo Chaplin Studio em 1921

Ao listar o elenco simplesmente como O Homem, A Mulher, O Vagabundo e O Policial já temos elementos constitutivos de um drama.

A história abre com A Mulher, "cujo pecado foi a Maternidade", saindo da Maternidade com o filho pequeno. Quando os portões se fecham sobre ela, os atendentes sorriem cinicamente com a tragédia milenar. Vagando sem rumo, a pobre mãe perturbada avista uma bela limusine e após rabiscar um bilhete apressado "para amar e cuidar desta criança órfã", coloca ambos dentro do carro e sai apressada — e então não se dá tempo para reconsiderar. Meio demente, ela procura o rio em que espera encontrar o esquecimento. Mas enquanto sobe no parapeito, é contida pelas mãos de um bebê que inocentemente puxa suas saias. Imediatamente o amor materno se acende em seu peito e ela volta correndo para buscar sua prole abandonada. Quando ela retorna, no entanto, o automóvel foi roubado e ela desmaia em um desespero patético.

Quando os ladrões, conduzindo a máquina por uma favela, ouvem o lamento da criança, eles a carregam com nojo e a deixam ao lado de uma lata de lixo em um beco sórdido. Charlie, afável em sua gentileza esfarrapada, sai para seu passeio matinal e depois de escapar da habitual chuva de lixo despejada das janelas acima, ouve os gritos do bebê, pega o precioso pacote e procura sua mãe. Nisso ele é naturalmente mal-sucedido e depois de tentar em vão descarregar seu fardo, é finalmente compelido a levar a criança para seu quarto no sótão. Aqui nós o vemos lutando por todas as provações da maternidade vicária, pois, infelizmente, precisa desempenhar o papel de mãe tanto quanto de pai.

Cinco anos se passam. A criança cresceu para uma infância robusta e um grande vínculo se estabeleceu entre ele e seu pai adotivo. Na verdade, eles se tornaram parceiros inseparáveis nos assuntos da vida, Jackie saindo alegremente para quebrar as janelas vizinhas enquanto

Charlie o segue, como um vidraceiro itinerante inocentemente passando logo após os acidentes. Assim, eles fazem um negócio próspero, apesar da polícia desconfiada.

Mas o tempo fez outras mudanças. Tentada no crisol da tristeza, a mãe alcançou grandes alturas como cantora de ópera. Apesar de seu sucesso material, porém, o anseio da mãe arde tão forte que ela encontra alívio de alma visitando os filhos da favela de quem se torna uma verdadeira madrinha.

Em uma ocasião, quando está brincando com uma criança perto do meio-fio, Jackie abre uma porta e sai. Ela sorri para ele e lhe dá um brinquedo — sem saber que o pequeno é seu próprio filho. Muitas vezes, depois disso, ela o encontra, bastante inconsciente do vínculo místico, e uma vez, depois de uma briga com um menino vizinho, ela realmente o carregou nos braços para seu "pai", dizendo a Charlie que ele deveria chamar um médico.

O médico chega e quando descobre que o menino não é de Charlie, vai embora dizendo que a criança deve ter os devidos cuidados e atenção. Sua ideia de "cuidado e atenção adequados" é o Hospital do Condado ou a Casa dos Pobres. Ele retém o pedaço de papel encontrado no bebê e que Charlie entregou a ele.

Os funcionários do Hospital do Condado chegam, mas Charlie é furiosamente avesso às suas tentativas de remover Jackie, que agora está convalescendo. Após uma dura luta, o menino é removido e levado em um automóvel, mas Charlie, tomando um atalho sobre os telhados, resgata o menino de suas garras.

A essa altura, o médico mostrou à mãe o pedaço de papel e ela percebe que o garoto é seu próprio menino perdido há muito tempo. Ela assume a busca.

CAPÍTULO 25 - APÊNDICE A

Charlie e Jackie, agora sem-teto, não se atrevendo a voltar para seu sótão, vão passar a noite em uma hospedaria barata. O dono do lugar reconhece o menino por uma descrição colocada no jornal por sua mãe e, quando todos estão dormindo, rouba o menino do cansado Charlie e o leva para a delegacia. A polícia manda chamar a mãe e Jackie é devolvido a ela.

Charlie acorda e descobre que o menino se foi. Ele está frenético e anda pela rua o resto da noite até cair exausto em sua própria porta. Ele sonha...

Ele vê a favela miserável transformada em uma verdadeira terra de fadas — muito de tudo para comer e beber, para se pedir. Não há pagamento, exceto amor. Seus antigos amigos e inimigos são todos amigos. Todos têm asas e tocam harpas e outros instrumentos celestes.

Jackie está lá e ele pega Charlie pela mão e então o próprio Charlie descobre que ele também tem asas, fortes asas brancas. E ele descobre que pode voar. Mas, infelizmente, o pecado invade o sonho e Charlie se envolve em uma briga com seu antigo inimigo. Ele tenta escapar — voar para longe —, mas é impiedosamente abatido, derrubado, e desperto para ser sacudido pelo grande policial que ele havia iludido por cima dos telhados da casa.

O policial o pega pelo colarinho e o carrega, sem cerimônia pela esquina. Para sua surpresa, ele é empurrado para dentro de um automóvel que está à espera. Ele esfrega os olhos e se pergunta se ainda está sonhando. Não, o carro dirige para um bairro elegante e para em uma grande mansão. Sua escolta desce, agarra-o pelo braço, leva-o até a porta e toca a campainha. A porta se abre, E Jackie e sua mãe recém-descoberta arrastam Charlie para ficar com eles por um tempo. A porta se fecha para a mãe, Charlie e a criança[1].

O filme segue o enredo a risca ou faz muita adaptação das cenas?

Sugestão de link:

https://youtu.be/8Fc5fwLWHYc

---

1 *Texto Extraído e traduzido para fins didáticos. Disponível em: https://www.charliechaplin.com/en/films/1-the-kid/articles/35-The-Kid-Synopsis. Acesso em 28 abr. 2022.*

SINOPSE ESCRITA POR MIM DEPOIS QUE ASSISTI AO FILME

Uma mulher, mãe solteira e abandonada pelo pai da criança, decide abandonar seu bebê no banco de trás de um automóvel de uma família rica com um bilhete escrito à mão, suplicando ao descobridor que cuide e ame a criança. O carro é roubado antes de a família encontrar o bebê. Quando os ladrões descobrem a criança, eles a deixam junto a uma lata de lixo. O bebê é descoberto por um vagabundo, que relutantemente o leva pra casa e passa a amá-lo como se fosse seu. À medida que o menino cresce, ele e o Vagabundo se tornam muito unidos e cúmplices na aventura diária de sobreviver e ganhar uns trocados.

Cinco anos depois, a mãe se tornou uma estrela da ópera, mas faz caridade para jovens de favelas na esperança de encontrar seu filho. O destino acaba colocando mãe e filho frente a frente sem saberem quem são. O garoto adoece e em outro encontro com o vagabundo e o garoto, a mãe envia um médico que descobre o bilhete com a verdade sobre a criança e relata às autoridades, que vêm para tirá-lo de Charlie. Antes de chegar ao orfanato, Charlie o rouba de volta e o leva para uma pensão.

O proprietário da pensão lê no jornal sobre uma recompensa para quem entregar o garoto à polícia e sua mãe e sorrateiramente o leva para a delegacia onde a mãe o reencontra. O Vagabundo, desesperado, procura pelo garoto por toda a cidade sem sucesso. Exausto adormece na soleira de sua antiga casa onde tem um sonho em que reencontra o menino num mundo de fantasia até ser despertado por um policial que o reúne com o garoto na mansão da mãe.

RESPOSTAS PARA AS PERGUNTAS DO CAPÍTULO

QUAL O ARCO DOS PERSONAGENS VAGABUNDO, MULHER E O GAROTO?

São arcos de ascensão. Eles começam em uma situação pior e terminam em uma situação melhor. **A mulher** começa como uma mãe solteira abandonada que entregou o filho e tentou o suicídio e termina como uma cantora de ópera de sucesso e com o filho. **O vagabundo** começa solitário e nas ruas e termina com uma experiência de crescimento pessoal, se tornado pai e amado pelo filho. **O garoto** era um órfão abandonado e que termina com o amor da mãe e do pai adotivo e com um bom futuro a sua frente.

QUEM É O PROTAGONISTA E O ANTAGONISTA?

O protagonista é o vagabundo e os antagonistas são as autoridades que tentam tirar o garoto do vagabundo.

CONFLITO

A mãe tem um conflito interno. Depois de abandonar o bebê, arrepende-se e tenta recuperá-lo sem êxito. Ela tenta compensar essa perda doando seu tempo e dinheiro para a caridade.

Link alternativo para o filme::

https://pt.wikipedia.org/wiki/Ficheiro:The_Kid_(1921).webm

Um bom contador de histórias é a soma das suas próprias experiências e aquelas que a vida lhe acrescenta através de outras histórias e ensinamentos.

Charlie Chaplin fez quase tudo no filme. Escreveu, dirigiu e atuou. O mais importante é que ele incorporou suas experiências pessoais na criação do roteiro.

Charlie teve uma infância muito pobre em Londres. Sua mãe foi internada em um manicômio e ele vivia fugindo da polícia que ameaçava levá-lo para um orfanato, pois seu pai alcoólatra o havia abandonado. Ele teve uma perda devastadora em sua vida: seu filho Normam Spencer morreu com três dias de vida. Esses dois fatos o levaram a desenvolver a trama da história, onde ele lidava com a pobreza da infância e da perda de um filho, nesse caso pelo abandono.

O filme também aconteceu pelo encontro casual de Charlie com Jackie Coogan, o ator mirim, durante um ensaio de dança do pai do garoto em um teatro em Los Angeles. Vendo um talento nato no menino, Charlie tinha os personagens, o tempo, o espaço, o narrador e o enredo do filme na cabeça, ou seja, os cinco elementos de uma história.

REFERÊNCIAS

REFERÊNCIAS

FILMES

HARRY POTTER E A PEDRA FILO-SOFAL. Direção: Chris Columbus. Produção de David Heyman. Reino Unido/Estados Unidos: Warner Bros. Pictures, 2001.

O HOBBIT (trilogia). Direção: Peter Jackson. Produção de Peter Jackson, Fran Walsh, Carolynne Cunningham, Zane Weiner. Nova Zelândia/Estados Unidos: Warner Bros Pictures, 2012-2014.

O GAROTO. Direção: Charles Chaplin. Produção de Charles Chaplin. Estados Unidos: First Nacional, 1921.

STAR WARS – EPISÓDIO IV: UMA NOVA ESPERANÇA. Direção: George Lucas. Produção de Gary Kurtz. Estados Unidos: Lucasfilm Ltd., 1977.

LIVROS

A EPOPEIA de Gilgamesh. WMF Martins Fontes, 2011.

ANDERSEN, H. C. Contos de Fadas de Andersen. Vol. 1. Principis, 2020

BALDIE, J. The 24 Laws of Storytelling. Subject Zero Ltd, 2019.

BERGER, J. Ways of Seeing: Based on the BBC Television Series. Penguin Books, 1990.

BRAVERMAN, B. Video Shooter – Mastering Storytelling Techniques. Routledge, 2013.

CAMERON, J. O Caminho do Artista: Desperte o Seu Potencial Criativo e Rompa Seus Bloqueios. Editora Sextante, 2017.

CAMPBELL, J. O Herói de Mil Faces. Pensamento, 1989.

CATFORD, L.; RAY, M. O Caminho do Herói Cotidiano: O Poder do Mito Apresentado Como um Recurso Eficaz para Enfrentar os Desafios Mais Importantes da Vida. Cultrix, 2007.

CRAIG, W. Living the Hero's Journey: Exploring Your Role in the Action-Adventure of a Lifetime. Live and Learn Publishing, 2017.

FLAUBERT, G. Madame Bovary. Editora Principis, 2020

GALVÃO, J. Super-histórias no Universo Corporativo. Panda Books, 2015.

GORDON, M. Joana D'Arc. Objetiva, 2000.

IRMÃOS GRIMM. Contos de Fada dos Irmãos Grimm.

LUCAS, G. Star Wars – A Trilogia. Darkside, 2014.

MILLER, C. H. Digital Storytelling: A Creator's Guide to Interactive Entertainment. Focal Press, 2004.

NÚÑEZ, A. É Melhor Contar Tudo. O Poder de Sedução das Histórias no Mundo Empresarial e Pessoal. Nobel, 2009.

O PÁSSARO de Fogo e Outros Contos Russos. Editora Leya, 2020

STEPHANIDES, M. Jasão e os Argonautas.Editora Odysseus, 2004

STORR, W. The Science of Storytelling: Why Stories Make Us Human and How to Tell Them Better. Abram Press, 2020.

TOLKIEN, J. R. R. O Hobbit. Harper Collins, 2019

TRUBY, J. The Anatomy of Story: 22 Steps to Becoming a Master Storyteller. Faber & Faber, 2008.

VOGLER, C. A Jornada do Escritor: Estrutura Mítica para Escritores. Editora Aleph, 2015.

YOUTUBE

LOK, D. Tell Me About Yourself - A Good Answer To This Interview Question. YouTube, 25 dez. 2019. Disponível em: https://www.youtube.com/watch?v=5v-wyR5emRw. Acesso em 3 out. 2022.

SITES

FLEMING, C. Beatles' 'A Day in the Life': 10 Things You Didn't Know. The Rolling Stone, 19 jan. 2017. Disponível em: https://www.rollingstone.com/feature/beatles-a--day-in-the-life-10-things-you-didnt-know-191427/. Acesso em 3 out. 2022.

RADIOX. "Was The Beatles' A Day In The Life a true story?", 13 abr. 2020. Disponível em: https://www.radiox.co.uk/artists/beatles/beatles-a-day--in-the-life-song-meaning/. Acesso em 3 out. 2022.

THE BEATLES. Disponível em: https://www.thebeatles.com/. Acesso em 3 out. 2022.

WARD, K. Tara Browne's Fatal Accident: 'Like a Death Knell Sounding Over London'. These Islands, 29 dez. 2019. Disponível em: https://theseislands.blog/2019/12/29/tara-browne-fatal-accident/. Acesso em 3 out. 2022.

WIKIPEDIA. Tara Browne. Disponível em: https://en.wikipedia.org/wiki/Tara_Browne. Acesso em 3 out. 2022.